제주 남쪽

서귀포시 동지역

D

KB191991

D

대한민국 도슨트
한국의 땅과 사람에
관한 이야기

19

제주 남쪽

서귀포시
동지역

문신희 지음

21세기북스

보목포구에서 바라본 서귀포, 고근산

차례

제주 남쪽 지도

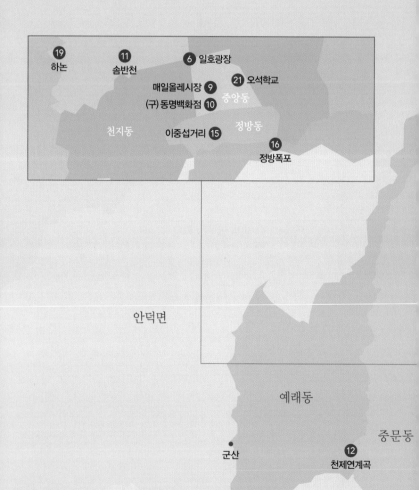

19 하논

11 솜반천

6 일호광장

21 오석학교

매일올레시장 **9**

중앙동

(구)동명백화점 **10**

천지동

이중섭거리 **15**

정방동

16 정방폭포

안덕면

예래동

중문동

군산

12 천제연계곡

어승생악

사라오름

④ 성판악
(성널오름)

① 한라산

② 백록담

③ 영곡

남원읍

⑤ 산벌른내(영천)

시오름

솔오름
(미악산)

영천동

서홍동   동홍동

⑳ 감귤박물관

⑱ 고근산

효돈동

대천동   대륜동

⑰ 강정마을

송산동

⑬ 법환 최영로

⑧ 외돌개

⑦ 서귀포항 방파제

⑭ 보목리
(볼래리)

1.

"죽어서 천국갈래? 서귀포 갈래? 물으면 서귀포 가렵니다."

　고향보다 서귀포를 사랑한 '제주생활의 중도'의 작가 이왈
종 화백의 말이다. 사재를 털어 미술관을 짓고 서귀포 시티즌
이 된 그의 말에 무한 동감을 표하지 않을 수 없다. 역시 실력
있는 대가들의 재치는 남다르다. 천 마디 말과 백 개의 문장보
다 단 하나의 표현으로 서귀포의 멋을 그대로 살려내지 않는
가? 멋있다. 이런 표현력은 타고 나는 게 아닌가 싶다.

　사실 서귀포에 살아보지 않으면 그 맛을 잘 모른다. 잠시
왔다 가거나, 수 차례의 관광만으로 알기가 힘든 것은 서귀포
만의 일은 아닐 것이다. 그래서 그곳에서 자랐거나 거주하는

토박이의 입과 손을 빌려 스토리를 전달해야 하는데, 저처럼 보잘것 없고, 짧은 문장력으로 서귀포의 위대함이 독자분들에게 제대로 전달될까 하는 걱정부터 해본다.

그래서 내가 표현하는 것보다 뛰어나신 분들의 말을 빌려 표현하는 것이 훨씬 수월할 것 같아서 빌려본다. 서귀포가 고향인 사단법인올래 서명숙 이사장은 서귀포를 이렇게 표현했다. "서귀포의 바람과 구름에는 무언가를 재생시키는 카페인 성분과 같은 것이 들어있다. 잃었던 꿈을 다시 살게 하는, 다시 걷게 하는 그것들을 나는 서귀포 판타지아라고 부른다." 새로 알게 된다. 어쩐지 서귀포에서 맞는 바람과 구름에 중독 성분이 있을 것 같았다.

이 이야기는 서귀포와 서귀포 사람들에 관한 이야기다. 공간적으로는 한라산과 서귀포시 동지역, 즉 동쪽의 효돈마을에서 서쪽의 예래마을까지고, 시간적으로는 탐라 시대부터 오늘에 이르기까지 이야기를 다루지만, 제 어린 시절이었던 80년대에서 90년대까지의 일들이 좀 더 비중있게 다루어졌다. 그리고 사실(事實)과 역사적 사실(史實)에 대해서는 최대한 많은 자료를 인용하려 했는데, 논문과 서적, 신문기사나 공신력있는 기관의 홈페이지에 개제된 자료들을 인용하고자 노력했다. 그리고 난 다음 이곳 저곳에서 구전을 통해 전해져오는 변방 사람들의 전설같은 이야기를 수집하는 작업을 했다. 이 과정에서 '채담(採談)'의 묘미를 느낄 수 있었는데, 여기저기서 모은 이야기에 채담꾼의 개인적 경험과 추억을 조금 가미했다. 채담꾼의 필력이 모자라 보잘것없는 주관적 견해도 갖은 수식어로 포장되었을 수 있으니 부디 불편하시더라도 널리 양해해주셨으면 하는 마음이 간절하다.

변방의 이야기들을 모아 전달하려다 보니 몇 가지 느낀 점이 있다. 중앙의 역사와 주류의 이야기가 중요한 만큼 그 배경이 되는 이야기들도 중요해져야 한다는 것이다. 무대와 배경이 없으면 배우가 설 수 없듯이 변방의 이야기들은 중앙의 이야기들의 배경이 되며, 무대가 된다. 변방의 이야기들은 우리 역사와 기록에 다양성을 배가시키고, 이 다양성이 없어지면 획일화된 사관과 획일화된 이야기들만 남겨질 것이 분명하다. 그래서 도슨트 시리즈는 우리 시대의 중요한 자산이 될 프로젝트라 할 만하다.

그리고 이 이야기를 전달하면서 만나뵐 수 있었던 부종휴, 김종철, 석주명, 양용찬, 오희춘과 같은 대인들의 삶에 감탄하며 경외할 수 있었기에 감사하다. 이영권, 주강현, 고용희, 강정휴, 최열 등과 같은 분들의 생각과 사상을 접하며 한 수, 두 수 배울 수 있어서 감사하며, 오석학교의 팔순을 넘긴 할머니, 할아버지들의 시를 읽으며 눈물을 흘릴 수 있었음에 감사하고, 불의에 항거했던 서귀포시민들, 중문사람들의 기개에 자긍심을 느낄 수 있어서 감사했다. 『제주 4·3 진상보고서』를 읽고 울분을 토해내지 않을 수 없었으며, 천년이라는 세월 동안 육지 사람들로 대표되는 외세에 의해 차별되고 착취당하는 삶을 견디어 온 우리 선조들에 무한한 치사랑을 느끼기도 했다. 이 모든 것이 이야기 수집가로서의 행복이라 할 것이다.

2.

이 이야기를 읽기 전에 한 가지 알고 있어야 할 것이 있다. 바로 제주 사람들의 '피아식별' 문화다. 우리는 '육지것들(육지 사람들)'로 대표되는 타인들과 '궨당(眷黨, 혈통과 혼인으로 맺어진 사회적 관계망)'이라고 하는 소속된 집단의 울타리로 서로를 구분했다. '궨당문화'는 지금도 존재한다. 우리 지역사회의 단면을 상징하는 대표적인 단어다. 제주 사람들이 배타적이라는 말도 바로 이 피아식별 문화에서 비롯된다.

그렇다면 이 피아식별의 문화는 어디에서 기원할까?

천 년이라는 긴 세월 동안 제주 사람들 앞에 모습을 드러냈던 외지인들은 누구였을지 생각해보자. '육지것들'이라 불리는 그들은 누구였나? 그들은 천 년이 넘는 기간 군림했고,

관리했으며, 거두어 갔고, 지시했던 사람들이었다. 그들은 때론 고려 관복을 입었다가, 몽골 군복으로 대체되기도 했고, 조선의 관복, 일본 군복을 입기도 했고, 대한민국 군경의 모습으로 나타나기도 했다.

제주 사람들은 그들에 의해 구별된 사람들이었다. 피아식별은 우리가 한 것이 아니라 육지것들이 먼저 했다. 유배 온 정치인들은 섬사람들과 겸상조차 하지 않으려 했다. 그들은 많은 사람들이 살고있던 해안가에 정착하지 않고 중산간 마을에 화전민들을 부리며 스스로 유림이 되었다. 과연 지금은 사정이 다른가? 중국 자본이 제주의 땅을 마구잡이로 사들이고 있다는 뉴스를 접하면서 총과 칼이 돈으로 대체되었을 뿐 육지것으로 대표되는, 군림하고 거두어가는 외세의 본질이 크게 바뀌지는 않았구나 하고 생각해본다.

섬사람, 그들은 스스로 뭉치지 않으면 안되었을 것이다. 탐관오리의 수탈로부터, 왜구들의 침략으로부터, 서북청년단의 행패와 패륜으로부터 스스로를 보호하지 않으면 안되었을 것이다. 죽고 죽이는 역사의 현장 속에서 궨당은 스스로를 지켜줄 최소한의 방호막 역할을 하지 않았을까?

또한 척박한 환경에서 궨당문화는 자연스럽게 자생하지 않았을까? 다 같이 물에 들어갔지만 혼자 돌아오지 못한 해녀를 위해 누가 울어주고, 누가 명복을 빌었을까? 아니, 혼자였다면 물질이란 것이 가능하기나 했을까? 돌무더기 땅을 혼자 일굴 수 있을까? 섬사람들은 궨당을 결성하는 것이 생존에 유리하다고 판단했을 것이다.

피아식별의 문화를 이해하고 나서 섬사람들의 이야기를 들어야 한다. 제주 사람들 다수의 머리와 가슴 속에 내재되어 있는 천년을 이겨낸 농축된 고통을 이해해야 하며, 그 인내의 과정에서 자리잡은 육지와 육지것들에 대한 반감도 이해하려고 노력해야 한다. 그렇지 않으면 제주도 사투리를 소리나는 대로 적어놓고 대사를 읊어대는 TV 속 배우들의 대사들처럼 어딘가 어색하고 우스꽝스러운 해석과 접근이 남발되고, 그 결과는 경험칙으로 살펴보건대 대부분 제주도 사람들은 배타적이고 정감없는 사람들이라는 귀결로 연결된다. 그것은 잘못된 해석이다.

3.

분량 상의 제약으로 많은 이야기들이 편집 과정에서 삭제되었다. 이야기들을 수집하여 정리하다 보니 25개의 장소와 관련된 이야기가 무려 470여 페이지에 이르렀다. 채담꾼으로서 수집된 모든 이야기들을 전달코자 했으나, 아쉽게도 백 페이지 넘는 분량이 삭제되어야 했다. 참으로 아쉽다. 솔오름과 시오름, 전망대, 허니문하우스, 소라의성, 이승만 별장, 검은 여 해안과 모 호텔의 이야기, 영남동, 토평사거리 등등이 통째로 날아갔고, 다른 이야기들 속의 사진과 각종 일화들을 접어야만 했다.

바라건대 아직 제주 남쪽과 관련한 못다한 이야기들이 수두룩한데, 더 나은 스토리텔러께서 제주 남쪽의 속편을 이어갔으면 한다.

마지막으로 "이것저것 하지말고 하나만이라도 제대로 하라!"는 우리 부모님의 말씀을 다시 한번 가슴에 새기며, 사랑하는 우리 가족 모두에게 모든 영광을 돌리고 싶다. 참, 하나님 이야기를 빼면 처가집에서 서운해할지도 모르겠다. 에이멘!

2024년 9월
규성 문신희

범섬

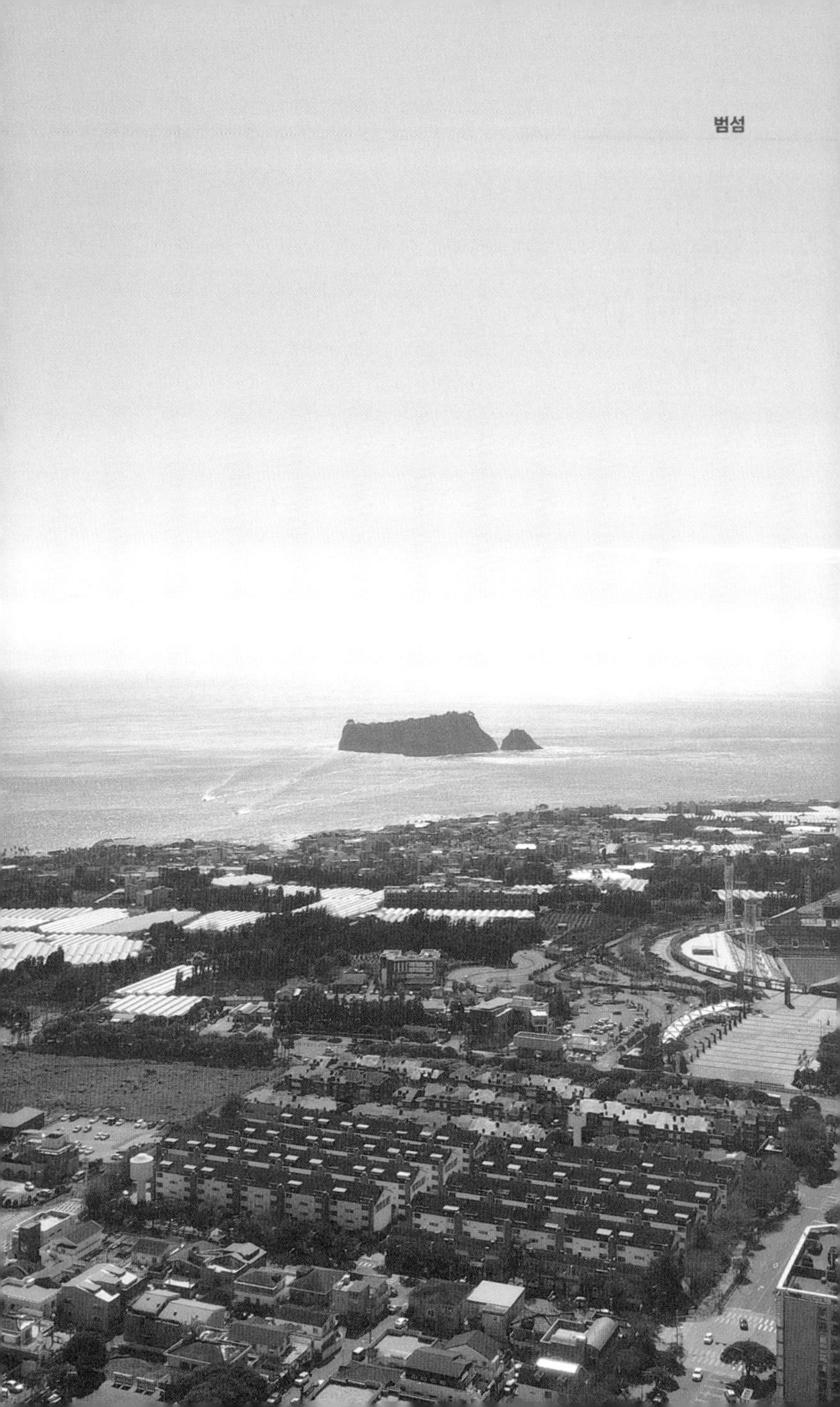

변방의
변방에 관한
이야기

전제

"지방의 역사는 교과서의 역사와 많이 다르기 때문에 교과서로 배운 역사적 사실들과 그 해석으로는 제주인의 삶을 제대로 이해하기 어렵다." (역사학자 이영권 선생님)

제주 남녘

제주도 남쪽이라고 하면 보통 서귀포시 읍면지역을 제외한 동지역을 말한다. 제주를 동서남북으로 나눌 때 가장 간단한 방법으로 사용되는 방법이다. 그러나 서귀포시 동지역의 역사는 불과 50년도 채 되지 않는다. 1981년 이전 서귀포시 동지역은 서귀읍과 중문면으로 나뉘어 있었고, 서귀읍과 중문면은 일천 년이 넘는 기간 동안 다른 행정구역에 속해 있었다. 서귀포시 동지역을 제주 남쪽으로 정의하는 구분법이 간단하기는 하나 그리 오래된 방법은 아니라는 말이다.

그도 그럴것이 서귀포시 동지역과 인접한 남원읍 신례와 하례리, 공천포, 위미리 사람들은 어떻게 생각할까? 이곳은 행정구역상 남원읍으로 속해 있지만 사실상 서귀포시 동지역 생활권이나 다름없는 곳이다. 마찬가지로 서귀포 동지역의 서쪽과 인접해 있는 안덕면 감산리 난드르 마을은 어떤가? 여긴 사실상 예래마을과 지리나 역사적으로 매우 밀접한 곳이다. 이곳 사람들에게 그분들의 정체성을 물으면 무엇이라 대답할까?

이렇듯 제주도를 행정구역으로써 동서남북으로 명확히 구분하기는 힘들다. 왜냐하면 제주 북쪽과 동쪽, 서쪽은 역사적으로 오랜 기간 사람들이 생활했던 지역으로 그 동질성과 정체성이 명확한 곳이다. 역사적으로 많은 사람들이 거주했으며, 많은 기록과 유산이 남아 있고, 많은 역사적 사건들이 벌어졌다. 제주 북쪽은 한반도와 가장 가까운 곳으로 제주의 중심이었으며, 제주가 시작하는 정의읍는 동쪽의 중심지였으며, 딸깍발이 정신이 살아 있는 대정읍은 서쪽의 중심지였다.

반면, 제주 남쪽은 그간 중심지였던 적이 없는 변방 지역이었다. 군이 제주 남쪽을 구분지어 지칭할 일도 없었거니와, 관심있던 지역도 아니었고, 따라서 타 지역에 비해 정체성도 크지 않은 변방 중의 변방이었던 곳이었다.

역사적으로 보면 제주 남쪽은 아무도 관심갖지 않는 지역이었음이 더욱 분명해진다. 제주도는 한반도 역사 밖에서 존재했다. 즉, 외국이었다. 약 1,200년이나 외국이었다가, 한반도 역사에 편입된 것은 약 천 년 전의 일이다. 역사의 편입이라는 말도 한반도 중심적 표현이고, 우리 관점에서 보면 제주가 고려시대 때 고려의 식민지가 되었다는 게 더 정확한 표현일 것이다. 그러다 잠시 몽골의 식민지배를 받았고, 다시 고려가 되찾아가는 듯 했으나, 곧 조선으로 정권이 넘어가는 격동의 세월을 거치면서 식민지배가 고착화된 것이다. 제주를 접수한 조선의 신진 사대부들은 제주라는 식민지를 유배지로 활용했다. 제주는 그런 대우를 받던 곳이었다.

아무도 관심갖지 않는 유배지, 제주. 그 중에서도 제주 남쪽은 제주도에서도 최고의 변방 지역이었던 곳이다. 제주도 역사에서도 단 한번도 그 중심에 서본 일이 없던 지역이었다. 사람이 많이 살지도 않았으며, 살았어도 못 살았다. 거두기보다는 바치는 삶을 살아야 했고, 높은 자 드물었고, 낮은 자들이 몰려 있던 지역이었다.

　이 책은 변방의, 변방 사람들의 이야기다. 대한민국 최고의 변방이자, 제주도에서도 최후의 변방인 곳이 이곳 제주 남쪽이다.

섬사람의 기원

최초의 섬사람을 찾는 일은 어려운 일이다. 왜냐하면 약 1~2만 년 전까지만 해도 중국 대륙과 한반도, 일본열도가 하나의 대륙으로 연결되어 있었기 때문에 '섬'이 존재하지 않았다. 또한 그들은 정주하지 않고 이곳 저곳을 유랑했을테니 섬에서 발견된 사람들이 꼭 섬에서 살았다는 법은 없다. 오늘 제주에서 밥을 먹고, 다음 달은 일본에서 사냥을 했던 사람들의 흔적들이라 그 당시 발견되는 유물로써 우리의 기원을 삼기에는 무리가 있다.

　제주가 대륙에서 섬으로 분리된 시기는 기원전 약 1만 년쯤이다. 이때 떠돌다가 섬에 고립된 사람들이 있었을 것이다. 이들 신석기인들의 흔적은 제주도 서쪽에서 발견된다. 한경면 고산리 유적의 연대가 기원전 1만 년에서 6천 년 정도로 추정되는데, 한국에서 발견된 가장 오래된 신석기유적이라 평가받는다. 최초의 섬사람들의 흔적이다.

탐라국의 기원에 대해 정확한 사료는 없으나 탐라의 상고사만 십수 년 넘게 연구하신 고용희 선생에 따르면 연나라가 고조선을 침략하여 번한의 경계 천여 리를 탈취할 때 많은 난민이 동쪽으로 피난하였는데, 이 중 일부가 배를 타고 탐라로 들어왔다고 한다. 『제주고씨보』(1805)에 수록된 내용인데, 이 시기는 기원전 3세기부터 서기 1세기경으로 이 시기 동북아 다른 지역에 작은 군소 국가들이 생겨났음을 고려할 때 탐라도 이 시기에 건국되었을 것으로 추정하는 것은 합리적이라 생각된다.

한편, 제주 서쪽 대정읍 상모리에서 기원전 6백 년경 청동기식 유물이 출토되었고, 타 지역에서도 이런 청동기식 유물이 발견된다. 제주 남쪽에서도 강정동, 법환동, 토평동 등지에서 청동기식 유물이 발견된다.

그러다 제주 북쪽에서 다른 지역에서는 발견되지 않는 철제 무기가 발견되었다. 기원전 4~3세기경의 것들로 추정되는데 용담동의 고분 안에서 발견된 것이다. 철제 장검 두 자루가 의미하는 것은 무엇일까? 고분과 철제 장검은 권력을 가진 집단이 생겨났음을 의미한다. 제주에서 철을 제련할 수 있는 기술이 있었던 것은 아니었으니, 아마도 외부에서 유입된 집단이 철제 장검을 사용한 것이고, 장검은 무기였기보다는 의

식에 쓰였거나 '령(令)'을 행사할 수 있는 도구였을 것이다. 이 세력은 그간 청동기 유물을 쓰던 세력들을 차례로 제압하고, 강력한 집단을 형성했을 것이다. 이들이 탐라국을 건국했을 수도 있고, 이들이 아니더라도 이들과 비슷한 집단이 이들과의 경쟁을 통해서 나라를 건국했을 것이다.

그렇다면 탐라국은 철기문화를 앞세운 대륙 또는 반도 세력의 영향만을 받았을까? 답은 '아니올시다'이다. 수십 년간 해양문화사를 연구해온 주강현 교수에 따르면 쿠로시오 해류를 따라 남방 문화가 제주에 영향을 미쳤다고 한다. 대표적으로 돼지고기 문화다. 제주의 전통 음식 중에는 돼지고기로 만든 음식들이 즐비하다. 돼지고기 육수를 내어 만든 몸국, 고기국수, 돼지를 삶아 도마 위에서 즐기는 돔배고기, 돼지고기 순대 등 그 예는 많다. 이런 돼지고기 문화는 태평양 일원에서 흔히 발견된다. 반면 소와 말, 양고기는 이들 문화권에서는 거의 먹지 않는다.

즉, 몽골에 의해 마소의 목축이 일반화되는 것은 명백한 대륙문화의 영향이고, 남방 문화로 인해 돼지고기 문화가 발달했다는 것이다.

우리가 모르는 탐라

'탐라'의 어원에 관하여 오창명의 연구에 따르면 『삼국사기』, 『북사(北史)』, 『당서(唐書)』, 『수서(隋書)』 등 국내외 고서에서 '탐라국'은 탐라, 탐라국, 탐모라, 탐모라국, 섭라, 담라, 담라국, 담모라국 등으로 표기되어 있음을 발견하고, 탐라는 원래 '탐라'라는 음성형을 반영한 것이 아니라 '담라'라는 음성형을 반영한 차자표기이고, 한자어가 아니라 고유어임을 알 수 있다고 했다. 즉, 탐라는 한자를 빌려 표기한 것이지만, 순우리말로 '담라'를 기준으로 여러 형태로 불렸고 그 뜻은 확실치 않다는 것이다.

그럼 한자어 표기는 무슨 뜻일까? '탐라(耽羅)'라는 말을 파자해보면, 탐(耽)은 '섬'을 나타내는 말이고, '라'란 글자는 나라(羅)를 표기한 것인데, 신라나 가라('가야'의 다른 이름)와 같은 표기인 셈이다. 즉, 탐라는 '섬나라'라는 뜻을 갖고 있다.

그렇다면, 탐라국은 어떤 나라였을까? 선덕여왕 시절이던 645년 지어진 황룡사 9층 목탑에 약간의 실마리가 있다. 이 목탑은 신라를 적대국들의 침범으로부터 보호해주기를 희망하는 뜻을 담아 불교양식으로 건축된 목조물이다. 각층마다 신라를 위협하는 나라가 새겨져 있는데, 1층이 왜(일본), 2층은 중화, 3층이 오월이고 4층에 바로 탐라가 새겨져 있다. 7세기면 한반도의 주도권이 신라로 넘어갈 때 아니던가? 우리는 탐라국이 신라가 강대해질 때 신라에 가서 조공을 하고 신라의 관직을 받아온 것으로 배웠지 않은가? 그러나 사실(事實)은 탐라는 신라를 위협하는 잠재적인 적국이었다는 것이다.

백제 멸망(660년) 이후 백제의 재부흥을 꾀하는 세력들이 왜와 연합하여 신라와 당나라의 연합군과의 최후의 결전을 벌이는데, 이 전투가 바로 '백강전투'다. 백강전투는 663년 금강 하구에서 벌어졌는데, 중국의 『구당서(舊唐書)』에는 탐라국이 이 백강전투에 참전했고, 탐라국사(耽羅國使)가 백제의 왕자, 왜인 무리와 더불어 나당연합군에 항복했다고 기록하고 있다.

이것은 또 무엇인가? 탐라국이 백제의 재건을 위해 외교적으로 움직였다는 말이다.

또 다른 사료를 보자. 탐라국의 성주가 1268년과 1269년에 원나라 개국황제 쿠빌라이 칸을 알현해 원나라와의 일본 정벌과 관련한 협력방안을 논의하였다고 한다. 1269년이면 몽골제국이 남송을 패망시킨 해 아닌가? 고려가 1259년 몽골에 항복했는데, 고려의 세력이 약해지자 탐라국 성주가 쿠빌라이 칸을 직접 만났던 것이다. 물론 이 사신은 얼마가지 않아 삼별초 군에 의해 축출되었지만, 원나라 황제와 일본 정벌에 관해 협력을 논할 정도라면 우리가 알고 있는 약소국의 모습과는 사뭇 다르지 않을까?

변방 남녘 동네들

1294년 원세조 쿠빌라이가 죽자, 고려는 몽골에게 제주를 다시 돌려줄 것을 요청한다. 1295년 다시 섬은 고려의 행정구역으로 돌아온다.

돌려받는 과정에서 재미있는 것은 그 전에는 현(縣)이었던 섬의 지위가 단번에 목(牧)으로 격상된 것이다. 왜 그랬을까? 갑자기 몇 년 사이에 인구가 대폭 증가해서 그랬을까? 현은 지금으로 치면 기초자치단체이고 목은 광역자치단체 정도인데 뭐가 바뀌었길래 목사가 관리하는 지방으로 격상시켰을까?

아마도 삼별초 사건으로 '이 섬을 잘못 관리하면 큰일이 생기겠구나'라는 생각도 있었을 것이고, 또, 원나라가 이 섬을 도로 빼앗아갈 수도 있었기 때문에 현 정도의 식민지가 아니라, 광역자치단체로 인정받는 고려의 본토라는 점을 강조하기 위해서가 아닐까?

아무튼 당시 제주목(濟州牧)을 만들면서 2개의 현(縣)을 두었는데, 제주 동쪽에 동도현, 서쪽에 서도현이 설치되었다.

그리고 각 현마다 현촌(縣村)을 두었는데, 현촌이란 현 산하에 딸린 촌락으로, 지금의 제주 남쪽(서귀포 동지역)에는 동도현 산하의 호아현(狐兒縣), 홍로현(洪爐縣), 서도현 밑에 예래현(猊來縣) 등 3개의 현촌을 두었다. 호아현은 지금의 효돈마을, 홍로현은 서홍마을, 예래현은 예래마을에 해당되는데, 그러고 보면 이 세 마을은 기록에 남은 제주 남쪽에서 가장 오래된 마을이라 할 수 있겠다.

그렇다면 지금의 남쪽 마을 이름이 역사적으로 등장하는 시기는 언제부터일까? 조선 중기 때 즈음 지금의 마을들 대부분을 볼 수 있다. 조선시대에도 제주목 체제는 그대로 유지되었는데, 1789년 발간된『호구총수』에 보면 정의현 밑에 여러 개의 면(面)을 기록해 두었는데, 현재 서귀포 동지역에 있는 지역에는 호촌면(狐村面)의 호촌리(지금의 예촌), 위미리, 동홍로면(東紅爐面)의 보목리, 토평리, 상효돈, 중효돈, 하효돈리, 서홍로면(西紅爐面)의 동홍로리, 서홍로리, 서귀리, 호근리, 법환리가 있었다. 대정현 좌면(左面)에는 강정리, 하원리, 대포리, 중문리, 감산리, 상예래리, 하예래리, 색달리가 기록되어 있는데, 이 모두 현재의 이름과 거의 같다.

제주 남쪽 마을들은 대개 조선시대 때 형성되었다고 볼 수 있다. 각 마을마다 설촌 유래들이 제각각일지라도 몇 개의 유서 깊은 마을을 제외하고는 제주 남쪽 마을들 대부분 조선시대 때 생겨났다고 보는 것이 타당할 것이다.

서귀포 유래

기원전 210년의 일이다. 서불(徐市 또는 서복(絲復))이라는 사람이 중국대륙을 최초로 통일한 진나라 시황제(始皇制)의 명을 받아, 신선들이 먹고 산다는 불로초를 찾아 동방으로 탐험을 한다.

서불은 불로초를 찾으러 삼신산(三神山), 즉, 봉래(금강산), 방장(지리산), 영주(한라산)가 있는 동해로 나가겠다고 했다. 5,000명의 부하와 3,000명의 동남동녀로 구성된 대선단을 구성했다. 훗날 아프리카까지 여행했다는 정화의 원정대와 비견되는 이 대선단은 신선들이 산다는 삼신산을 향해 닻을 올렸다. 그리고 그들이 편서풍을 타고 도착한 곳은 영주산의 북북동쪽 금당포라 불리던 곳이다.

서불의 눈에 청명하고 아름다운 하늘 아래 저 멀리 아스라이 신성스런 산이 보였다. 그리고 옥빛 바다 위로 해가 떠오르는 대광경이 보였다. 그들은 바로 이곳이 영주산(瀛州山)임을 직감했다. 영주산, '신선이 사는 섬'이란 뜻이 실감이 날 만큼 그들의 눈에 비친 영주산은 아름다웠을 것이다. 그들은 삼신산 중 하나인 영주산에 무사히 도착할 수 있음에 기뻐하며 하늘에 제사를 올렸다. 그리고 그곳에 '조천(朝天)'이라는 글자를 새겼다. '하늘을(天) 알현하는(朝) 곳' 또는 '하늘이 시작되는 곳'이란 뜻의 조천. 이것이 아침 하늘(朝天), 아름다운 조천이 생겨난 설화다.

그들은 조천을 시작으로 불로초를 찾아 산을 오르게 된다. 한라산을 찾은 최초의 외국인 단체 관광객인 셈이다. 이 때가 탐라국이 세워지기도 전인 기원전 3세기로 추정되는데 그때부터 이미 제주는 국제적인 관광지였던 셈이다.

서불이 영주산을 넘어 섬의 정남쪽에 도달하였다. 그들은 정모시의 아름다운 물줄기가 태평양으로 바로 떨어지는 정방폭포를 대면한다. 정방폭포의 아름다움에 감탄을 하고는 '서불과차(徐市過此, 서불이 다녀감)'라는 글을 바위에 새겨넣는다. 예나 지금이나 변함없이 유통되는 만고불변의 낙서인 '누가누가 다녀감'을 바위에 새기고 그들은 돌아간다. 이것이 서귀포(西歸浦, 서불이 돌아간 포구)의 지명유래가 되었다는 이야기다.

그러나 그가 바위에 새겼다는 마애명(磨崖銘)은 지금 찾을 수가 없는데, 새겼는데 풍화 작용으로 없어졌거나, 아니면 새기지 않고 돌아갔거나, 그도 아니라면 오지 않았겠지.

외국인

제주에 살면서 느끼는 것 중 한 가지는 아무리 생각해도 제주어는 우리 국어의 지역 방언이 아니라 또 다른 언어가 아닐까

하는 생각이다. 원래 태생은 남방 어족인데, 2천 년 넘는 북방민족의 영향으로 알타이어족에 편입되지 않았을까 하는 헛된 추론을 해본다. 그도 그럴것이 UNESCO도 2010년 제주어를 아주 심각한 위기에 처한 사멸 직전의 언어로 규정하지 않았나? UNESCO가 방언 따위(!)를 언어로 규정하지는 않았을 테니.

조선 중기 『성종실록』에 보면 성종 8년에 제주도를 탈출해 육지로 나온 유민들을 이렇게 표현했다. "의복은 왜인과 같으나. 언어는 왜말도 아니고 한어(漢語)도 아니며, 선체(船體)는 왜인의 배보다 더욱 견실하고, 빠르기는 이보다 지나치는데 항상 고기를 낚고 미역을 따는 것으로 업(業)을 삼았다". 예나 지금이나 말 안 통하기는 마찬가지였다.

조선시대 제주 사람들은 전복, 미역과 같은 해산물을 채취하며 살았기 때문에 제주 사람들은 '포작인'으로 불렸으며, 한라산을 지칭하는 '두무악(頭無岳)'에 빗대어 두무악(頭無惡), 또는 두모악(豆毛岳, 豆毛惡), 두독야지(豆禿也只) 등으로도 불렸다. 이것들은 15~17세기에 이르는 이른바 출륙제주도민을 이르는 공식 명칭으로 사용된 용어들이다. 유심히 보면 악(岳)을 악(惡)으로 표기했다. 음만 빌려쓴 것인지, 아니면 진짜 이 섬사람들이 악행을 저질러서 악(惡)을 붙였는지는 모르겠으나, 지금으로 치면 '외노자'쯤 되는 멸시의 감정이 들어간 표현 아니겠는가? 섬사람들은 조선인이 맞았나?

군대에 있을 때다. 훈련소 입소하던 날 우연히 실내의 끝머리에 앉게 되었다. 훈련소 조교가 끝머리에 앉은 나를 불러 전달사항을 읊어댔다. 열심히 외우고 외워서 내부반에 모여 있는 입소자들에게 전달했는데, 그 때 그들의 표정이 아직도 생생히 기억난다. "도대체 뭐라는 거야?!" 단 한번도 육지에 살아본 적 없던 나는 내 고유어인 제주어, 그것도 서귀포식 제주어로 열심히 전달했을 뿐인데, 그것을 알아들은 사람은 없었다. 참, 내 입대동기 서귀포 친구들은 알아먹었겠지.

제주 남쪽 개발사

갑오개혁 이후로 제주에는 큰 변화가 있었는데, 그것은 일본인들의 이주가 활발해졌다는 것이다. 1905년 당시 일본 거류민의 수는 이미 1,300명 정도에 이르렀는데 이들 대부분은 어업 또는 상품 중개업에 종사하였다. 특히 서귀포에서 일본인들은 집단촌을 형성하여 어업 활동을 하였는데, 그 규모가 서귀포 지역의 한 세력을 형성할 정도로 대규모였다. 이들은 경제권을 놓고 천주교 세력과 갈등을 일으켰고, 이 때문에 교회에 반감을 가졌던 주민들과 제주민란(또는 신축교안, 이재수의 난)을 주도하기도 했다.

일본 학자 중에 '아오야기(靑柳綱太郎)'란 사람이 있었다. '내선일가론(內鮮一家論 또는 내선일체론)' 등 터무니 없는 주장을 많이 한 사람인데, 1905년 '목포신문'에 '대제주경영(對濟州經營)'이라는 글을 통해 제주의 특산물을 수송할 수 있는 제주-일본 간 직항로 개설, 일본 어민의 제주도 이주 및 이주어촌 건설 등을 주창했다. 제주의 어업자원, 수산자원 등을 개발하기 위한 포석을 던진 것이다.

그 무렵 일제는 제주에 대한 각종 연구와 조사들을 진행했다. 그리고 그 연구와 조사 결과를 토대로 정책을 수립하였으며, 그 정책들은 하나하나 착실하게 이행되었다. 가령 일본이 보고서(『미개의 보고 제주도』, 1920)를 통해 제주도는 어업, 어패류를 이용한 사업이 유망하다고 밝히면, 전남도 제주도청(당시에는 전라도와 제주도는 하나의 도(道)였으며, 도청 명칭은 '전라남도 제주도청'이었음)이 1924년 사업계획에 이런 일들을 반영하는 식이다.

일본인들은 서귀포의 경제권을 완전히 장악하였다. 1920년 중반에는 상당수의 일본 잠수기업자와 어민이 서귀포에 거주하면서 통조림공장, 고래공장을 짓고 소금을 제조하였으며, 표고버섯 생산에도 개입하였다. 서귀포와 오사카와의 직항로도 개설되어 1929년 한 해에만 2,760명(입도가 1,706명)이 서귀포와 오사카를 왕래하였다. 이 때 정의군 우면(서귀면)의 총인구가 14,058명이고, 일본인이 집단 거주했던 서귀리가 1,442명(일본인은 168명)이었으니 상당수의 사람들이 일본에서 건너왔음을 알 수 있다.

이들은 통조림 공장과 조개 단추공장을 세웠고, 그 주변으로 수도와 전기가 공급되기 시작했다. 그리고 일본인들을 태우고 왔던 배는 다시 제주의 많은 물자들을 싣고 일본으로 돌아갔다. 이렇게 서귀포항은 개발되었으며, 제주도를 대표하는 '어업기지'로 변모해 갔다. 그리고 지금 100년이 흘러간다.

변방에서 중심으로

내가 다닌 모든 학교는 '서귀포'가 아닌 '서귀'로 시작했다. 유치원조차 서귀유치원이었고, 초등학교부터 고등학교까지 모두 서귀포가 아닌 '서귀'로 시작했다. 그런데 어느 순간 나의 모교들의 명칭이 죄다 '서귀'가 아닌 '서귀포'로 변경되었음을 알게 되었다. 내 모교뿐만 아니라 서귀포 관내에 있는 학교 중 '서귀'라고 시작하는 학교는 죄다 '서귀포'로 변경되었다. 어느 순간 '포'가 접미사로 생겨났다. 무슨 일일까? 아니 이것은 무슨 의미일까?

서귀포가 고향인 사단법인 제주올레 서명숙 이사장은 자신이 살던 시절 1960~1970년대 서귀포의 생활 경계는 정방폭포에서 외돌개까지였다고 회고한다. 즉, 당시는 '서귀리'의 시대였던 것이다. 내가 서귀동을 주름잡던 친구들과 사귀던 시절은 1980~1990년대이니 '서귀리'의 시대에서 '서귀동'의 시대였다. 그런데 어느 순간 서귀리의 작은 포구 이름에 불과했던 '서귀포'가 이제 산남을 총칭하는 지명이 된 것이다.

　'서귀면'에서 '서귀읍'으로 승격된 것은 1956년의 일이다. 그리고 25년 후인 1981년엔 '서귀읍'과 '중문면'이 통합하여 '서귀포시'가 출범했다. 제주도의 행정체계가 1시 2군(제주시, 북제주군, 남제주군)에서 2시 2군(제주시, 서귀포시, 북제주군, 남제주군)으로 개편되었다. 그리고 2007년 7월 남제주군과 서귀포시가 다시 한번 통합하면서 지금의 서귀포시가 되었다. 명실상부한 서귀포의 시대가 열린 것이다.

　즉, 서귀유치원은 서귀리에 있는 유치원이거나, 서귀리를 대표하는 유치원이란 의미이지만, 지금 서귀포유치원은 서귀포시에 있는 유치원이란 의미다. 더 이상 서귀포는 서귀리의 작은 포구를 뜻하는 것이 아니라 저 멀리 동쪽 '흥이 시작한다'는 뜻의 이름을 지닌 성산읍 '시흥리(始興里)'에서 신선들이 산다는 무릉도원의 마을 대정읍 영락, 무릉, 신도리까지 한라산 남쪽 전체를 대표하고 대변하는 명칭이 되었다.

남면(南面)

지금껏 우리는 한반도의 중앙 권력이 있는 곳을 바라보는 '북면(北面)'의 삶을 살았다. 약 2,200여 년간 이곳을 지배했던 육지 사람들은 항상 북면을 했다. 대부분의 제주목사들이 제주에 와서 했던 일은 임금이 있는 한양을 향해, 조정에서 배를 타고 건너오는 사신을 잘 바라보는 곳에서 앉아 오지도 않는 '고도를 기다리며'를 연출하는 것이 그들의 일상업무였다. '언제면 나를 불러주시나…, 임금님 향한 굳은 마음으로….'

제주에서는 그 지위와 성별, 귀천에 관계없이 북면의 삶은 당연한 것이었고, 그 당연함이 깊어지면 깊어질수록 제주 남쪽 민초들의 삶은 변두리를 맴돌 수밖에 없었다. 그들이 북면의 삶을 살면, 민초들은 변방의 삶을 살았고, 그들은 북면의 삶을 우리에게 강요했다.

이제 '남면(南面)'할 시간이다. 여전히 입신양명하려면 북면하고, 서울에 가야 하는 현실이 안타깝지만, 우리는 한라산을 등에 지고 태양을 바라보는 '남면'의 기상을 품고 있는 서귀포 시민이 아니던가? 시야를 돌려 남면하면, 더 넓은 세상과 바로 마주할 수 있는 곳이 바로 이곳 서귀포 아닌가?

01

한라산
섬, 그 자체로의 산

칼 세이건의 명저 『코스모스』의 대서사시는 '정관(精觀)'이라는 단어에서 시작된다. 정관. '고요하게 바라보다.' 참, 뜻이 곱다. 그래서 사전을 뒤져 수첩에 적어두었다.

"정관(精觀). 1. 대상에 관여하지 않고 조용히 지켜본다. 2. 무상한 현상계 속에 있는 불변의 본체적, 이념적인 것을 심안에 비추어 바라보는 것."

보면 볼수록 참 이 단어의 매력에 끌린다. 사전적 정의를 빌리지 않더라도 글자 그대로 무언가를 고요하게 바라보는 행위, 누군가가 정관하는 모습을 상상해보라. 그가 누구든, 무엇을 바라보고 있든 얼마나 매력적인가? 또 얼마나 매력적인 일인가? 그리곤 살아오면서 정관해 본 적이 있었는지 생각해 본다. 그럴 만한 여유가 내게 언제 있었을까? 또 인생에 있어 나에게 무엇인가를 정관하도록 한 이끌림이 있었는가? 나 자신을 정관해 본다.

그리고 오늘 한라산을 정관해 본다. 충분한 시간을 내어 고요하고 평온하게 바라본다. 한라산의 이야기를 찾아보고, 들어보고, 읽어본다. 그 후에 다시 한라산을 정관할 것이다. 한라산이 달리 보일지도 모른다.

한라산(漢拏山)

산은 섬이 되었다.

섬은 삶을 품었다.

삶들은 산에서 나고, 산에서 잠들었다.

사람들은 삶이 깃든 봉(峰)이라야 산이 된다고 했다.

은하수 잡아당기듯 웅장하고, 거대하며, 신성스레 검푸른 산,

그리고 수만 년 삶들을 품어온 어머니 산.

한라(漢拏)라 부르리.

설문대할망과 한라산 서귀포에서 보는 한라산은 제주 개벽 신화의 주인공 설문대할망의 모습을 하고 있다. 마치 설문대할망이 머리를 풀어 헤치고 하늘을 보며 누워있는 듯하다.

형성

태초의 제주는 바다였다. 약 180만 년 전부터 바닷속에서 화산활동이 100만 년 넘게 지속된 것으로 추정된다. 수중에서 발생한 화산활동을 수성화산활동(水性火山活動)이라 한다. 지구 중심부의 압력을 못 이겨 분출한 뜨거운 마그마가 바닷물을 만나면서 강력한 폭발을 일으킨다. 바닷물에 급격히 냉각된 마그마가 이 폭발로 부서지고 퇴적되면서 층을 이루었다. 이런 폭발이 반복되며 곳곳에 수성화산체가 생기고, 해양 퇴적물들이 쌓이면서 무려 약 100m 두께에 이르는 퇴적층이 만들어졌다. 이 퇴적층이 융기하며 해수면 위로 떠올랐고, 서귀포층이라 부른다. 서귀포층은 100만 년 이상에 달하는 장구한 시간에 걸쳐 퇴적이 진행되었기 때문에 제주도 형성사의 절반 이상을 기록하고 있는 중요한 지층이며, 곧 이것이 원시 제주의 기반이 되었다.

서귀포층은 추가적인 용암 분출로 넓은 용암지대를 형성했다. 약 80만 년 전부터 40만 년 전까지 성산에서 표선, 서귀포, 중문에 이르는 제주 남쪽의 해안선과 약 950m 높이의 원시 한라산이 이 시기에 만들어진다.

지금 한라산의 모습은 약 30∼20만 년 전 형성되었다. 고지대의 평탄면과 한라산이 이 시기에 만들어졌고, 높이는 약 1,600m 정도까지 상승했다. 끊임없이 분출된 용암은 바다와 만나 굳어지면서 섬을 넓혀갔다. 대포동 지삿개 주상절리대와 같은 아름다운 자연의 예술작품들이 제주 남부 해안가에 화룡점정을 찍었고, 지금의 제주도 해안선이 만들어진 것도 이 시기였다.

약 10만 년 전부터 섬 중심부의 화산활동은 정점을 이루었다. 한라산 아흔아홉골이 약 10만 년, 삼각봉 약 8만 년, 영실 약 6만 년, 성판악은 약 3만 년 전에 만들어졌다. 약 2만 3천 년 전 지름 약 500m에 이르는 분화구가 만들어질 정도의 엄청난 폭발이 한라산 정상부에서 일어났다. 백록담의 서벽과 남벽을 중심으로 하는 돔(dome) 형태의 화산체가 형성된 것이다. 폭발은 한 번에 그치지 않았다. 백록담 서벽과 남벽의 지질 성분과 동능의 성분이 다른 것은 폭발이 여러 차례 있었음을 이야기한다.

화산활동은 수천 년 전까지 멈추지 않았다. 제주 전역에 368개의 기생화산(寄生火山)이 수를 놓았다. 가장 최근에 만들어진 오름은 한라산 동쪽의 돌오름이며 불과 2,600년 전에 만들어졌고, 비양도는 고려 1002년과 1007년에 분화했다는 기록이 있을 정도다.

삶과 산

화산폭발이 멈추고 생명들이 잉태되었다. 빙하기는 대륙의 원시 인류를 남방으로 내몰았고 어디선가 들어왔던 신석기인들이 제주에 정착하게 되었다. 제주의 신석기인들은 바다와 산에서 수렵과 채취 생활을 했다. 그들에게 한라산과 바다는 삶의 터전이자 끊임없는 도전과 응전의 대상이었다.

그들은 민물을 쉽게 얻을 수 없었다. 한라산은 물을 쉽게 내어주지 않았다. 많은 강수량에도 섬 전체가 돌무더기였던 탓에 물은 스펀지처럼 지하로 스며들어 갔다. 돌무더기 땅은 우물 하나도 내주기를 꺼렸다. 다행히도 섬은 해안가에 용천수를 내주었다. 그래서 그들은 용천수 근처에 촌락을 이룰 수 있었다.

그렇지만 한라산은 쉽게 인간들에게 땅을 허락하지 않았다. 돌덩이로 이루어진 단단한 땅 위에선 농사가 어려웠다. 그들은 항상 굶주림과 영양부족에 시달렸을 것이다. 그럼에도 제주인은 한라산에 의지했다. 한라산은 절대적 존재이거나 초자연적 존재였다. 태양은 산에서 뜨고 산으로 졌다. 땅에서 물이 솟았고, 물이 흐르니 바람을 불렀다. 바람은 구름과 안개를 움직였다. 이 모든 경이로움이 한라산을 배경으로 펼쳐졌고, 제주인들은 수많은 신들을 양산했다. 일만 팔천 신들이 절 오백, 당 오백 제주에 좌정했다.

한라산은 교통과 교류를 차단했다. 산북(한라산 북쪽)의 제주인들은 산남(한라산 남쪽)의 제주인들을 몰랐다. 동쪽의 제주인은 서쪽의 제주인들을 몰랐다. 교류와 교통은 모두 산이 가로막고 서 있었다. 그래서 지금도 서귀포가 제주와 다르며, 성산과 대정이 다르다. 서귀포에서만 쓰는 "~언, ~인"이라는 접미사는 제주시에서는 쓰지 않는다.

그래서 한라산은 극복의 대상이었다. 사람들은 돌밭을 일구어야 했다. 돌들과의 싸움은 개인 혼자는 할 수 없었다. 자연히 공동체가 생겨났다. 마을에 누군가 돌과 흙으로 집을 지으면 마을 사람들은 다 같이 물을 길어다 주었다. 밭일도 공동으로 했고, 태우와 물질은 원팀이었다. 도둑이 없고, 따라서 대문이 필요 없었고, 거지도 없었다.

사람들은 산으로부터 먹을 것을 쉽게 얻을 수 없었으므로 바다를 택했다. 수많은 남자가 삶을 위해 바다로 나아갔지만, 도저히 예측 불가능했던 제주 바다의 날씨 덕에 사라져만 갔다. 아낙을 두고 지아비가 돌아오지 않았고, 홀어멍을 두고 아들은 소식이 없었다. 남겨진 제주의 여성들은 대신 강해져야만 했다. 여자들이 밭일하고 물질도 했다. 사라졌던 지아비와 아들들은 환상의 섬 이어도에 가 돌아오지 않는다고 생각했다. 한라산이 조금 더 너그러웠더라면 그들은 이어도에 가지 않아도 되었으리라 생각했다.

수탈의 섬

고려가 후삼국을 통일한 지 2년 후였던 태조 21년(938)에 탐라국 성주(城主)의 아들 말로라는 인물이 태조 왕건을 알현했다. 태조 왕건은 탐라국(耽羅國)의 자치권을 인정하고 기존 지배층의 호칭(왕자, 성주)도 수용해주었다. 물론 수년 전 탐라국이 고려에 공물을 바친 후였다.

고려는 점점 탐라를 예속시켜 나가는 정책을 폈다. 『고려사』에 보면 숙종 10년(1105)에 '탁라(乇羅)'를 고쳐 탐라군(耽羅

아침을 맞는 한라산 제주도민과 관광객의 99%가 항공을 이용해 제주도를 왕래한다. 이동이 자유롭지 못한 시절 제주도는 고립의 섬이었다. (사진 제공: 제주공항 오승호 관제사)

郡)으로 만들었다'라는 기록이 있다. 이는 더 이상 탐라가 해상왕국이 아닌 고려의 한 지방으로 편입되는 것을 의미했다. 처음에는 상주(常住) 관리를 파견하지 않다가 의종 7년(1153)에는 상주 지방관이 파견되었다. 이는 길고 긴 수탈과 수난의 역사가 시작됨을 의미했다.

고려 중앙정부 관리의 상주로 일반 백성들은 이중의 과세를 부담해야 했다. 민초들은 기존의 통치 세력이었던 탐라의 왕자나 성주와 같은 토호 세력은 물론 중앙정부에도 세금을 바쳐야 했다. 이중과세가 부과되었다. 고달픈 민초들의 삶은 더욱 궁핍해졌다. 급기야 의종 22년(1168) 제주 역사상 처음으로 중앙의 수탈에 항거하는 민란이 발생했다. 상주 관리가 부임한 지 불과 13년 만인 1168년, 탐라인들이 들고 일어나 수령을 쫓아버리는 일이 생겼다. 제주 최초의 민란인 '양수의 난'이다. 이와 같은 수탈과 가렴주구에 항거하는 민란은 삼별초 군이 제주에 입도하기 직전까지 10여 차례나 발생했다.

삼별초 군이 제주에 입도한 것은 1271년, 삼별초 군이 여몽 연합군에 밀려 진도가 함락된 직후였다. 삼별초 군이 제주에 올 것을 예상한 고려 정부가 1270년에 제주에 군대를 보내 삼별초를 막아보려 했지만 패퇴했고, 삼별초는 약 3년간 제주에 방어진지를 구축했다. 삼별초 본진은 1천 300명 정도 되었으나 군무원을 포함하면 약 1만 2천 명 이상의 인구 유입이 된 것으로 추정된다. 이 대군단을 먹여 살릴 식량은 제주에 충분치 않았다. 제주인들은 군벌의 창칼 아래서 다시 한번 배를 굶주려야 했다. 그뿐만 아니라 군벌들은 고려 정부군이 쌓다 만 환해장성(環海長城)을 방어진지로 삼기 위해 사람들을 동원했다. 제주도 한 바퀴 300리(120km)의 환해장성이 삼별초에 의해 완성된다. 돌을 날라 담을 쌓는 작업은 물론 탐라인들의 몫이었으리라.

1273년 드디어 여몽 연합군 1만 2천 명의 정벌군이 제주에 입도한다. 불과 4일 만에 삼별초 군은 괴멸되고 만다. 삼별초를 이끈 김통정 장군은 항파두리성을 빠져나와 오름에 올라 끝까지 항전했으나 끝내 그의 피가 땅을 적시며 오름을 붉게

물들게 했다. 애월의 붉은오름이 바로 그곳이다. 수많은 제주인이 양측의 싸움에서 희생되었다. 외세에 의해 징집된 민초들도 삼별초 군들과 함께 희생되었고, 그에 부역했던 사람들은 색출되어 육지부로 강제로 이주당했다.

정벌이 끝난 후에도 몽골군은 되돌아가지 않았다. 그들은 한라산에 주목했다. 전 세계를 대상으로 전쟁을 수행했던 세계최강의 몽골 기마부대로서 말은 중요한 전략자산이었다. 그런데 한라산은 말을 키우기에 최적의 환경을 제공했다. 한라산 중산간지대의 넓고 완만한 구릉지대는 마치 몽골의 초원을 연상케 했다. 곧 제주 전역이 군마를 키우는 제국의 목장으로 변해갔다. 제국은 수많은 사육 기술자를 제주도에 파견했다.

그뿐만 아니라 제국은 제주를 다시 탐라로 되돌려놓았다. 일본이 청일전쟁 후 청나라와 맺은 시모노세키조약의 제1조가 바로 조선이 자주독립국임을 인정하는 것과 같은 이유다. 고려의 일부를 통치하는 것보다 애초부터 독립국이었던 탐라를 식민지로 삼는 것이 외교적으로 훨씬 수월했다.

몽골은 탐라를 지배하면서 남송을 정벌해 대륙을 통일했고, 일본 원정도 여러 차례 감행했다. 모두가 고려의 제주부를 없애고 탐라총관부를 설치한 직후의 일들이다. 몽골 지배는 무려 100년이나 지속되었다.

1374년 최영 장군에 의해 몽골 지배는 완전히 종식되었지만, 최영 장군마저도 기우는 고려의 국운을 막을 수는 없었다. 1392년 제주는 다시 사대부의 나라 조선 땅이 되었다. 그리고 곧 제주는 정치범들의 유배지로 변모했다.

조선 조정은 끊임없는 정치싸움으로 얼룩졌고, 상대방의 재기를 막고 영원히 권력에서 이격(離隔)시켜 줄 장소가 필요했다. 사대부들의 눈에 한라산이 들어왔다. 정치범들에게는 사형을 제외하고 바다 건너 한라산으로 유배를 보내는 것만큼의 가혹한 형벌은 없었다. 조일전쟁(임진왜란)의 영웅 광해군을 비롯해 남한산성의 주역 김상헌, 김정희, 송시열, 최익현 등 당대를 대표하는 정치가, 예술인, 학자들이 제주로 보내졌다.

제주는 또한 왜구들의 소굴인 북규슈(北九州), 평호도(平戶島), 대마도(對馬島) 등에 가깝고 왜구들이 중국으로 왕래하는 항해상에 위치해 더욱 빈번하게 왜구의 침입을 받았다. 왜구들은 제주를 중국에 진출하기 위한 거점 지역으로 삼으려 했다. 실제로 제주는 태종 1년(1401)부터 명종 14년(1559)까지 150여 년 동안 29차례나 왜구의 침입을 받았다. 그런데 재미있는 것은 이 왜구들이 노린 것들이 공물선, 공마선, 진상물 수송선이었다. 공출이 얼마나 심했길래 왜구들조차 이것들을 노리고 있었단 말인가! 공출물은 전복과 감귤, 약재, 나물에서 부터 심지어 집안의 숟가락과 물 한 바가지까지 물불을 가리지 않았다. 가렴주구에 물든 탐관오리들은 가뜩이나 혹독했던 민초들의 삶을 쥐어짰다. 점점 제주는 사람이 살 수 없는 곳으로 변해갔다. 사람들은 한둘씩 제주도를 떠나기 시작했다. 무리를 지어 배를 타고 야반도주하듯 제주를 떠났다. 선상 난민(boat people)처럼 제주의 유민들도 전라도와 경상도 심지어 저 멀리 황해도와 평안도 해안까지 살 곳을 찾아 떠다녔다.

조선 조정은 제주인들을 품기보다 가혹한 처분을 내렸다. 1629년에서 1830년까지 무려 약 200년간 제주도민들은 허가 없이 제주도 밖을 나갈 수 없도록 하는 강력한 행정조치를 내렸다. 악명높은 '출륙금지령(出陸禁止令)'이 바로 그것이다. 제주인들은 더 이상 배를 타고 나갈 수가 없었다. 탐라의 해양문화는 이 기간에 완전히 사멸했다. 그들에게 남은 것은 지옥같은 삶의 현실이었다. 바다가 봉쇄되자, 사람들은 더욱 한라산에 의지할 수밖에 없었다.

제주 死·삶

제주의 비극은 근현대에도 계속되었다. 일제가 패망의 색이 짙던 1944년부터 1945년까지 일제는 제주도를 최후의 방어기지로 삼는다. 수많은 산과 해안에 갱도가 파였고, 오름 정상마다 방공진지가 구축된다. 제주인들은 다시 노예처럼 등짐을 지고 산을 오르내리고 곡괭이를 들고 돌을 파내야 했다. 그러다 해방을 맞았지만, 현대사 민족 최대의 아픔인 '제주 4·3(4·3사건 또는 4·3 민중항쟁 등으로 불리지만 이 책에서는 제주 4·3이라 함)이 발발한다.

이승만 정권은 제주 4·3을 대한민국의 정통성을 부정하는 불순세력의 소행으로 규정하고 이들을 철저히 토벌하기로 한다. 해안선으로부터 5km 지점 이상에 소개령이 내려진다. 5km에서 한 뼘이라도 한라산 쪽에 걸쳐진 자들은 모두 빨갱이로 간주하고 잡아들였고, 인륜과 천륜을 저버린 고문과 폭력, 강간, 학살이 자행됐다. 빨갱이들을 색출한다는 명목하에 당시 제주도 총인구의 약 10%에 이르는 2만여 명이 학살된 것으로 추정된다. 이는 수십 년이 지나 파악한 숫자에 불과하고 쥐도 새도 모르게 죽어 버려지고, 파묻히고, 태워진 숫자들은 아무도 모른다. 살기 위해 들어간 한라산이 곧 사람들의 삶과 死를 나누는 사지(死地)였던 셈이다.

한라산은 지질학적으로나 역사적으로나 제주라는 섬 그 자체를 의미했다.

육지인들의 처지에서 제주는 식민지였고, 적을 따돌리기

수악과 한라산 서귀포시 남원읍의 수악, 수악 주둔소에서 토벌대는 한라산을 감시했다.

한라산 사람들은 산의 경이로움을 보며 살았다. 그리고 그들의 삶을 기원하고 애원했다. 그 렇지만 지금껏 산은 결코 쉬운 삶을 내어준 적이 없었다. 산은 삶 자체였다.

좋은 항전지였다. 그리고 병참기지였으며 수탈지였고, 유배지였으며, 빨갱이가 선동하는 붉은 지역이었기 때문에 학살터였다. 그런데도 그들은 전쟁이 나자 제주도를 피난지로 삼았다. 근래에 와서는 매년 1천만 명 이상이 방문하는 세계적인 관광지가 되었으며, 좋은 부동산 투자지역이며, 영어교육의 적지이기까지 하다. 중앙의 관점, 육지인들의 관점에서 제주는 참 다양하게 보였고, 사용되었다. 그러나 아쉽게도 유사 이래로 단 한 번도 제주인의 시선에서, 제주인의 입장에서 제주가 존재한 적은 없었다.

제주 사람들에게 이 섬은 단 한 번도 쉽지 아니한 적 없는 삶의 터전이었을 뿐이었다. 그리고 한라산은 싫든 좋든 언제나 우리의 배경이었다.

정관(靜觀)

다시 한라산을 정관해 보자.

지금껏 한라산이 사람들에게 이렇게 많은 것들을 주는 날들이 있었을까? 한라산은 예나 지금이나 똑같이 서 있기만 한데, 여전히 은하수 닿을 듯 높기만 하고, 동으로 해를 맞으며, 서로는 대륙을 겨냥하며, 북으로는 반도를 배경 삼아 남으로 당당하게 태평양과 마주하고 있다.

빙하기를 건너온 그 옛날 제주에 최초의 발자국을 남겼던 원시인의 눈에 한라산은 어떤 모습이었을까? 그들에게도 아름답기만 했을까? 고을나, 양을나, 부을나 세 성씨 시조의 눈에 한라산은 어떤 모습을 하고 있었을까? 쿠빌라이 칸 앞에 불려 갔던 탐라 왕자의 눈에는? 삼별초 김통정 장군은 제주를 보며 무슨 생각을 했을까? 최영 장군의 칼에 쓰러져갔던 몽골군의 눈에는 어떤 모습이었으며, 김정희나 광해군에게도 한라산은 아름다웠을까?

법환포구에서 일본군 위안부로 강제로 끌려가던 서귀포 여인들의 눈에 한라산은 어떤 모습을 하고 있었을까? 그날도 이리 청명했을까? 정방폭포에서 죽창에 찔려 떨어지는 그들의 눈에도, 눈을 가리고 손이 묶인 채로 예비검속되어 총살당하던 그 사람들 머릿속에 한라산은 무슨 말을 건넸을까? 삶을 구걸하기 위해 한라산을 찾았던 수많은 그 제주인을 왜 한라산은 보호해주지 않았던 것일까?

우리는 한라산을 정관해야 한다. 당신이 제주인이라면 더욱더 시간을 내어 한라산을 바라보아야 한다. 최초의 제주인이 한라산을 보며 설렜던 그 마음을 온전히 우리도 느낄 수 있지 않은가? 예나 지금이나 한라산은 그때 그 자리에 그대로 있지 않은가? 우리는 한라산을 정관해야 할 당위가 있다.

02

백록담
지극한 경이로움이 머무는 곳

제주창조의 여신, 설문대

하늘에는 설문대라는 아름다운 여신이 있었다. 그녀는 지상의 세계에 관심이 많았다. 하늘에서 보이는 지상은 그다지 마음에 들지 않는 곳이었다. 그래서 언제나 그녀가 꿈꾸는 이상향의 모습을 노래하곤 했다(이 이야기는 김순이 시인의 『제주신화』를 바탕으로 각색한 것이다).

설문대는 꿈을 이루기 위해 직접 지상의 세계로 내려오기로 했다. 엄청난 거인이 되어 하늘에서 내려온 설문대는 바다 가운데 섬을 만들었다. 백두대간의 바위들을 옮겨 기초를 쌓았고, 한강수의 흙을 치마에 퍼담아 부지런히 날랐다.

드디어 산이 만들어졌다. 산은 웅장했으며 검푸른색이 심오했다. 정상에는 하늘을 비출 수 있는 연못도 만들었다. 이 연못에 하늘이 비치면 밤하늘의 은하수를 끌어다 놓은 듯 반짝였고, 운무가 드리우면 지극한 경이로움이 머물렀다.

설문대는 주변을 보았다. 어찌나 열심히 일했는지 옷에 구멍이 생긴 것을 발견했다. 흙을 나르다 그 구멍으로 소로록 소로록 흙이 새는 것도 몰랐다. 그런데 그렇게 떨어진 흙들이 자그마한 언덕으로 변해 있었다. 그 수가 무려 368개나 되었다.

설문대는 산을 조금 움직였다. 아흔아홉 골짜기가 만들어졌다. 아흔아홉골은 사람을 해치는 맹수가 생겨날 수 없는 신비한 숫자의 골짜기였다. 이 계곡들에 물이 흐르기 시작했다.

사람들은 설문대를 설문대할망이라 불렀다. 그런데 어느 날 사람들이 설문대를 찾아왔다. 그들은 육지하고 떨어져 사는 것이 힘이 드니, 섬과 육지를 잇는 다리를 놓아줄 것을 간청했다. 그러면서 사람들은 설문대의 옷이 너무 낡은 것을 보고 명주 천을 모아 바쳤다. 그러나 설문대의 옷을 만들기에는 한 동이 부족한 99동밖에 모이지 않았다.

설문대는 사람들의 정성이 갸륵했지만, 그들이 원하는 육지를 잇는 다리는 만들어줄 수는 없었다. 왜냐하면 설문대가 창조한 그 이상향은 육지와 연결된 세상이 아니었다. 바다는 섬을 고립시키는 존재가 아니라 보물창고이며, 그들을 지켜 주는 수호신이었기 때문이었다.

사람들은 설문대를 오해하기 시작했다. 옷감이 모자랐기 때문에 설문대가 다리를 놓아주지 않는다고 했다. 불만의 목소리가 쌓이고, 설문대를 향한 비난이 쏟아졌다. 그렇지만 설문대는 자신이 만든 이 섬을 육지와 연결할 생각이 없었다. 차라리 묵묵히 그 모든 비난을 받아내기로 했다.

그녀는 한라산 영실(靈室)로 향했다. 영실은 하늘의 궁륭처럼 둥글고 깊은 원형의 방이었다. 깎아지는 석벽이 병풍처럼 둘러 있고 그 위로는 울창한 숲이 지붕을 이룬 곳이었다. 인간의 발길이 가까이 이르면 저절로 자욱한 안개가 끼어 입구를 막아버리는 신비한 장소였다. 섬에서 가장 신령스러운 이곳은 설문대의 방이었다. 5백 명 산의 정령들이 그곳에서 수행했다. 설문대는 이들을 아들이라 여겼고, 사람들은 이 정령들을 오백 장군이라 불렀다.

설문대는 자신이 창조한 산과 영원히 하나가 되기로 마음먹었다. 이곳에 남아 스스로 산신(山神)이 되어 사람들을 지켜주기로 했다.

설문대는 영실을 걸어 나왔다. 섬에서 제일 깊은 물을 찾았다. 용연(龍淵)의 깊은 물 속으로 들어가려고 했지만, 용연의 수심은 겨우 발등을 덮을 뿐이었다. 다시 서귀포의 홍리 천지연계곡으로 들어갔더니 겨우 무릎에 찰 뿐이었다. 이곳저곳을 둘러본 설문대는 제주도 개벽 이래 어떤 가뭄에도 물이 마른 적이 없다는 신비의 산정호수, 불가측(不可測)의 깊이를 가진 물장올(물장오리)을 발견했다. 설문대는 한라산의 정령들과 마지막 인사를 나누고 물장올의 깊은 연못으로 천천히 걸어 들어갔다.

설문대는 그가 만든 산에 스며들었다. 운무가 피어올랐다. 이때부터 한라산 아흔아홉 골짜기를 흘러내리던 물은 모두 설문대를 따라 땅속으로 스며들었다. 지상의 물은 모두 건천이 되고, 지하로만 흐르기 시작했다. 어머니를 잃은 영실계곡의 오백 장군은 통곡하며 한라산 곳곳을 헤매며 설문대의 모습을 찾아다니다 굳어져 바위가 되었다.

설문대할망에 관한 이야기는 제주의 개벽 신화이자 설화다. 설문대에 관한 수많은 이야기가 전해 내려오고 있지만, 오랜 기간 가부장적이고 남성 중심의 문화 속에서 여성 신화인 설문대할망의 이야기는 점차 왜곡되고 축소되었다. 여성 문화의 상징인 설문대할망의 이야기를 보전하는 것이 제주의 고유하고 독특한 문화를 보전, 보존하는 것이나 다름없다.

한라산 신 호종단을 벌한 것은 매로 변한 한라산 신이었다. 수많은 사람이 한라산에 오르지만, 한라산 신을 보는 이는 없다. 알아야 보이지.

중국 송나라 때의 일이다. 송나라 황제가 고려의 지도를 보고
는 영주산이 있는 탐라국에서 장차 중국을 위협할 위인이 나
올 것을 우려했다. 그래서 풍수사를 보내 미리 그 혈맥(穴脈)
을 눌러버리려고 했다. 그래서 파견된 인물이 호종단('고종달'
이라고도 함)이라는 풍수사였다.

호종단은 제주에 도착하자마자 동쪽부터 시작해 제주도를
한 바퀴 돌기 시작했다. 이곳저곳을 누비며 제주의 맥을 눌렀
다. 성공한 곳도 있었고, 실패한 곳도 있었지만 이쯤 되면 되
었다 싶었는지 제주의 서쪽 끝에 이르러 배를 타고 중국으로
돌아가려 했다. 이때 한라산 신(또는 한라산 신의 동생인 광양당
신이라고 하는 사료도 있음)이 매로 변해 호종단이 타고 있던 배
에 올랐다. 한라산 신이 북풍을 불러들이니, 거센 바람에 배
가 부서져 비양도 서쪽 지경의 암석 사이에서 침몰했다. 그때
부터 이 암석을 차귀도(遮歸島)라 불렀다. 글자 그대로 '돌아가
는 것을 차단한 섬'이라는 뜻이다.

이 소식을 보고받은 고려의 조정은 내심 기뻐했다. 고려
를 대신해 한라산 신께서 중국을 물리친 것 아닌가! 그래서 한
라산 신을 '광양왕(廣壤王)'에 봉하고, 해마다 향과 폐백을 내
려 제사를 올리도록 했다. 한라산 신에게 왕의 지위를 준 것

이다.

　사람들은 제사를 지내기 시작했다. 물론 백록담까지 올라 제사를 지냈다. 그랬더니 부작용이 생겨났다. 백록담 정상이 좀 추운가? 지금처럼 등반로가 조성된 것도 아니고 올라가기도 어렵고, 올라가서 제사를 지내다 보니 얼어 죽는 사람들이 속출했다. 그리하여 조선 성종 때 제주목사 이약동이 상소를 올려 백록담에서 올리던 제사를 지금의 제주시 산천단(山川壇)으로 제장(祭場)을 옮기도록 했다. 그때부터 이 제사가 백록담이 아닌 산천단에서 행해지고 있다.

　제주특별자치도 한라산연구소의 2012년 기록을 보면 백록담의 연평균 기온은 4.5도에 불과하다. 1월 평균기온은 마이너스 7.8도, 7월에도 16.2도다. 더군다나 연평균 강수량은 무려 5,107mm에 이른다. 백록을 탄 신선이나 나올법한 기후 아닌가!

중악지종(衆岳之宗)

김훈의 소설을 바탕으로 이병헌과 김윤석이 열연한 영화 〈남한산성〉(감독 황동혁)에서 실리를 추구했던 최명길(이병헌 분)과 대립하며 끝까지 청나라와의 항전으로 대의명분을 지키고자 했던, 사대부의 절개와 지조의 상징 '청음 김상헌(金尙憲,

김윤석 분)'이 제주에 머물며 남긴 책이 있다. 『남사록』이다. 김상헌은 다른 인사들과 달리 유배가 아닌 왕의 특사(안무어사)의 신분으로 제주에 왔는데, 『남사록』은 제주에 왔을 때 지은 여행기다. 다음은 『남사록』에 나오는 한라산 신에 제를 바칠 때 쓰였다는 제문(祭文)의 내용이다.

궁륭(穹隆, 활이나 무지개처럼 높고 길게 굽은 형상) 같은 산이 있어 바다 가운데 자리 잡고 있도다. 아래로는 수부(水府)를 감싸 두르고 위로는 운공(雲空)에 맞닿아 백령(百靈)이 머무르니 중악지종(衆嶽之宗)일세! 탐라의 진산(鎭山)이시어, 남쪽 끝자락 절경을 이루었고, 천신(天神)의 권능을 빌어 우리 백성을 도우시니…

중악지종! 이게 무슨 뜻인가? '모든 산의 적장자(嫡長子)요, 으뜸이자 근본인, 산중의 산, 악(岳) 중의 악!' 세상 극찬도 이런 극찬이 없다. 음미해보라. 전 세계 어디 이런 산이 있단 말인가! 수백 제자들이 공자를 향해 절을 하고, 밤하늘의 별들이 북극성을 보며 천궁을 돌 듯이, 368개의 손산(孫山)이 한라산 정상, 백록담을 향하며 대지를 수 놓은 저 아름다운 형세를 보라. 전 세계에 어디 이런 아름다운 산이 있고, 섬이 있단 말인가!

조선 후기 대 유학자이자 항일운동가였던 면암 최익현(勉
菴 崔益鉉) 선생도 제주에서 1년 3개월의 유배 생활을 마치고
고향으로 돌아가던 해에 한라산을 유람하고『유한라산기(遊漢
拏山記)』란 기행문을 남겼다. 그도 여기에서 한라산을 이렇게
칭송했다.

그 이윤과 혜택이 백성과 나라에 미치고 있으므로 어찌
금강산이나 지리산처럼 사람의 관광이나 제공하는 산들
과 비길 수 있겠는가!

한라산은 관광이나 제공하는 산이 아니다. 삼신산이라 해
서 다 같은 반열에 있는 명산이 아니다. 한라산은 민초들의 삶
을 품고 있다. 백성의 삶을 품어 그 혜택이 나라에 미치는 정
도가 한라산에 비할 산은 없다. 백두대간 그 어디를 찾아보
라. 아니 전 세계를 돌아 한라처럼 삶들을 품은 산이 있는지를
찾아보라.

신들의 고향, 한라산

어렸을 적 제주의 웃어른들에게서 들은 이야기다. 산을 지키
는 산신(山神)이 있으면 산(山)이라 하고, 없으면 그냥 봉(奉)이

라 한다. 그래서 제주에서는 성묘나 소분(掃墳, 경사스러운 일이 있을 때 조상의 산소를 찾아가 무덤을 깨끗이 하고 제사 지내는 일)을 할 때 조상 묘소에 간다고 말하지 않고, 산에 간다고 한다. 산소마다 그 묘소를 지키는 주인이 있어서 산소도 산이다.

한라도 역시 물장올에 잠든 설문대나 호종단의 배를 침몰시킨 매처럼 산신(山神)이 있기에 산이다. 그리고 한라산을 지키는 산신은 하나가 아니다.

흔히들 제주를 1만 8천 신들의 고향이라 한다. 1만 8천이란 숫자를 따지는 사람들이 있는데, 김종철의 아내 시인 김순이는 1만 8천이란 숫자는 많다는 의미이지 다른 뜻은 아니라 했다. 간단히만 생각해도 제주도 전역에 흩어진 봉분들만 따져도 그 수가 수만 기는 되지 않겠나? 또, 우리가 어렸을 적에 하늘 높은 줄 모르고 자라는 비파나무는 흔한 나무였다. 워낙에 커서 신당(神堂) 목으로 쓰이기도 했는데, 어른들이 귀신에 들린 나무라 했다. 이것을 1988년 서울올림픽 전에 외국인들이 우습게 본다고 다 잘라버리지 않았나? 지금 생각해 보면 어처구니없다. 외국인들이 혐오한다고 똥돼지도 이때 다 없어졌다.

마을마다 하나씩 있는 폭낭(팽나무)은 마을을 지키는 수호신 역할을 했다. 또 제주의 가로수로 많이 쓰이며, 빨간 열매가 이쁘고, 연녹색 잎이 싱그러운 먼나무라고 있다. 어른들은 이 나무 역시 귀신에 들린 나무라 했다.

이쁜인가? 나무며, 돌이며, 물이며, 바다며, 오름이며, 눈에 보이는 모든 것들이 신앙이 되었다. 그리스·로마인들처럼 제주인들도 무엇에나 어디에서나 신이 깃들어 있다고 생각한 것이다.

그래서 제주도를 무당도(巫堂道)라 한다. 신당 250곳, 무당 400명, 무가(巫歌)가 500편, 심방이 모시는 신격(神格)이 1만 8천 위. 이 모든 것이 제주를 뜻하는 말이다. 그리고 이 모든 신들의 중심에 한라산 신이 있다.

영실계곡을 지나 윗세오름을 거쳐 한라산 남벽에 이르는 탐방로는 한라산 신의 모습을 가까이에서 볼 수 있는 좋은 기회를 제공한다. 화산폭발로 생성된 돔(dome) 형태의 백록담을 만들어낸 봉우리를 결사옹위하는 각양각색의 바위 형상들을 보면 놀라움을 금치 못한다. 누가 천지창조의 권능을 줄 테니 한번 마음껏 만들어보라고 해도 이렇게 못 만든다. 그야말로 자연의 신비, 지극한 경이로움이 끝판왕이다.

『신증동국여지승람』 제주목 산천조(山川條), 한라산 항목에 나오는 말이다.

"산꼭대기에 큰 못이 있는데 사람이 떠들면 구름과 안개가 일어나서 지적을 분별할 수가 없다."

사람이 떠들면 산신의 심기를 건드려 곧 운무를 불러드린다는데, 요즘 한라산 백록담 동릉 정상에 오르면 거기만큼 도떼기시장이 없다. 정말 한라산을 관광이나 제공하는 산처럼 여기고 등산하는 사람이 십중팔구다. 물론 몇 시간 노고를 견디며 올라오면 누구라도 그 기쁨을 감추지 못함은 인지상정이라 탓할 바는 아니지만 선조들이 한라산을 신성시하며 지켜온 것을 생각해 보면 좀 과한 듯하다. 물론 오늘날의 한라산 신께서는 너그러우시므로….

백록담을 향하는 산신들

1770년 장한철이라는 인물이 있었다. 그는 한양으로 과거 시험을 보러 가다 풍랑을 만나 오키나와에 닿아 구사일생하고 극적으로 다시 제주로 돌아오는 기적 같은 삶을 살았다. 그가 겪은 일들을 기록한 표류기인 『표해록』에도 이런 장면이 나온다. 장한철이 고향으로 돌아오던 배에서 한라산을 멀리서 보자마자 한라산을 향해 큰절하며 소리쳤다.

"흰 사슴을 탄 신선이여! 나를 살려주소서! 설문대할망이여! 나를 살려주소서!"

그는 한라산을 보자마자 흰 사슴을 탄 산신과 설문대할망에게 절규하듯 소리쳤다. 망망대해를 표류하다 기적같이 살아낸 후에 고향으로 돌아오는 길에 한라산을 보게 되었을 때, 그 희열과 안도, 그리고 기쁨이 어떠했을까? 지금도 여행이나 출장을 하고 집으로 돌아오는 길의 비행기에서 한라산을 보면 포근하고 아늑한데, 저 장한철이란 사람은 도대체 그 감격이 어떠했을까? 옆에서 지켜만 봐도 눈물이 날 정도로 감격스럽지 않았을까?

제주도를 평생 연구했던 일본의 인류학자 이즈미 세이치는 1936년 한라산을 등반하다 눈보라를 만났다. 이 일로 친구 마에카와가 조난된다. 그는 이 사고를 두고 제주 사람들이 하는 이야기를 책에다 기록했다. 제주 사람들은 그들의 일행이 함부로 한라산 정상 바로 밑 탐라계곡 상류에 산막을 지었기 때문에 산신이 노했다고 했다.

이렇게 한라산 신은 제주인들에게는 수호신 역할을 했다. 제주 사람들에게 육지 사람들과 일본 왜구, 몽골 군대는 모두 침탈, 침략, 착취의 세력이었다. 그들을 막아줄 무력이 없었던 제주 사람들은 산과 바다, 그리고 운무에 기대었다. 한라산 신에게는 운무를 불러 그들을 물리쳐달라고 빌었고, 바다의 영등할망과 애기할망에게는 풍요와 안전을 빌었다. 임신과 육아는 삼승할망에게, 행운은 감은장아기에게 빌었고, 자청비에게는 농경을, 곡식과 재물은 칠성신에게 빌었다.

문자가 없던 시절, 의지할 곳 없던 제주인들은 그들의 염원, 기억, 그리고 치유의 수단으로 신들을 생각했다. 제주 사람들은 신들에게 기도하며, 작은 음식과 깨끗한 물을 제물로 바쳤다. 행운이 찾아오면 신들에게 감사했고, 잘못이 일어나면 자신을 스스로 탓했다. 동물이나 심지어 사람을 제물로 바쳐 위상이 높아진 신들과는 질적으로 다르다. 작은 소망 하나를 들어줄 어머니와 할머니 같은 푸근한 여신만 있으면 만족할 줄 알던 제주인들이었다.

관음사에서 본 한라산 관음사 탐방로는 탐라계곡을 거쳐 백록담에 오를 수 있다. 제주시 방면에서 보는 한라산은 마치 산 정상이 없는 것처럼 보인다. 두무악(頭無岳)이라는 한라산의 옛 명칭은 결국 제주 쪽에서 한라산을 본 사람들이 만들어냈을 것이다.

관음사 탐방로 운무에 가린 삼각봉. (위) 왕관 바위. (아래)

백록담 가는 첫 길

지금 백록담으로 갈 수 있는 길은 딱 두 개가 있다. 그중에서도 하나를 꼽으라면 단연 관음사 탐방로다. 관음사 탐방로는 길이는 8.7km로 비록 짧지만 대신 다리가 후들거릴 정도의 급경사 등반로가 많기로 유명하다.

관음사 코스는 제주의 3대 계곡 중 하나인 탐라계곡을 지나 음택 명혈지로 유명한 개미목, 그리고 제주에서는 잘 볼 수 없는 뾰족한 봉우리의 삼각봉, 제주의 작은 알프스로 알려진 왕관바위 등 수많은 볼거리를 제공하는 코스로 가장 아름답다.

관음사 탐방로를 이야기할 때 빠져서는 안 될 인물이 있다. 바로 한산(漢山) 부종휴(夫宗休, 1926~1980) 선생이다. 제주 세계자연유산의 선각자로 꼽히는 인물로 교사, 식물학자, 산악인, 자연보호운동가, 동굴탐험가, 사진가 등으로 활약한 전설적인 인물이다. 관음사 탐방로를 한산길이라고 하는데 바로 그의 호를 따서 붙여진 이름이다. 관음사 탐방로가 시작되는 지점에 부종휴 선생의 동상이 있고, 여기를 부종휴 광장이라 부른다.

그는 365번이 넘게 한라산을 오르내리며 10개의 탐방로를 개척했다. 그중 제일로 꼽는 곳이 이 한산길이다. 실은 그가 개척해 낸 탐방로 모두가 한라산의 식물을 조사하기 위해 다니던 길이다. 그는 한라산을 숱하게 오르내리며 제주 자연 자원의 숨은 가치를 숱하게 밝혀냈는데, 한라산의 식물을 조사하고 생태계를 연구해서 미기록 식물 400여 종을 발견하고, 한라산 식물의 종수가 1천 800여 종에 이르게 된다는 것을 밝혀낸 것은 정말 경이적인 일이다. 그야말로 한라산 식물족보를 써 내려간 장본인이다.

그뿐만 아니라 부종휴가 구좌읍 김녕초등학교 재직 시절 짚신 신은 제자들과 함께 횃불을 들고 만장굴을 포함해 무려

동굴암벽을 조사하는 부종휴 선생
(사진 출처: 제주특별자치도 세계유산
본부, 「漢山 그리고 濟州」, 2019.)

20여 개의 동굴을 탐사해 세상에 알린 일화나, 제주 오름의 선구자 김종철과 함께 백록담 서벽을 망치와 정을 들고 탐방로를 개척했다는 일화는 전설처럼 전해진다.

그가 세상에 알린 만장굴은 '제주 화산섬과 용암동굴'이라는 이름으로 세계자연유산에 등재되었다. 그는 김녕사굴, 빌레못굴, 수산굴, 미악수직굴 등 제주의 수많은 용암동굴과 서귀포 남원읍 신례리 왕벚나무 자생지, 선인장 자생지 등을 발견했다. 한라산 곳곳을 누비며 330여 종의 식물을 찾아낸 것도 한산 선생이다. 그뿐만 아니라 1964년 한라산국립공원 구역 설정의 주인공이기도 하며, 1973년 백록담 마애명을 발견한 것도 그다.

제주시 구좌읍 비치미 오름 기슭에 있는 그의 묘비에는 이렇게 적혀있다.

"산과 식물, 커피와 파이프, 브람스와 카메라, 그리고 한라산을 진정으로 사랑하였던 분…. 너무 큰 날개를 지니셨기에 세속에서 벗어나 자꾸 홀로만 날자 했던, 그리하여 언제나 고독했던 임. 이제나마 나래 접고 편히 쉬소서."

03

영곡
한라산의 신령함이 시작되는 곳, 영실계곡

천하통일을 놓고 한고조(漢高祖) 유방과 서초패왕(西楚霸王) 항우가 펼치는 영웅 이야기인 『초한지』를 보면 이런 내용이 나온다. 항우가 각 지방에서 들고 일어난 호걸들을 모아놓고 진나라의 수도 낙양에 먼저 진군하는 사람에게 천하를 배분하는 논공행상의 전권을 주겠다고 약속한다. 당연히 군사력이 가장 강했던 항우는 자신이 가장 먼저 낙양에 입성할 것이라는 확신이 있었다. 그런데 꾀가 많았던 유방이 이를 듣고 항우를 앞질러 낙양에 먼저 입성하고자 했다. 그리고 그는 항우의 군사를 앞지르기 위해 지금으로 치면 지름길로 진군하게 되는데, 그때 우연히 '고도(古道, 오래된 길)'라는 지명을 발견한다.

그는 '고도(古道)'라는 지명을 보고 예전의 이곳에 분명 낙양으로 향하는 길이 있었음을 직감하고, 그리로 나아가 항우보다 먼저 낙양에 당도하게 된다. 고도(古道)에 관련된 재미있는 일화다.

한편, 한라산 정상에 오를 수 있는 길은 몇 개일까? 지금은 관음사 코스와 성판악 코스 단 두 곳뿐이다. 예전에는 정상에 오를 수 있는 길들이 여럿 있었지만, 지금은 모두 폐쇄되었다. 한라산 등정의 고도(古道)들이 없어진 셈이다. 그렇다면 한라산 백록담으로 향하는 고도(古道)는 어디였을까?

고도(古道)의 시작, 존자암(尊者庵)

지금까지 확인된 가장 오래된 한라산 등반 기록은 조선시대의 임제(林悌, 1549~1587)라는 사람이 지은 『남명소승(南冥小乘)』이다. 임제보다 먼저 한라산에 등반했다는 기록으로, 조선 세종 때 역관 윤사웅, 최천형, 이무림 등 세 사람을 보내 노인성을 관찰했고, 토정 이지함 선생도 한라산에 올랐다는 내용이 있기는 하지만 임제의 『남명소승』처럼 시기와 등정 코스 등을 적어 놓은 문헌은 없다.

백호(白湖) 임제는 제주 목사였던 그의 부친 임진(林晉)을 찾아왔다가 1578년 2월 한라산에 올랐다. 그는 도근천(무수천) 상류를 거쳐 영실 부근에 있는 존자암(尊者庵)까지 올라왔다. 그는 존자암까지 짚신을 신고 큰 도끼로 나무를 치고, 얼음을 깨며 길을 내었다고 한다. 당시만 해도 한라산을 오르는 것은 관직에 있던 몇몇 사람들에게 주어진 특권과 같았다.

그러했기에 존자암은 한라산 등반의 베이스캠프와 같은 역할을 했다. 임제의 일행도 날씨를 기다리며 며칠을 머무르며 등산 준비를 했다. 그리고 존자암을 출발해서 선작지왓을 거쳐 상봉(정상)에 오른 후 남쪽으로 돌아 두타사(頭陀寺)라는 사찰 쪽으로 하산했다고 전해진다.

임제가 존자암을 통해 출발했던 이 길은 하나의 이정표 역할을 했다. 임제 이후에 1601년 안무사였던 청음 김상헌, 1609년 제주판관 김치, 1680년 어사 이증이 존자암-영실계곡-선적지왓-남벽을 통해 정상에 이르는 길을 이용했다. 지금 우리가 다니는 영실 탐방로가 곧 고도(古道)인 셈이다.

존자암은 지금의 볼레오름의 서남쪽에 있고, 한라산 등반 코스인 영실 탐방로 입구(주차장)에서 존자암으로 갈 수 있다. 볼레오름은 볼레낭(보리수나무)이 많아 붙여졌다고도 하고, 부처(불교)가 왔다는 의미로 불래악(佛來岳)으로 불리기도 한다. 존자암은 어떤 대덕고승(大德高僧)의 수행처였는지 모르지만, 그의 사리가 보존되어 있어 제주도 유형문화재로 지정되어 있다.

존자암은 고려시대 때부터 있었던 제주 최초의 고찰이자 명찰로 국가의 안녕을 기원했던 '국성제(國聖齊, 불교식 의례)'가 열리던 곳이었다. 1993~1994년 유물 발굴조사를 통해 제주목사도 존자암에 시주를 바쳤다는 기록이 있을 정도로 위상이 높은 사찰이었다. 이는 이곳이 영험한 기운이 서린 영곡(靈室)의 신령스러움을 배가시켜주는 요소라 할만하다.

볼레오름 영실 탐방로에서 본 볼레오름(서귀포시 하원동 산1-1번지, 높이 1,374m, 비고 104m). 김종철은 볼레오름을 '천백 고지를 서녘 자락으로 거느린 채 영실의 수문장 노릇을 한다'라고 했다. 볼레오름에 있는 존자암지는 제주특별자치도 기념물로 지정되었으며, 존자암지 내에 있는 세존 사리탑은 제주특별자치도 유형문화재로 지정되었다.

영곡(靈谷)과 오백 장군

1694~1696년까지 제주목사를 지낸 이익태는 〈탐라십경도〉라는 10폭 병풍 그림을 남겼다. 그는 재임 기간 2년 동안 제주의 여러 곳을 두루 살핀 후 빼어난 열 곳을 골라 그림으로 남기게 했는데 이것이 〈탐라십경도〉다. 국립민속박물관은 〈탐라도총〉〈산방〉〈백록담〉〈영곡(靈谷)〉 네 폭의 그림을 소장하고 있는데, 이 중 〈영곡〉은 영실계곡을 그린 것이며, 이런 해설이 붙어 있다.

영곡 국립민속박물관 소장. (사진 출처: 최열, 『옛 그림으로 본 제주』, 2021.)

"대 달린 낭떠러지와 끊어진 벼랑이 깎은 듯이 서 있고, 겹겹이 기암괴석들이 늘어서 있다. 그 산꼭대기는 웅장하기가 마치 장군이 칼을 찬 것 같고, 아리땁기는 미녀가 쪽을 진 것 같다. 스님이 절을 하고, 신선이 춤을 추며, 호랑이가 웅크리고, 봉황이 날아오르며, 크고 작고 높고 낮은 것들이 사물의 모양이 아닌 것이 없어, 세상에서는 오백 장군동이라고 하고, 천불봉이라고도 하며, 일명 행도동이라고도 한다."

어디서 공부하면 이런 문장력이 생기는지 모르겠다. 역시 학교보다는 서당에 가야 했던 것일까? 타지방 관찰사(도지사)와 동급이었던 제주목사의 수준이 이 정도였다.

실(室)은 골짜기의 옛말이다. 즉, 영실은 산신령이 사는 골짜기, 신불(神佛)로 모시어 제사 지내는 신령스러운 곳이란 뜻으로 한라산, 물장오리와 함께 3대 성소(聖所)로 여겨졌다. 〈탐라십경도〉의 그림을 보아도 그 그림이 예사롭지 않다. 한라산 정상은 구름 위로 솟았으며, 가지각색의 바위들이 절벽위로 늘어섰고, 3단 폭포수가 계곡으로 떨어진다. 이것이 '영주십경'의 백미로 치는 영실계곡의 모습이다. 실제로 보고 싶은 충동이 들지 않는가!

사실 영실계곡은 오백 장군이라 불리는 병풍바위로 시작한다. 오백 장군 역시 영실계곡의 신령스러움을 더해주는 존재다. 오백 장군은 외침을 막는 신(神)으로 제주는 물론 육지에서도 숭앙되는 바였다. 이즈미 세이치는 제주 사람들은 오백 장군을 한라산과 마찬가지로 바다의 수호신으로 추앙했고, 외국선이 접근하면 삽시에 운무를 불러일으켜 섬을 덮어버린다고 믿었다고 했다. 바다의 수호신이며 운무를 관장한다? 포세이돈 아닌가!

오백 장군의 이름은 이 전설에서 유래된 것이다. 예전 한라산에는 오백 명의 아들을 둔 어머니가 살고 있었는데, 아들들을 먹이려 죽을 끓이던 이 어머니가 그만 죽을 끓이던 솥에 빠져버렸다. 이 사실을 모른 채 아들들이 사냥에서 돌아와 어머니가 끓여놓은 죽을 맛있게 먹었다. 그런데 어머니가 보이지 않는 것을 이상하게 여긴 막내아들이 솥에서 어머니의 뼈를 발견하고 형들을 원망하며 혼자 차귀도로 내려와 날마다 어머니를 그리다 돌로 변했다. 그래서 이 바위를 장군바위라 하고, 나머지 형제들은 그 자리에서 영실의 돌기둥으로 변하고 말았다. 이것이 영실기암의 오백 장군에 관련된 설화다. 오백나한이라고 하는 것은 불교계에서는 석가모니의 제자 발타라 존자와 함께 건너온 나한들이 돌로 변한 것이라 하여 오백나한으로 부른다. 『남명소승』의 임제는 오백 장군을 『초한지』에 나오는 '전횡의 500의사'를 연상케 한다고까지 했다.

영실계곡의 오백 장군 기괴하고 신령스러운 바위들의 모습이 각양각색이다.

영실계곡을 직접 보지 않더라도 이런 이야기들만 들어도 가보고 싶고, 경험해보고 싶지 않은가? 『나의 문화유산 답사기』를 쓴 유홍준 작가는 "제주도에서 가장 아름다운 곳이 아니라 지금 나에게 아무 조건 없이 제주도의 한 곳을 떼어가라면 어디를 가질 것인가? '그것은 무조건 영실'이다."라고 했다. 단연코 제주에서 가장 아름다운 곳은 영실이라는 것이다. 영실을 보지 않았다면 제주도를 안 본 거나 마찬가지란다.

영실 오름

영실은 또 우리에게 한 가지 흥미로운 사실을 제공한다. 우리는 영실을 보통 영실계곡으로 부른다. 깊은 골짜기인 셈이다. 제주의 탐라계곡, 한라산 서쪽의 영실계곡, 그리고 산벌른내로 유명한 영천계곡이 한라산의 주요 계곡들이다. 이처럼 우리는 영실을 계곡으로 인식하는 것이 보통이다.

그런데 김종철의 『오름 나그네』를 보면 영실계곡을 '오백장군 오름(千佛峰)'으로 소개하고 있다. 한국 지리연구소에서 펴낸 우낙기의 『국민관광 제주도 편(1980)』에 영실오름(영실악, 靈室岳)으로 나와 있으며, 오백 장군봉 또는 천불봉(千佛峰)이란 이름을 쓴다는 것을 그 근거로 삼았다. 영실이 계곡이 아닌 병풍바위를 중심으로 하는 악(岳)으로 볼 수도 있다는 것이다.

이런 주장을 뒷받침하는 주장이 제주지역 언론을 통해서 제기됐다. 영실을 계곡이 아닌 분화구로 보아야 한다는 주장이다. 영실은 지름 800~850m, 둘레 2km, 깊이가 무려 350m에 이르는 거대한 원형 분화구라는 것이다. 등반로에서 영실을 한눈에 조망할 수 없을 뿐, 그 때문에 V자 계곡으로만 알고 있었지만 실은 영실계곡을 멀리서 바라보면 분화구가 뚜렷이 보인다는 것이다. 군산에서 바라보면 영락없는 분화구란 설명이다. 이 주장은 부산대학교의 한 교수님의 의견을 근거로 들었다. 그러나 아직 영실이 분화구였는지를 학계에서 심층적으로 고증한 논문이나 주장은 찾아보지 못했다.

선작지왓과 김종철

한라산 등반코스 중에 가장 뛰어난 경관을 자랑하는 곳이 영실 탐방로다. 영실 탐방로는 존자암지로 갈 수 있는 영실 탐방로 입구(주차장)에서 시작해 오백 장군(오백나한)이라 불리는 병풍바위(1,300~1,550m)를 거쳐 한라산 정상이 보이는 아름다운 '선작지왓'을 지나 윗세오름(1,700m)으로 이어진다. 윗세오름에서 어리목 탐방로와 합류하며, 여기서 다시 한라산 남벽 절벽 바로 밑 지점인 남벽 분기점(1,600m)까지 갈 수 있다. 남벽 분기점은 돈내코 탐방로와 이어진다. 총길이 편도 5.8km이며, 영실 휴게소에서 남벽 분기점까지 2시간 반 정도 소요된다.

이 중에서도 가장 아름다운 경관을 뽑으라면 단연코 선작지왓이다. 가파른 경사의 영실계곡의 영험함을 경험하고 나면 바로 완만한 경사의 긴 등반로가 나타나는데 이곳을 선작지왓이라 한다. '선'은 설익었다는 뜻이며, '작지왓'은 자갈밭을 뜻하는 제주어다. 이곳은 넓은 초원지대에 온갖 꽃들로 뒤덮여 산상 화원을 방불케 하고, 한라산의 서쪽 어깨 끝에서부터 시작해 남벽 밑의 방애오름까지 이어지는 드넓은 공간을 차지한다. 방애오름의 경우 봄철 오름 전체가 온통 분홍으로 덮일 정도로 아름다운 공간이다. 산림청에서도 선적지왓을 아름다운 소나무 숲과 아고산대 식물의 천국으로 소개하고 있으며, 한라산 노루를 가장 근접거리에서 관찰할 수 있는 곳이기도 하며, 한라산에서만 자생하는 흰그늘용담과 섬바위장대, 섬매발톱나무 등이 관찰되고, 선작지왓의 현무암질 조면안산암 용암류가 만들어낸 돌탑이 성벽을 이루며 분포하고 있어서 독특한 경관을 연출하는 곳이기도 하다.

선작지왓은 무엇보다 제주오름의 선구자였던 고 김종철 선생이 묻힌 곳이기도 하다. 그는 368개의 오름 중 330개의

선작지왓 왼편부터 족은오름(1,698m, 새끼오름), 셋오름(1,711m, 누운오름), 큰오름(1,704m, 붉은오름)이 보이고, 이 셋을 윗세오름이라 통칭한다. 윗세오름 너머로 한라산 정상이 보인다. 윗세오름이 보이는 곳에서부터 한라산 정상 남벽(사진 오른쪽)까지 드넓게 펼쳐진 고원이 선작지왓이다. 김종철은 여기 어딘가에 묻혀 있다.

오름을 탐사해서 세 권의 책으로 엮어낸 불후의 명저 『오름 나그네』 시리즈를 남겼다. 집대성이란 말이 절로 나오는 이 책은 후대의 산악인들에게 지금껏 없었고, 앞으로도 나오지 않을 불멸의 명저로 기억되는 책이다. 비록 젊은 나이에 암으로 작고했지만, 한라산에 관해 영화에서나 나올법한 숱한 일화를 만들어낸 그가 이곳에 잠들어 있다. 그는 생전, 사후에 선작지왓에 묻히길 소원했다고 한다. 그의 마지막도 그의 일생처럼 어찌나 영화 같은가!

그의 아내 시인 김순이는 그가 생전에 "겨울에는 그렇게 쓸쓸한 들판이 봄이면 또 그렇게 황홀한 화원으로 변신하는 곳, 생전에 그는 선작지왓 탑 궤 그늘에 앉아 담배 한 대를 물고 백록담 남벽을 그리움 가득 담은 눈빛으로 바라보곤 했습니다."라고 회상했다.

김순이의 「선작지왓」이라는 시의 일부를 발췌해본다.

"보이지 않는 어딘가에서 / 이름 없는 것들이 / 열심히 피고 지는 까닭에 / 세상은 아직도 아름답다는데 / 가장 소중한 것 / 가슴에 묻어도 / 슬며시 빠져나와 깊은 잠 흔드는 / 더 이상 쓸쓸할 수도 없는 / 이곳에서 / 또 한 세상 살리라 / 그리움의 발길 헤매리라."

우리는 이런 분들 덕분에 오늘 하루가 조금 더 낭만적이 된다. 이 고마움을 선적지왓에 올라 분홍빛 꽃잎에 실어 날려 보내리.

남벽 분기점

영실 입구의 존자암에서 오백 장군까지는 영험한 기운을 느낄 수 있다면, 선작지왓에서 윗세오름까지는 한라산의 아름답고 낭만적인 장면들을 담아낼 수 있을 것이다. 윗세오름 휴게소에서 잠시 쉬었다가 다시 동쪽으로 향하면 장담컨대 그대가 어디에서 무엇을 하고 살았건 지금껏 겪어보지 못한 한라산의 웅장함과 신령스러움을 동시에 느낄 수 있는 장관이 펼쳐진다. 한라산 등반로의 하이라이트가 바로 윗세오름 휴게소에서 남벽에 이르는 구간이 아닐까?

윗세오름을 지나 남벽으로 향하는 길은 한라산 정상 봉우리를 가장 가까이서 관찰할 기회를 제공한다. 이 장대한 광경을 바라보며 걷는 순간, 누구라도 탐방의 목적이 분명해진다. 시선은 고정되며 탄복이 절로 새며, 겸손해지지 않을 수 없다. '중악지종(衆岳之宗)'이라 극찬한 김상헌의 말이 진심이었음을 비로소 알게 된다. 누가 제주에 1만 8천 신들이 도대체 어디 있냐고 묻거든, 반드시 이곳에 데려와 저 신들을 보여주

한라산 정상 봉우리 제주 어디에 1만 8천 신들이 있냐고 묻거든 바로 여기에 있다고 대답하리.

조릿대와 구상나무 조릿대와 구상나무 군락 뒤로 한라산 정상 봉우리가 솟아있다.

한라산 남벽 천고의 신비 백록담을 둘러싼 깎아지는 화구벽의 남서면이다.

라. 저 각양각색으로 신비롭게 솟아오른 바위들을 보여주라. 올곧이 정상을 향하는 저들의 행렬을 보라. 저것이 무엇으로 보이는가? 저들이 1만 8천 신들이 아니고 무엇인가!

윗세오름 휴게소를 출발한 탐방로는 한라산 정상에 가장 가까이 있다는 방애오름을 끼고 남벽으로 향한다. 이 구간은 탐방로 오른편의 방애오름 주변에 넓게 펼쳐져 있는 조릿대 군락과 왼편에 있는 구상나무 군락의 사잇길로 들어간다. 이곳의 구상나무 군락은 아마도 한라산에서 고사목이 없는 유일한 곳일지도 모른다.

백록담에서 스미어 이 부근에서 용출되는 자그마한 방애

샘도 관찰할 수 있는데, 이곳이 영천계곡(산벌른내)의 발원 지점이다. 방애란 제주어로 방아를 뜻하며, 방애오름은 방아를 닮아 붙여진 이름이다. 한라산 정상과 가장 가까이 있는 오름으로 윗세오름과 마찬가지로 웃방애, 방애, 알방애오름의 세 오름을 통칭하여 부르는 말이다.

구상나무 군락을 지나 동쪽 기슭으로 깊숙이 들어가면 왼편으로 고개를 젖히게 하는 깎아지는 남벽(南壁)이 나타난다. 높이가 무려 200여 미터에 이르는데 암벽이다. 바른 자세로는 도저히 바라볼 수 없을 정도의 급경사로 마치 백록담을 방패처럼 막아서고 있는 느낌이 든다. 이 백록담 외벽 아래 움텅 내려앉은 지대가 움텅밭이고, 움텅밭에는 서쪽에서 시작한 영실·어리목 탐방로와 남쪽 서귀포 방면에서 올라오는 돈내코 탐방로가 만나는 분기점이다. 이곳을 남벽 분기점이라 부른다. 움텅밭 남벽 분기점 주변은 돌 많은 초원지대로 봄철 진달래가 대군락을 이룬다.

영실에서 시작해서 남벽 분기점에 이르는 영실 탐방로가 있어서 한라산이 더욱 돋보이는 것이다.

한라산 설경 이 광경을 보기 위해 수많은 인파가 겨울 한라산을 찾는다.

04

성판악(성널오름)
백록담으로 가는 길목을 지키는 동부 오름의 맹주

1653년 제주목사 이원진(李元鎭, 1594~1665)이 지은 『탐라지(耽羅誌)』에 따르면, 임금이 타는 말이 나왔다고 하여 어승생악(御乘生岳)이란 이름이 붙은 오름이 있다. 이 오름은 한라산 서북쪽 오름 중 제일로 꼽는다. 1,196m의 어승생악은 이 방면 어디서나 볼 수 있을 만큼 크고, 노형동과 연동, 오라동 등 3개 동에 걸쳐 있을 정도로 면적이 넓으며, 1,100도로의 좁은 길을 따라 한라산 깊숙이 들어가다 마주치는 어승생의 모습은 마치 장판교 위의 장비 익덕(張飛 益德)의 모습을 연상케 한다.

제주 서쪽에 어승생이 있다면 동쪽에는 성판악(성널오름)이 있다. 어승생과 마찬가지로 성판악도 그 풍채로 보나 웅대함

성판악(성널오름) 서귀포시 남원에서 바라본 성판악(성널오름). '성널'이란 산 중턱에 암벽이 널 모양으로 둘려 있는 것이 마치 성벽처럼 보인다고 하여 붙여진 이름이며, 성판악(聖板岳)은 이 뜻을 한자로 표기한 것이다. 우측에 있는 것은 논고악이다.

으로 보나 오름 중의 오름이며, 한라산의 경계를 담당하는 최고사령관 같은 느낌이 든다. 김종철은 이 오름을 '의연한 웅자(雄姿), 맹주(盟主)의 풍채', '웅장하고 의연한 풍채로 하여 일대에 산재하는 기생화산 중의 맹주'라 칭송했다.

그림 속 성판악

성판악은 표고 1,215m, 비고가 제일 낮은 쪽이 200m이며 한라산 동쪽에서 가장 규모가 큰 오름으로 크기만큼이나 높고 가파르며, 사방에 크고 작은 골짜기들이 패어 있는 험준한 산이며, 서귀포시(남원읍 신례리)와 제주시(조천읍)의 경계 역할을 한다. 제주 동남쪽에서는 그만큼 눈에 띈다.

국립민속박물관이 소장하고 있는 〈제주십경도〉의 '서귀소'나 개인이 소장하고 있는 〈제주십이경도〉의 '서귀진' 그림을 보면 성판악이 두드러지게 묘사되어 있다. 두 그림 모두 그림 상단 중앙에 한라산 백록담 주봉이 중심을 잡고 좌측에 영실기암과 우측에는 성판악(城板岳)을 그려 넣었다. 특히 성판악은 두 그림 모두에서 한라산 다음으로 크고 웅장하게 묘사되어 있다. 수많은 제주 남쪽의 오름 중에 유독 성판악을 크고 웅대하게 그린 이유가 있었을까? 곰곰이 생각해 보면 성판악은 다른 오름들과 다르게 어떤 특별한 의미를 지니고 있었는지도 모를 일이다.

성판악이 주인인 그림이 하나 더 있다. 보물 제652호로 지정되어 있고, 국보 지정이 추진 중인 〈탐라순력도〉가 그것이다. 이 그림은 조선시대 제주목사를 지낸 이형상(李衡祥, 1653~1733)이 화공 김남길(金南吉)에게 자신의 재임 기간에 순력(巡歷, 조선시대에 관찰사가 자기 관할 내의 각 고을 민정을 시찰하던 일)과 각종 행사를 그림으로 기록해서 남기도록 한 화첩이다.

이 중 '산장구마(山場驅馬)'의 그림에 성판악이 나오는데, 제주 동쪽 광활한 목초지대와 수많은 오름 군락을 발밑에 둔 성판악의 위용이 잘 묘사되어 있다. 성판악과 그림 대부분을 차지하는 개별 오름들의 크기를 비교하면 옛사람들이 성판악을 어떻게 생각했는지 유추된다.

산장구마의 내용은 국영 목장에서 기르는 말들의 숫자와 상태를 확인하는 대규모 행사를 기록한 것이다. 이 행사에 동원된 군사의 수는 결책군(목책을 만드는 군사)이 2,602명, 구마군(말을 모는 군사)이 3,720명, 목자와 보인(말 관리인)이 214명, 동원된 말의 숫자만 2,375마리다. 제주 판관과 정의 현감이 현장 책임자로 동원되었고, 제주목사 이형상이 직접 참관했다. 당시 다른 지방에서는 볼 수 없었던 엄청난 군사 이벤트였다.

눈을 감고 그 광경을 상상해보라. 가슴까지 울리게 하는 북소리에 맞추어 수천 병사의 함성이 일제히 울려 퍼진다. 한 무리의 군사가 성판악 속밭 부근에서 말몰이를 시작한다. 수천 군마들이 내달리기 시작하니, 지축이 흔들린다. 군마들은 수 km에 이르는 목초지대를 지나 치밀하고 정교하게 만들어진 목책들을 따라 달리다 점점 좁은 길로 들어선다. 무장한 군사들이 군마들이 도망하지 못하도록 삼엄한 경비를 선다. 그리고 탐라총관부 시절부터 말에 관한 전문가였던 탐라의 목자(牧子)들이 군마들의 상태를 일사불란하게 점검한다. 합격한 말들은 두원장(頭圓場)이라 불리는 곳에 수용된다.

가장 높은 곳에서, 가장 멀리 보이는 곳에 서서 이 광경을

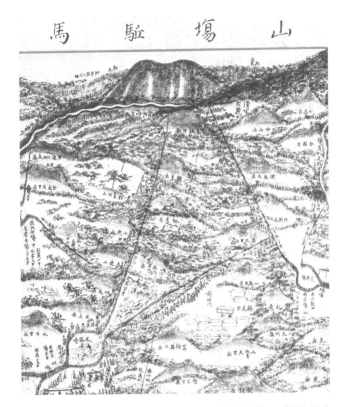

산장구마 사진 중앙에 크게 그려진 것이 성판악이다. 주변의 오름들과는 그 대접이 다르다. 군마들의 행렬은 성판악 뒤편 속밭에서 시작되어 사장과 원장이 있었던 물영아리(9km), 녹산 로 대록산(14km)까지에 이른다. 수천 마리의 말들이 이 광활한 목초지를 내달린다고 상상해 보라. 엄청난 광경이었을 것이다. 〈탐라순력도〉는 제주국립박물관에 소장되어 있다.

바라보던 이들이 있었다. 이형상과 김남길이었다. 그들은 과연 어디에 있었을까? 이벤트가 시작되는 성판악이었을까? 아니면 대록산이었을까? 물영아리였을까?

타임머신이 있다면 탐라순력도의 산장구마가 있던 날로 돌아가 관광할 것이요, 돈과 권한이 있다면 탐라순력도의 산장구마를 재현할 것이다. 〈탐라순력도〉의 수많은 그림 중 가장 구미가 당기는 그림이다.

성판악 코스

한라산 동쪽 해발 750m, 한라산을 남북으로 가로지르는 제1 횡단 도로(516도로)의 중간지점. 이곳은 성판악 휴게소라 부르는 곳이다. 여기를 기점으로 북쪽은 제주시(조천읍), 남쪽은 서귀포시(남원읍)로 나뉜다.

이곳은 관음사 탐방로와 함께 한라산 정상으로 오를 수 있는 성판악 탐방로가 시작되는 곳으로 연중 한라산을 찾으려는 사람들로 붐비는 곳이다. 매년 100만 명에 가까운 사람들이 한라산을 찾다 2015년에 125만 5천 명으로 최고치를 기록했다. 그 후 점차 감소세를 보이다 코로나가 있기 전인 2019년에는 84만 8천 명이 한라산을 찾았는데, 이 중 약 40%가 성판악 코스로 입장했다.

한라산국립공원 내에는 총 7개의 탐방로가 있는데, 이 중 관음사 코스와 성판악 코스만이 한라산 정상에 오를 수 있다. 과거에는 어리목 코스와 영실 코스, 돈내코 코스까지 총 5개의 탐방로로 정상에 오를 수 있었지만, 너무 많은 사람이 방문하는 바람에 한라산 서북벽과 남벽 부분의 원형이 크게 훼손되어 정상까지의 등반로가 잠정 폐쇄되었다. 특히 어리목과 영실 코스는 한라산 전체 등산객의 90%가 이용했을 정도로 인기가 많았으나 지금은 정상에 오를 수 있는 성판악 코스로 사람들이 몰리고 있다.

정상에 오르려면 한라산국립공원 홈페이지에서 사전 예약을 해야만 입장이 가능하며, 선착순으로 출입 인원이 제한되니 유의해야 한다.

성판악 코스는 성판악 휴게소를 출발해서 속밭 대피소, 사라오름, 진달래밭 대피소, 그리고 동능 정상에 이르는 총장 9.6km의 등반코스로 정상에 오르는 시간만 약 4시간 반이 소요되는 가장 긴 코스다. 총장 왕복 19.2km지만 중간에 있는 사라오름까지 등반하면 약 20.4km를 걸어야 한다.

성판악 코스는 경사가 심한 구간이 많은 관음사 코스에 비해 길이는 길지만 전반적으로 경사도가 심하지 않고 평탄하여 쉽게 오를 수 있으며 울창한 산림 속에서 걸으며 힐링 여행을 할 수 있는 장점이 있다. 다만, 중반부까지 울창한 숲길이 주를 이루고 영실이나 관음사 코스처럼 기암절벽, 계곡과 같은 볼거리가 많지 않으며, 이용객에 비해 주차시설이 적은 편이다.

성판악 코스 풍경 (좌측 상단부터 시계방향으로) ①단풍으로 물든 탐방로 ②진달래밭 대피소 근처에서 본 구상나무 군락과 한라산 정상 ③눈으로 덮인 사라오름 정상과 까마귀 ④삼나무 숲으로 우거진 속밭 ⑤사라오름 전망대에서 본 한라산 정상 ⑥녹음이 우거진 탐방로

6대 명혈 중 제일은 사라

사라오름은 제주의 6대 음택지 중 으뜸으로 꼽는 곳이다. 음택지란 죽은 사람의 묫자리에 제격인 혈지로, 사람들은 이곳에 묫자리를 쓰면 후손이 운이 틔어 큰 인물이 나오며, 특히 장손이 잘 산다고 여겼다. 이런 연유로 1,324m에 이르는 사라오름 정상부에는 수 기의 분묘를 발견할 수 있다.

지금 우리의 시각으로는 이런 첩첩산중에 묫자리를 쓴다는 그것이 이해되지 않을 수도 있지만, 불과 한 세기 전만 해도 조선인들의 인생에서 중요한 과업 중 하나가 조상의 묫자리를 제대로 쓰는 일이었다. 1900년대 초만 해도 사람이 죽어도 묫자리를 제대로 고르지 못하면 구할 때까지 수개월이고 수년이고 시신을 거적때기에 덮어 놓았다고 한다. 그러다 명당을 찾으면 썩은 살은 발라내어 뼈만 관에 넣어 매장하는 풍습이 있었다. 제주의 이야기가 아니라 조선 팔도의 이야기다. 사라오름 묫자리는 그런 시각에서 보아야 이해할 수 있다.

한라산은 사라오름뿐만 아니라 다른 여러 명혈지를 품고 있다. 음택지 중 제주의 6대 명당은 제1이 사라(성판악 코스), 제2는 개미목(蟻項, 관음사 코스), 제3은 영실(靈室, 영실 코스), 제4가 도투명(亥頭明, 한라산 서북쪽), 제5는 반디기왓(남원읍 수망리 민오름 부근), 그리고 마지막으로 반화왓(한림읍 누운오름

서쪽)이다. 제1부터 제4까지가 모두 한라산의 산상지혈이다.

　사라오름은 성판악 휴게소를 통해서만 오를 수 있다. 성판악에서 한 시간 정도 오르면 속밭 휴게소가 나오는데, 이 속밭은 산장구마 그림에서 성판악 뒤편에서 말몰이가 시작되는 목초지였으나 지금은 삼나무가 빼곡히 조성되어 있다. 속밭 휴게소를 지나 다시 한 시간 반 정도 오르면 2008년 개방된 사라오름의 등반로 입구가 나온다. 이 입구에서 사라오름까지 약 20분(600m) 정도 탐방로를 따라 올라가면 둘레 약 250m의 산정호수를 볼 수 있다.

　사라오름은 백록담을 제외하고 가장 높은 곳에 산정호수가 있는 오름으로 2011년 국가 지정 문화재(명승 제83호)로 지정되었다. 산정호수를 가진 오름은 사라오름을 비롯해 동수악, 어승생악, 물가마왓(소백록담), 물장오리, 물찻오름, 물영아리, 금오름 등이며, 사라란 뜻은 불교 용어라는 주장도 있고, 동쪽 땅 혹은 신성한 곳이라는 의미도 있지만 확실치는 않다.

사라오름 비고 150m, 둘레가 2,481m, 면적이 447,000m²이며, 화구호 지름이 약 100m에 이른다. 또한 한라산 동능을 가까이서 볼 수 있는 전망대가 설치되어 있으며, 노루 떼들이 몰려와 물을 마시는 산정호수는 서귀포 신례천의 발원지이기도 하다.

구상나무(香木, Abies Koreana)

'이재수의 난(1902)'으로 알려진 제주민란 또는 '신축교안' 직후 서귀포 하
논 성당에 새로운 주임신부가 파견되었다. 그의 이름은 에밀 요제프 타케
(Emile joseph Taquet, 한국명 엄택기, 1873~1952)로, 석주명에 앞서 제주의
식생을 연구하고 이를 전 세계로 알린 인물이다. 그는 1906년 일본에서 활
동 중이던 파리 외방전교회의 식물학자 포리(J. Bpt. Faurie) 신부와 만나게
된다. 타케 신부는 포리 신부로부터 영향을 받아 제주의 식생을 채집하게
되는데, 이들은 제주의 식물을 채집하며 연구했다. 이들은 다른 지역에 없
는 제주 고유의 식생들을 채집해서 연구하며 구상나무와 왕벚나무의 원
산지가 한국임을 세계에 알렸다. 그들은 구상나무 표본을 미국의 식물원
으로 보냈고, 이를 영국의 식물학자 윌슨이 연구했고, 이 나무와 소나무
간 교접을 통해 전 세계에서 가장 사랑받는 크리스마스트리가 탄생했다.

구상나무는 제주어로 쿠살낭으로 '살아서 백 년, 죽어서 백 년'을 산다
는 말이 있을 정도로 단단하고, 썩지 않는 특성이 있다. 이 때문에 제주인
들은 구상나무를 베어다 테우(제주 전통뗏목)를 만드는 데 이용했다. 구상
나무로 만든 테우는 가볍고 부력이 좋아 뒤집히지 않는다고 한다.

구상나무는 제주가 원산지로, 해발 1,300m 이상의 한라산 고산지대에
서 세계에서 유일하게 그리고 최대의 규모로 군락을 이루고 있다. 성판악
코스나 관음사 코스를 오를 때 정상의 광활한 구상나무 군락지를 볼 수 있
다. 그러나 이 구상나무 군락지는 산 나무보다 죽어 있는 나무가 더 많아
보일 정도로 고사 상태가 심각하다. 기후변화 때문이다. 현무암 돌부리에
뿌리를 깊게 내릴 수 없는 구상나무로서는 기후변화로 강풍에 쓰러지거나
폭우에 토사가 떠내려가 뿌리를 내릴 수 없는 상황에 이르렀다. 제주를 상
징하는 구상나무가 설 자리를 잃고 있다. 한라산은 여전히 신음하고 있다.

05

산벌른내
UNESCO 생물권보전지역의 핵심구역인 유일의 하천

최근에 핸드폰 화면과 후방 카메라 렌즈의 보호 액정이 동시에 박살이 나 서비스센터에 간 적이 있다. 접수를 마치고 수리를 담당하는 직원분과 직접 이야기를 나누었다. 그분은 내 핸드폰의 상태를 보더니 살갑게 제주도 사투리로 자초지종을 물어보셨다. "어떵허민 영 앞뒤로 벌러집니까?(어떻게 하면 이렇게 앞뒤로 부서질 수 있어요?) "게매 마씸, 맹심행 써봐도, 춤, 벌러질 때가 된 거 담수다(그러게요, 조심히 쓴다고 썼는데도, 참, 부서질 때가 되었나 봐요)."

요즘은 공공장소에서 제주어를 만나게 되면 왠지 더욱 반갑고 정감이 간다. 예전에는 사투리로 장사를 하시는 분들은 서비스 마인드에 문제가 있다고 생각했다. 심지어 국제 관광지에서 사투리가 웬 말이냐며, 정말 이래선 안 된다고 성토하는 사람들도 있었다. 우리도 어렸을 때 그렇게 교육받았고, 그래야 되는 줄로만 알았다. 그렇게 제주어는 천대를 받았다.

아니나 다를까? 제주어를 사용하는 사람들이 급격하게 줄고 있어 문제다. 할아버지, 할머니가 쓰셨던 제주어를 우리가 알아들을 수가 없고, 우리가 쓰는 제주어를 요즘 세대들이 이해하지 못하는 게 우리 현실이다. 이렇게 가다간 제주어가 외래어나 원주민 언어로 불릴 수도 있을 것 같다. 몇몇 단어나 약방에 감초처럼 쓰일 뿐, 대다수 어휘나 표현들이 사라질 수도 있다. 만주족이나, 호주의 원주민들처럼 말이 사라지면 제주의 고유문화는 정체성을 잃을 것이다. 그래서 2011년 유네스코(UNESCO)가 제주어를 '사멸 직전의 소멸위기 언어'로 분류했다지 않는가?!

제주어 지명(地名)

타임머신이 있다면 탐라국 시절로 돌아가 보고 싶다. 그때로 돌아가면 한자어나 일본인들이 정해놓은 지명말고 진짜 제주어로 된 지명을 찾을 수 있을 지도 모른다. 거의 모든 지명이 한자를 차용하여 기록하다보니 본래의 순수 우리말이나 제주

이로 된 지명들이 전혀 다른 의미의 한지어 지명으로 변헤버
린 것들이 허다하지 않는가?

물론 그 한자어의 의미 또한 오랜 기간 제주 사람들과 함
께해 온 터라 우리 것이 아니라고 할 수 없고, 어떤 것들은 또
나름의 의미와 철학이 깃들어 있어서 양쪽 모두 우리의 소중
한 자산임에는 틀림없지만 순우리말이나 제주어로 된 지명을
찾는 일은 의미있는 일임에 틀림이 없다.

당장 한라산이란 이름부터 한자어 아니던가?! 한라산은
본래 '한울오름'에서 비롯된 '한울산'이라 전해진다. 1930년
대 한 종교에서 펴낸 자료를 보면 한라산은 한울오름에서 나
온 한울산을 한자어로 표기하는 과정에서 한라산이 되었다
고 한다. 한울산의 정확한 뜻은 전해지지 않지만, '한'은 순우
리말로 크다 또는 가득하다의 뜻이고, 순우리말인 '울'은 우리
나 가족을 뜻하여 이 둘을 합하면 '한울'이 되는데, '한울'은 천
도교에서 하늘, 큰 우주, 온 세상을 뜻한다. 단어 뜻 자체로만
보면 얼마나 아름다운 우리말인가?! 이런 곱고 아름다운 우리
말 지명이 탐라가 고려에 복속되면서 한자어를 차용하여 표기
되어 한울산이 한라산(漢拏山)으로 표기된 것이다. 한라산은
'은하수(漢)를 잡을(拏) 수 있는 큰 산'이란 뜻도 멋있고 시(詩)
적이며, 아름다운 표현임에는 틀림없지만, 순 우리말인 한울

(하늘)산이 사라진 것이 애석할 따름이다.

뉴질랜드나 호주를 여행하다보면 원주민들이 사용했던 이름을 그대로 쓰는 지명들을 많이 볼 수 있는데, 우리도 옛 우리말로 된 지명들을 찾는 작업들을 한다면 먼 미래에 다시 그 지명이 우리에게 돌아올 날도 있을 것이다. 예를 들어 미악산은 솔오름, 단산은 바굼지오름, 회수(回水)는 도랫물, 학수암도 각수(시)바위, 악근천은 아끈천, 강정천도 큰물을 뜻하는 대가랫물 등 찾아보면 곱고 아름다운 우리말 지명이 숱하게 널려있다. 범섬(虎島), 새섬(茅島), 숲섬(섶섬) 얼마나 좋은가?

오죽했으면 시인 이은상이 백록담이 원래는 화구호(火口湖)라는 뜻의 '불늪'(火池), 또는 천신(天神)의 못을 뜻하는 '붉늪'(天池)'이던 것이 한자로 표기하면서 '백록'(白鹿)으로 바뀐 것을 보고 "깊고 높고 신비한 뜻을 묻어버리고 남의 글자를 함부로 집어오는 것이 어떻게나 어리석고 탈날 일이 아니겠더냐. 조선의 역사가 남의 글자 때문에 오그라들고 남의 사상 때문에 시들어버린 것을 생각하면 얼토당토 않은 '백록'의 두 글자는 소리 나게 동댕이쳐 버릴 일이다"라고 한탄한 것이 아닌가?!

작명의 미학

'벌르다'란 단어가 있다. 제주학의 선구자였던 석주명 선생은 『제주도방언집(1947)』에서 '벌르다'는 표준어의 '쪼개다'로, '벌러진다(수동형, 현재형)'는 '깨진다'라고 기록했다. 석주명 선생의 기록이 틀린 것은 아니지만 실생활에서의 '벌르다'의 의미는 '쪼개다'나 '깨다'보다 훨씬 더 심각한 동작과 상태를 담아내는 말이다. 심지어 약간의 감정도 섞여 있다. 예를 들어 '접시가 벌러졌다'라고 하면 '접시가 심하게 깨졌다'거나, '누가 의도적으로 접시를 박살냈다'는 의미가 내포되어 있다. 또, 내가 설거지하다 접시가 깨질 때를 깨졌다고 하고, 시어머니 앞에서 며느리가 접시를 깨면 그 때 비로소 벌러졌다고 하는 것이다. 그걸 바라보던 올케가 "어떵 이추룩 씨게 벌러분단 말가?!(오뜨께 이렇게 쎄게 박살낼수 있어요?!)" 이렇게 덧붙이면 며느리가 집을 나가게 되는 것이다.

'벌르다'와 비슷한 단어가 있다. '벨르다'다. 벨르다는 '둘 사이를 넓히거나 멀게하다'란 뜻의 제주어로 표준어로 하면 '벌리다'가 된다. 석주명 선생도 '벨르다'는 기록하지는 않았지만, 수동형인 '벨라지다'를 기록해두었다. 벨라지다는 '벌어지다'란 뜻이다. 제주에서 흔히 쓰는 관용어구에 이런 말이 있다. 누군가 무엇을 잘 찾지 못할 때 주변에서 이렇게 이야기

산벌른내 서산벌른내(동홍천)와 동산벌른내(영천)을 가르켜 산벌른내(영천)라 한다. 영천은
효돈천과 더불어 UNESCO의 생물권보전지역 핵심구역으로 지정되어 보호되고 있다.

한다. "눈 벨랑 잘 봅써!" 눈 크게 떠서(눈 사이 간격을 넓혀서) 잘 보라는 말이다. 이처럼 벌르다와 벨라지다는 엄연히 다른 말이고, '벨르다'와는 다르게 '벌르다'는 부정적 감정이 섞여 사용된다는 것이 차이점이다.

한편 서귀포에 순제주어로 된 기가 막힌 지명이 하나 있다. 그것도 앞서 살펴보았던 무시무시한 그 단어 '벌르다'가 지명에 들어가 있다. 분명히 며느리를 기분 나쁘게 할 정도의 부정적 단어인 '벌르다'가 어떻게 지명에 들어갈 수 있을까? 무슨 이유로? 더군다나 그 벌름(!)의 대상이 제주 사람들은 물론 대한민국 국민을 넘어 저 중국대륙의 인민들조차 그 신령함을 찬양하고 애정하는 한라산이다. 즉, 한라산을 벌러분다는 뜻의 지명이 있다는 말이다. 민족의 영산 한라산을 벌러분다니!

한라산 남쪽에 산벌른내가 있다. 산벌른내. 직역하자면 '산을 벌러버린 내(川)'란 뜻이다. '산벨른내'도 아니고, 산을 벌러버린 내다. 벨르기도 어려운 산을 벌러버린다니! 도대체 얼마나 대단한 내이길래, 탐라의 근원이며, 한민족의 영산이자, 신선들의 고향인 한라산을 벌러버리는 걸까? 한라산을 벌러버릴 정도의 내천이 세상천지에 어디 있단 말가?! 오백나한 지키는 영실계곡도, 한천, 광령천의 근원인 탐라계곡도 감히

산을 벌른다고 하지 않는데, 백두에서 시작한 한반도 백두대
간의 종착역인 민족의 영산, 한라산을 벌러버린다니?! 조선
의 위정자들이 이곳에 관심이 없었기에 망정이지 이쯤이면 역
모라 하지 않겠나?

제주 남쪽 사람들의 작명 실력에 찬송을 보내지 않을 수가
없다. 이런 표현력과 상상력은 도대체 어디서 나오는 것일까?
그리고 천만다행으로 서귀포가 역사적으로 변방 중의 변방이
다 보니 천만다행으로 산벌른내는 한자어로 표기조차 안되어
있어 예전의 오리지날(!) 제주어가 보존되어 이렇게 남아 있
다. 얼마나 다행스러운 일인가?!

가끔 서귀포사람들 보면 참 대단하다는 생각을 하게 된다.
설마 산벌른내를 제주 북쪽에 사는 사람들이나, 대정현, 정의
현 사람들이 와서 작명하지는 않았을 것 아닌가? 딱 산벌른내
를 정면으로 보고 살던 홍리사람들이나 산벌른내가 흘러가는
주변의 돗평(토평)사람 또는 효돈 사람들이 작명했을 수도 있
다. 만약 제주목사와 같은 관리들이 와서 작명했다면 한자로
지었을 것이다. 분명 이 제주 남쪽 사람들이 지었을 것이다.
산벌른내. 기가 막힌 이름 아닌가?!

동홍동에 있는 솔오름(미악산)에 올라 한라산을 바라보면
산벌른내가 눈에 들어온다. 금새 작명의 당위나 진위에서 오

는 논란은 잊히고, 모르긴 몰라도 족히 100m나 됨직한 그 계곡의 깊이가 말하는 그 웅대함에 입이 딱 벨라지는 나를 발견하게 된다. 그리고 누구라도 한 마디 하게 된다. 아무리 표현력이 없는 사람도 이렇게 이야기하게 될 것이다. "이 곡(谷)은 응당 '산벌른내'라 해야 옳다!"

세 하천

제주에는 대략 140여 개의 크고 작은 하천이 있고, 이 중 한라산을 발원지로 하는 하천은 60여 개에 이르지만, 해발 1,000m 이상 되는 지역에서 발원하는 하천은 10여 개 뿐이다. 그리고 한라산 백록담에서 발원하는 물줄기는 딱 세 개뿐이다. 제주 북쪽에 탐라계곡을 이루는 한천, 와이계곡을 이루는 광령천(무수천), 그리고 제주 남쪽에 영천계곡을 이루는 효돈천이 그 주인공이다.

효돈천은 세 개의 지류로 이루어지는데, 서산벌른내, 동산벌른내(영천), 그리고 본류인 효돈천이다. 이 중 백록담 남벽 부근에서 발원하는 것이 서산벌른내와 동산벌른내다. 이 둘을 통칭하여 산벌른내라고 한다.

우선 서산벌른내는 백록담 근처 백록샘에서 발원하여 수킬로미터를 남하하다 솔오름 근처에서 방아오름 부근 방아샘

방아샘 방아샘. 이것이 동산벌른내(영천)의 원류다. 뒤로 한라산 백록담 남벽이 보인다.

에서 발원한 동산벌른내(영천)와 만나 하나로 합쳐지게 된다. 하나로 합쳐진 하천을 영천이라 부르고, 우리가 잘 알고 있는 돈내코 계곡이 바로 영천에 있다. 영천은 다시 효돈 칡오름 근처에서 효돈천으로 합쳐져서 쇠소깍의 비경을 연출하며 바다로 향한다. 산벌른내에서 효돈천까지의 길이는 총 15.7km로 제주 남쪽에서 가장 길다.

산벌른내

백록담 남벽 밑에는 도내 하천 발원지 중 가장 높은 고도에 있는 백록샘과 방아샘이 있다. 윗세오름을 지나 남벽분기점으로 향하다보면 이 샘들을 만나볼 수 있는데, 졸졸졸 흐르는 시 냇물이 어떻게 100미터에 이르는 큰 계곡을 이루고, 마치 용이 승천하는 듯한 굽이침으로 대지를 갈라 물을 바다로 흘려보내는지, 역시 자연의 신비는 인간의 잣대로 가늠할 수 없음을 느낀다.

이 샘들이 있는 곳부터 아래로 이어진 비교적 평탄한 고산평원을 '선작지왓'이라 부른다. 제주도 오름을 집대성한 오름의 선구자 고(故) 김종철이 묻혀있는 곳이기도 한 이곳은 한라산 노루들의 안식처이며, 한라산 정상부의 조면암이 침식에 의해 부서져 자갈들이 층층이 쌓인 곳이다.

선작지왓을 지나온 서산벌른내와 동산벌른내는 솔오름 근처에서 만나 영천계곡을 이룬다. 특이한 것은 거의 수직방향으로 남하하던 서산벌른내가 솔오름 앞에서 급격하게 남동쪽(효돈쪽)으로 방향을 트는 모습을 볼 수 있는데, 이것은 솔오름이 먼저 생기고 난 후에 한라산 정상부에서 폭발이 있었고, 이로 생긴 하천인 산벌른내의 물줄기가 솔오름에 막혀 방향을 튼 것이다.

서귀포 시내에서 한라산을 보면 서산벌른내가 한 눈에 들어온다. 계곡의 깊이가 어찌나 깊은지 서산벌른내 때문에 한라산이 동서로 나뉘어 보인다. 특히 일출이나 일몰시간에 이

계곡에 붉은 빛이 드리우면 한편으로는 붉고, 다른 한편은 그림자로 어두워져 더욱 계곡이 깊게 패어 보인다.

또 큰 비가 내려 이 협곡에 내가 치게 되면(하천에 물이 차넘치는 것을 제주어로 '내가 친다'고 함), 서귀포에서 그 장대하고 웅장한 광경이 육안으로 관측 가능하다고 한다. 100미터에 이르는 계곡에 물이 터지는 이 모습 때문에 산벌른내라는 이름이 지어지지 않았나 생각해 본다.

유네스코는 효돈천의 본류 및 산벌른내, 영천계곡 전부를 생물권보전지역의 핵심지역으로 지정 관리하고 있다. 산벌른내에는 해발 1,700m 이상 지역에서 아고산대(아한대) 식물이, 1,400m 지역까지는 관목림이, 700m까지 온대 상록활엽수림이 울창한 숲을 이루며, 700m 미만 지역에서는 난대 상록활엽수림대가 조성되어 있는 생물종 다양성의 표본이기 때문이다.

돈내코

영천계곡에서 가장 유명한 곳이 바로 돈내코 유원지다. 돈내코는 서귀포 사람들이 예부터 백중더위에 물을 맞던 곳으로 시원한 용천수가 사시사철 샘솟는 곳이다.

돈내코의 '돈'은 한자어로 우리가 아는 그 '돼지 돈(豚)'이

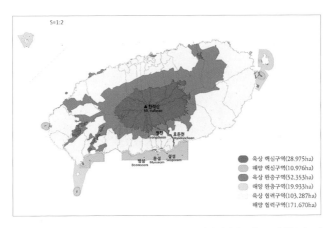

제주도 생물권보전지역 387,194ha에 이르는 제주도 전체 지역이 유네스코의 생물권보전지역으로 지정되어 있다. 이 중 한라산과 영천, 효돈천, 곶자왈지대, 범섬, 문섬, 섶섬 등이 생물권보전지역의 핵심구역이다.

다. '내'는 하천, '코'는 입구를 뜻하는 순제주어이다. 고로 돈내코는 한자와 제주어가 섞인 합성이다. 왜 이런 지명이 생겼을까? 희귀식물인 한란과 겨울딸기가 자생해서 천연기념물로도 지정된 이 아름다운 곳에 알아먹기도 힘든 지명이?

　돈내코가 있는 주변 마을의 지명은 예전에 돗드르라 불리던 토평이다. '돗'은 제주어로 돼지를 뜻하고, '드르'는 들판을 이야기한다. 즉, 돗드르는 돼지들이 출몰하는 들판이란 뜻으로 이곳에는 멧돼지들이 많았다고 한다. 이 돗드르의 멧돼지들(豚)이 영천(내)계곡 입구(코)에 와서 물을 마셨다고 해서 돈내코다. 재미있는 작명이다.

돈내코 원앙폭포 물줄기가 쌍으로 떨어진다 하여 원앙폭포라 불린다. 일제강점기 때 돈내코 물이 식수로 공급했다고 한다. 그만큼 돈내코 물은 맑고 깨끗하다.

돈내코는 설명이 불필요한 곳이다. 예나 지금이나 변함없는 돈내코를 찾는 피서 행렬이 이곳의 유명세를 말해준다. 영천계곡하면 돈내코다.

효돈천

효돈천의 본류는 수악계곡이 있는 효명사 인근에서 발원한다. 지류인 산벌른내와 비교하면 비교적 짧은 하천이다. 효돈천은 영천악을 지나 남하하는데 서쪽에서 영천오름을 돌아 남하하던 영천과 효돈 칡오름 부근에서 만나게 된다.

하나가 된 효돈천은 다시 남하하여 걸서악을 지나 쇠소깍 계곡을 지나 바다로 흐르는데, 이렇게 흐르는 효돈천이 서귀포시와 남원읍의 경계가 되며, 명품 감귤로 유명한 효돈마을(상효, 신효, 하효)과 남원읍 신례리, 하례리 마을의 젖줄이 된다. 이 효돈마을과 남원읍 일대의 감귤은 우리나라에서 가장 품질이 뛰어나기로 유명하다.

그리고 효돈천하면 쇠소깍을 빼 놓을 수가 없다. 제주시 한천의 백미가 용연계곡이라면, 효돈천의 백미는 쇠소깍이다. 효돈마을은 예부터 쇠둔이라 불리던 곳인데, 쇠는 제주말

쇠소깍 쇠소깍의 영롱한 옥색 물결이 도도하게 바다로 흐른다.

로 소(牛), 둔(屯)'은 '여럿이 모여서 이룬 떼'란 뜻으로 곧 '쉐둔' 은 '소를 모아 두던 곳'이다. 쇠소깍의 쇠는 쇠둔 마을을 의미 하며, 소는 연못 또는 웅덩이, 그리고 깍은 끝머리를 뜻한다. 역시 제주어로된 지명이라 거꾸로 이색적이다.

쇠소깍은 돈내코 계곡 못지않은 비경을 자랑한다. 영롱한 옥색의 물이 도도히 바다를 향해 흘러가는 모습이 마치 드라 마나 무협영화의 한 장면을 연상케 한다. 한라산 중산간을 벌 러놓은 대하천의 마지막이 이렇게 고요하다. 참 제주어 지명 과 이 하천의 우여곡절을 함께 음미해보면 제주 남쪽을 바라 보는 시선이 좀 더 풍요로워진다.

산벌른내와 돈내코, 쇠소깍. 제주에서도 희귀한 보물들 이다.

서귀포의 하천

제주도는 동서로는 길고 남북으로 짧은 타원형의 모습을 하고 있다. 남
북쪽 길이가 짧다는 것은 그만큼 경사가 깊다는 것이고, 그러므로 남북
쪽에 V자형 침식 계곡이 발달했고, 계곡을 따라 건천이 발달해 있다. 남
북쪽에서 발견되는 조면암질 용암은 성분이 치밀하며 물을 지하로 침투
시키지 않고 흘려보내지만, 침식이 쉬워 붕괴가 쉽다. 따라서 제주의 하
천은 남북으로 발달했고, 그와 함께 V자형 계곡도 발달한 것이다.

이와는 달리 제주의 동서 방향으로는 현무암질 용암으로 구성된 지질
이라 물을 지하로 흡수해버리므로 하천이나 계곡이 형성되지 못한다. 대
신에 넓은 용암대지와 곶자왈 지대, 용암동굴이 발달했다. 용암대지와
곶자왈 지역에는 지하수가 스며드는 통로인 숨골이 많이 형성되어있으
며, 숨골은 홍수조절의 기능을 하며, 용천수의 주요 공급원이 된다.

사람들은 이러한 제주의 독특한 화산지형과 지질, 수계의 상관관계를
모르고 호종단이라는 '잘알못' 이야기로 물사정이 좋지 않음을 한탄하듯
구전한 것이다.

깊은 계곡이 발달한 서귀포지역 하천에는 정방폭포, 천지연폭포, 천
제연폭포, 엉또폭포, 소정방폭포 등 폭포를 이루는 장관을 경험할 수 있
다. 또한, 영천, 강정천, 악근천, 연외천과 같은 상시하천도 발달되어 논
농사도 가능했다. 가히 서귀포는 물의 도시라 할 만하다.

06

일호광장
제주의 모든 길이 지나는 일호광장

예전에 제주시 친구들이 자주 물어보던 질문이 있다. 보통 제주시에 사는 친구들을 '시엣아이' 혹은 '시엣아이들'이라고 불렀는데 [시에따이], [시에따이덜]이라 발음했다. 제주시(市)의 아이들이란 뜻이다. 제주읍이 제주시로 승격한 1955년부터 1981년까지 제주도에 시(市)는 제주시 하나뿐이었다. 그래서 서귀포 사람들이나 다른 지역 사람들은 시(市)라고 하면 제주시를 의미했다. 제주시에 볼일이 있어 제주시에 갈 때는 시(市)에 간다고 했고, 제주시에 사는 친구들을 '시엣아이들'이라 불렀다. 그런데 1981년 서귀읍이 중문면과 통합해서 서귀포시가 되었지만, 제주시 시엣것들(기분 좋을 때는 시엣아이, 나쁠 때는 보통 시엣것들이라 했다)은 서귀포를 마치 이류(二流)도시로 생각하며 내무렸다(나무랐다). 그러고는 이렇게 항상 물어왔다.

"서귀포에 일호광장 말앙(말고) 뭐 이서(있어)?"

그러면 우리는 크게 개의치 않는 듯 게슴츠레 눈을 하고 이렇게 대답했다.

"무사(왜)? 일호광장에 다 이서(다 있어)."

시엣아이들은 보통 지방을 내무렸다(나무랐다). 특히 서귀포 친구들을 잘 내무렸다. 그들은 서귀포에 잘 와보지도 않지만, 한번 와보고는 일호광장에 한번 놀라고 또 일호광장을 벗어난 모습에 한 번 더 놀랐다. 그러면서 서귀포에는 일호광장 말고는 없다고 우리를 내무렸다.

사실 딱히 일호광장 말고는 제주시보다 크거나 새로운 것들이 없었던 것이 사실이었다. 그런데 거꾸로 이야기하면 일호광장 하나만큼은 그들도 인정한다는 이야기였다. 물론 그들이 인정하고 말고가 중요한 것은 아니지만, 그만큼 일호광장이 서귀포를 상징하는 중요한 랜드마크였고, 서귀포가 도시라는 유일무이한 징표였던 셈이었다.

설계의 미학

시엣아이들이 일호광장만큼은 인정하는 이유가 있다. 왜냐하면 서귀포 일호광장이 제주도에서 가장 먼저 생긴 광장이었다. 제주시 광양로터리나, 신제주로터리, 노형로터리보다 일호광장이 먼저 생겼다. 그리고 당시로서는 규모도 제일 큰 광장이 일호광장이었다. 그러니 그들도 이 하나만큼은 인정했다.

일호광장이란 이름은 '첫 번째(1호)'라는 뜻이다. 1966년 제주도 최초로 도시 계획에 의해 광장이 만들어졌다. 그것이 바로 서귀포 일호광장이다. 최초의 설계자가 미래를 예측하고 의도한 것인지 아니면 결과론적으로 그렇게 된 것인지는 모르겠으나 60년이 흐른 지금 돌아보면 서귀포는 물론 제주도의 모든 주요 도로가 일호광장을 경유하고, 또 서귀포의 모든 시내·외 버스의 종착역을 일호광장으로 했던 점을 보면 그 입지 선정만큼은 신의 한 수라 할 수 있다.

60년이 훨씬 지난 지금 누가 설계했는지는 모르겠지만, 그의 설계에 박수를 보내고 싶다. 그의 작업을 하나하나 살펴보자.

우선 그(그녀)는 또는 그들은 일호광장을 서귀포 서귀리 뒷뱅디(뱅디는 제주어로 넓은 들판)에 갖다 놓았다. 그러고는 우선 일호광장의 위와 아래로 반듯한 도로를 곧게 그려 넣었다. 그래서 일호광장의 남북으로 곧은 도로가 위아래로 나 있다. 그런데 이 남북으로 난 도로를 연장해서 지도 위에서 보면 한라산 동능정상과 일호광장 그리고 서귀포항과 문섬이 일직선상에 놓여 있다. 세상에 '정기'란 것이 있다면 한라산 정기는 산벌른내를 타고 내려와 홍리마을을 거쳐 이 도로를 타고 일호광장을 휘돌다 서귀포항으로 나아갈 것이다. 이것이 이 길을 중앙로라 부르고, 일호광장을 중앙로터리라 부르는 이유일 것이다.

설계자(들)는 일호광장 좌우로도 곧은 길을 내었다. 일호광장 동쪽으로 난 길을 따라 하염없이 걷다 보면 일호광장 서쪽으로 돌아올 수 있다. 이 길을 제주도의 '일주도로'라 한다. 즉, 일호광장은 서귀포 입장에서 보면 일주도로 출발점인 동시에 종착역이기도 하다. 실제로 서귀포 시외버스 터미널은 일호광장 주변에 있고, 지금도 서귀포 구시가지의 종착점 역할을 하고 있다.

1972년 산북(한라산 북쪽)과 산남(한라산 남쪽)을 잇는 제1 횡단도로(516도로, 1.131 지방도)가 본격 운영되고, 1년 뒤에 제2 횡단도로(1.100도로, 1.139지방도)가 개통되면서 제주시와 서귀포를 직행하는 버스들이 다니기 시작했다. 물론 서귀포의 시작점과 종점은 당연히 일호광장이었다. 제주의 모든 도로는 어디를 가든지 궁극에 일호광장으로 모이게 되어 있다.

설계자는 또 잣대를 들이댔다. 일호광장에서 동남쪽과 서남쪽으로 곧은 도로를 다시 냈다. 동남쪽 도로를 동문로라 하고 동문로 끝을 동문로터리라(2호광장)라 했다. 서남쪽 도로를 서문로라 하고 그 끝을 서문로터리(3호광장)라 했다. 그리고 2호광장과 3호광장을 잇는 중정로를 반듯하게 그어놓았다. 1970년에 이 3개의 광장을 연결하는 도로가 완성되었다. 이렇게 일호광장을 중심으로 '本' 모양으로 도로가 완성된 것이다.

이러한 도시 계획 도로의 완성은 일제 강점기부터 발달해온 서귀리 포구에서 솔동산 사이 구도시의 상권이 지금의 일호광장 뒷뱅디에서 중정로까지 이어져 넓은 들판으로 이동한 것을 의미했다.

중심

일호광장은 서귀동과 서홍동, 동홍동 등 3개 법정동(法定洞)의 경계를 이룬다. 이렇게 보면 서귀포의 인구 중 1/3이 일호광장 주변에 살고 있는 셈이다.

일호광장의 동서를 가르는 도로를 기준으로 남쪽이 서귀

동이고, 북쪽은 서홍동과 동홍동이 된다. 우신 일호광장 북쪽에 남북을 가르는 도로의 좌측(서쪽)이 서홍동이며, 우측(동쪽)이 동홍동이 된다. 그리고 이 도로 주변에 1950년에 개교한 '서귀북초등학교', 산남 남자고교의 자존심인 '서귀포고등학교', 서귀포 중등교육의 사학 명문 '서귀중앙여자중학교'가 있다. 또한 서귀포시 제1청사가 일호광장 북쪽에 인접해 자리 잡고 있으며, 제주특별자치도의 도립병원인 '서귀포의료원'도 서귀중앙여자중학교 인근에 있다.

일호광장 밑으로도 남북을 가르는 도로(중앙로)가 곧게 나 있는데, 이 도로는 천지연폭포 입구 인근까지 갈 수 있다. 중앙로는 서귀포 상권의 중심거리인 '중정로'와 만나게 되는데, '중정로'와 '중앙로'가 만나는 지점을 '초원사거리'라 한다. 예전에 여기에 '초원다방'이라는 다방이 있어서 붙여진 이름인데, 보통 '초원다방사거리'로 불렀었다. 지금은 그 다방이 없어졌지만 여전히 이 거리는 '초원다방사거리' 또는 '초원사거리'로 불린다.

'중정로'는 2호광장(동홍로터리)과 3호광장(서문로터리)을 연결하는 길을 말한다. 일호광장에서 남동 방면으로 2호광장이 있고, 남서 방면으로 3호광장이 있다. 이렇게 되면 1호−2호−3호 광장 사이에 거대한 삼각형이 완성된다. 이 삼각형 안에

일호광장(남쪽 방면) 한라산과 일호광장, 그리고 서귀포항(새섬, 문섬)은 일직선으로 연결할 수 있다. 제주도의 주요 간선도로인 516도로, 1,100도로, 일주도로, 평화로, 번영로 등이 일호광장과 연결되어 있으며, 서귀포에서 운행하는 모든 시내외 버스는 일호광장을 지난다.
일호광장 남쪽에는 매일올레시장, 아랑조을거리, 중정로가 있으며, 주변에 서귀포시청, 서귀포가정법원, 등기소, 서귀포의료원 등의 공공기관이 있다.

일호광장(북쪽 방면) 일호광장은 한라산을 정면으로 바라보고 있다. 한라산 등선 우측에 보이는 오름이 성판악(성널오름), 도로 방면으로 한라산 밑에 보이는 오름이 솔오름(미악산)이다. 한라산으로 향하는 도로가 끝나는 지점이 홍로마을(홍리)이며, 도로 서쪽은 서홍동. 동쪽은 동홍동이다.

서귀포의 핵심 상권이 있다.

이 삼각형 안에 '매일올레시장'이 있다. 서귀포 관광 제1코스이자, 서귀포 맛집 투어의 목적지가 여기에 있다. 또 '아랑조을거리'가 있다. '아랑조을거리'에는 현지인들이 찾는 맛집들이 숨어 있다. 돔베고기(삶자마자 도마 위에서 바로 썰어서 나오는 수육), 말고기, 삼겹살, 닭볶음탕, 한치, 해물탕 등 지극히 '제주스러운' 메뉴들로 가득하다.

이 삼각형의 남쪽 변에 해당하는 길이 '중정로'인데 서귀포 구도심 지역이기도 하고, 상가들이 밀집된 곳이다. 중정로에서 바닷가 쪽으로 한 블록 뒤에는 유흥가들이 밀집한 '명동로', 문화의 거리인 '이중섭거리'가 자리한다. 일호광장 동쪽으로는 '서귀중앙초등학교' '열린 병원'을 거쳐 '동홍사거리'에 이르며, 서쪽으로는 서귀포시 가정법원, 등기소, 서귀서초등학교, 보건소를 지나 '걸매공원'이 있다. 이 모든 것들이 일호광장 반경 700m 이내에 있다.

오일장터 일호광장

1974년 일호광장에 오일장이 들어섰다. 적당한 장소를 찾지 못하고 있던 '오일장'이 일호광장에 자리를 잡은 것이다. 원래 서귀포의 오일장은 일제 강점기 때부터 있었다고 하는데, 적당한 장소가 없어서 이곳저곳을 전전했다고 한다. 그러다 서귀포 시민들의 요구로 일호광장에서 일주도로를 따라 서쪽으로 '선반내(솜반천) 다리' 앞까지 약 600m 구간에 장을 마련한 것이다.

서귀포 오일장은 단숨에 제주도의 3대 장으로 발전했다. 제주의 3대 장은 제주시 오일장, 대정 오일장 그리고 서귀포 오일장을 의미한다. 서귀포 오일장은 금세 서귀포 최대의 장터가 되었는데, 장날이면 일호광장에서부터 솜반천 일대에 수많은 노점상과 장을 보러온 사람들과 행인들로 가득 찼었다. 그 자체만으로도 대단한 광경이었다.

장날이면 서귀읍의 12개 마을은 물론 인근 남원읍과 중문면에서도 인파들이 쏟아졌다. 산남의 각 가정을 대표하는 선수들이 4일간의 일용할 양식을 싼 가격에 마련해 오기 위해 산전, 수전, 공중전을 다 치른 경륜과 관록의 오일장 상인들을 상대해야 했다. 그들이 한데 섞여 쏟아내는 소리는 그야말로 가관이었다. "삽써(사세요)!" "줍써(주세요)!" "깎읍써(깎아주세요)!" "경헙써(그러시죠)!" "맙써(마세요)!" "또 옵써(오세요)!" 안 그래도 제주어는 바람의 영향으로 투박하고, 짧고 굵어서 거칠게 느껴지는데, 처음 보는 사람들은 '두부 한 모 사면서 왜 저리 미친 듯이 싸우고 있을까?'라고 생각할 수도 있었다.

오일장에서 흘러나오는 이 소리는 마치 제주경마장에 십수 마리의 경주마들이 코너를 한데 돌아 마지막 직선주로에 들어설 때 터지는 오만가지 언어로 이루어진 그 고함과도 같았다. 최영 장군의 군졸들도 이만큼은 외지('외다'는 '외치다'의 제주어) 못했을 것이다. 왜 '맹자(孟子)' 모친이 장을 피해 이사를 했는지는 서귀포 사람들은 잘 알고 있었다.

가끔 어머니와 오일장에 다녔다. 우리는 대부분 옷을 오일장에서 조달했다. 시장에는 탈의실이 없었다. 어머니가 "입으라" 하면 그 자리에서 입었고, "딱 맞네! 안 되켜(되겠네), 벗으라"면 벗었다. 딱 맞으면 절대 살 수가 없었다. 오일장 옷과 신발은 두 치수는 커야 사지는 것이었다. 딱 맞는 옷과 신발은 사 본 적이 없다. 커야만 살 수 있었다. 그래도 새 옷 든 검은 비닐봉지를 손에 쥐면 얼마나 기분 좋아했던가! 이게 오일장의 매력 아닌가!

올드(Old) 서귀포

1966년 일호광장이 조성된 후부터 일호광장 주변이 개발되기 시작했다. 지금으로 치면 신도시가 들어선 격이다. 당시만 해도 서귀포의 주거 형태는 대부분 초가집이었는데, 1970년대 초반 일호광장 일대 토지들이 민간에 분양되면서 현대식 가옥으로 들어서게 되었다.

이때 조성된 주택들이 50여 년이 지난 지금도 일호광장 주변에 남아 있다. 당시로서는 도시 계획에 따라 만들어진 새로운 서귀포가 오늘날 옛 서귀포의 모습으로 남아 있는 것이다.

당시 신축된 가옥들은 초가가 아닌 양옥으로 지어졌으며, 한 골목을 중심으로 다가구가 마주 보도록 밀집형 구조가 많았다. 초가에는 없던 물 부엌(허드레 부엌)이나, 제사 때 상을 놓을 수 있도록 벽 사이가 개폐가 되는 독특한 주거 공간들이 생겨났고, 좁은 공간에 다가구가 다닥다닥 붙어 있었음에도 우영과 같은 텃밭과 돗통시처럼 실외 화장실이 있는 것은 분명 특이한 점이었다. 또한, 연탄아궁이로 취사와 난방을 겸하는 방식이었고, 거실은 난방하지 않아서 전면에서 보면 집의 양쪽으로 굴뚝이 올라오기도 했다. 굴뚝을 기준 삼아 전면에 깊은 처마를 만드는 것은 제주도에서는 널리 볼 수 있는 근대식 주거 양식이다.

1970년대 지어진 가옥들은 지금도 한눈에 알아볼 수가 있다. 일호광장의 북서쪽 서귀포시청 주변이나 동쪽 서귀중앙초등학교 주변에 많지는 않지만, 여전히 옛 서귀포의 모습을 간직하고 있다. 재개발되고 개축·증축되면서 그 모습이 많이 바뀌었지만, 좁은 골목길에 다닥다닥 붙은 가옥들은 새로운 뒷방이 시대의 모습을 감상하기에는 충분하다.

　당시에는 이런 주택들을 문화주택이라고 했는데, 문화주택이란 1960년대 서울에서 아파트와 같은 공동주택을 분양하기 위한 홍보용으로 만들어낸 이름이 지방으로 퍼져 나가면서 사용된 것으로 분양을 쉽게 하도록 사용되기도 했지만, 새로운 주거유형의 주택이라는 의미도 있다. 그리고 문화주택을 분양했다고 하면, 지금 LH나 도시개발공사에서 시행하는 것처럼 주택을 분양한 것처럼 들리지만, 사실은 토지만 분양

전기선 1970년대 일호광장 주변에 들어선 주택들은 좁은 골목길을 두고 마주 보며 다닥다닥 붙어 있다. 집마다 들어가는 전기선이 이곳이 주택 밀집 지역임을 말해준다.

했고 건축은 전부 입주자들이 알아서 했다고 한다. 말이나 말든지.

교통지옥

오일장이 일호광장에서 솜반천으로 가는 거리에서 열리던 시절, 오일장에 쉴 새 없이 사람들을 공급한 것은 일호광장이었다. 서귀포 시외버스 터미널이 일호광장에 있었고, 모든 시내버스 노선이 일호광장을 경유했다. 버스들은 쉴 새 없이 사람들을 퍼 날랐고, 장보기를 끝내고 나와 양손에 뭔가 가득 들고 있는 사람들을 태우고 다시 광장을 빠져나갔다. 일호광장은 사람들과 노점상들, 버스들로 점점 붐비는 곳이 되었다.

시엣아이들이 그렇게 촌 동네라고 내무리길래(나무라기에) 서귀포에는 절대 자가용(my car) 시대는 올 것 같지 않았는데, 웬걸 1990년대부터 서귀포에도 자동차가 넘쳐나기 시작했다. 마이카시대의 오일장은 그야말로 아비규환, 도떼기시장이었다. 장날만 되면 이 일대에 극심한 교통체증이 벌어지곤 했는데, 장터의 함성보다 자동차 경적과 경찰들의 호각 소리가 더 크게 들리게 되었다. 퇴근 시간에 일호광장이 막히기 시작하면 정말 그날은 답이 없었다. 이 교통대란이 서귀포 오일장을 일호광장에서 동홍동 장터로 몰아내는 결정적 역할을 했다.

산남 교통의 중심 일호광장은 산남 최대 교통 중심 지역이다.

1995년 드디어 오일장이 일호광장을 떠나 동홍동으로 이전했다. 일호광장에 있던 서귀포시 시외버스터미널도 신시가지로 이전했다. 물론 신시가지가 개발되면서 이전된 것이지만 일호광장에 집중되었던 도시 기능들이 하나둘씩 분산해야 할 이유도 충분히 있었다.

그런데도 일호 광장은 여전히 제주에서 교통사고가 잦은 곳 중 하나다. 한국교통안전공단이 2017년에서 2019년까지 서귀포 시내 교통 다발 지역 30곳을 조사했더니 일호광장이 단연 1위를 기록했다. 일일 교통량 3만 3천 대, 6개 버스정류장 46개 노선, 하루평균 버스 승차객 3천 556명, 서귀포시 인구 31.9%가 주변에 거주하는 일호광장. 제주도 교통사고 최다 발생지역. 서귀포의 중심이자 심장부 역할에 반대급부로 생긴 불명예를 하루빨리 씻어야 한다.

시(市) 승격 기념행사 1981년 서귀포시의 시(市) 승격을 축하하는 행사가 일호광장에서 벌어지고 있다. 일호광장은 서귀포 사람들에게 상징적인 공간이다. 우리는 무슨 일이 생기면 이곳으로 나온다. 앞으로도 그럴 것이다. 여기가 바로 서귀포의 심장부이기 때문이다. (사진 출처: 『사진으로 보는 제주역사 : 1900~2006』, 2009.)

07

서귀포항 방파제

서귀포의 작은 역사, 서귀포항 방파제

서귀포항이 위치한 서귀동[구(舊) 서귀리] 일대는 조선시대 때까지만 해도 사람이 살지 않는 한적한 변방 지역에 불과했다. 제주목사 이원조(1841)가 남긴 『탐라지초본(耽羅誌草本)』에 보면 이런 대목이 나온다. "서귀진(西歸鎮) 주변에는 오래전부터 사람이 살지 않았으나, 다만 어려운 몇 가구만 살고 있다. 그 때문에 서귀진 주변에 사람들이 살 수 있게 하기 위해 진(鎮) 아래 사용하지 않는 목장을 이곳으로 이주하는 사람들에게 나눠주고, 조 8섬지기 분량에 한해서는 영구히 세금을 감면해 떠나가는 것을 방지했다." 얼마나 사람이 없었으면 세금을 감면해주어야 할 정도였을까? 이런 곳에 불과했던 서귀리의 작은 포구 서귀포가 지금은 산남지역 전체를 지칭하는 지명이 되었다. 도대체 어떤 일이 있었던 것일까?

서귀리 포구에 사람들이 모여들기 시작한 것은 몇 가지 이유가 있다. 1883년 일제는 조선을 압박해 조일통상장정을 맺고, 1890년에는 '조일통어규칙'을 체결한다. 이것들은 조선의 문호를 개방한 강화도조약의 구체적인 실행방안을 규정하기 위한 후속 협정들이었는데, 특히, '조일통어규칙'으로 일본인들은 약간의 세금만 내면 제주 인근 해역에서 자유롭게 조업할 수 있는 권리를 얻을 수 있었다.

일본인들이 제주에 눈독을 들이기 시작한 것은 이 두 협정 체결 직후였을 것이다. 그들은 제주의 청정 어장과 풍부한 수산자원에 관심이 있었다. 많은 일본인들이 제주에 들어왔고, 1900년대 초반에는 제주로의 이주가 권장될 정도였다. 이 시기 제주에 거주하는 일본인들은 주로 상업이나 무역업에 종사했는데 해삼, 전복, 소라 등을 일본으로 가져갔고, 나중에는 제주도 육우, 상어와 고래까지도 거래하기 시작했다. 물론 무역 거래라 쓰고 수탈이라 읽으면 된다.

이런 와중에 1902년 서귀진이 허물어지고 그 자리에 순사 주재소가 들어섰다. 1902년이면 이재수의 난이 진압된 직후라 치안에 대한 불안감이 높았던 시기였다. 그러나 순사 주재소 주변은 일본인들 입장에서는 치안을 담보하기에 적합한 곳이었을 것이다. 또한 이 주변에는 민가가 없었기 때문에 조선인들의 눈치를 보거나 텃세를 걱정할 필요도 없었을 것이고, 패망의 길로 들어선 대한제국의 행정력이 이 작은 포구에까지 미치지도 않았으리라.

제주를 중심으로 거주하던 일본인들이 점차 서귀포로 모여들기 시작했다. 그들의 거주지를 중심으로 기간시설들이 들어섰는데, 1916년 서귀포에 제주도청 서귀포지청과 법원출장소, 경관 주재소, 우편국 등의 기관이 서귀리에 설립되었고, 1917년 일본인 자녀들을 위한 보통학교가 설립되었다. 참고로 제주 남쪽지역(동지역)에서 조선인들을 위한 최초의 학교는 이보다 3년 늦은 1920년에 생긴 서귀포초등학교다.

정착한 일본인들은 수탈 자원들을 어떻게 일본으로 보내는가를 고민했을 것이다. 그들은 큰 배가 다닐 수 있는 수심이 깊은 항이 필요했다. 일본인들의 눈에 띈 것은 예부터 '수전포(水戰浦)'라 불리던 서귀포였다. 『탐라지초본』에 이런 표현이 있다. '서귀진 아래에 있는 포구를 수전포라 부르며, 항구가 매우 넓어 절벽을 의지하면 수백 척의 선박을 감춰 둘 수가 있는 곳', 즉, 서귀포는 큰배가 다니기에 적합한 항구였다. 그러나 수전포라 불리던 서귀포도 포구 서쪽에서 몰아치는 풍랑

때문에 큰 피해가 많았다고 한다. 이를 막기 위해 방파제가 필요했다. 서쪽에서 오는 파도를 막으면 남쪽에서 오는 파도는 새섬이 막고, 돌출지형의 포구 스스로 동쪽 파도를 막을 수 있다. 새섬과 포구 사이 좁은 해로를 따라 천지연 계곡 깊숙히 배를 숨기면 가히 천혜의 요새라 할만 항구가 된다.

1925년 제주도 최초로 서귀포항에 방파제가 축조되었다. 천지연계곡 끝부분의 조개류 화석지에서 새섬 바로 앞까지 216m 길이의 방파제가 만들어졌다. 방파제는 크고 많은 배들을 불러들였고, 배들은 많은 사람과 물자들을 불러들였다. 물론 배들은 들어올 때보다 갑절의 자원들을 싣고 대양으로 나아갔고, 포구를 떠난 대부분은 다시 돌아오지 않았다.

제주고래 멸절사

방파제가 들어서고 항이 개발되자 포경선들이 들어왔다. 포경선이 들어오기 위해 방파제를 만든 것인지 방파제가 만들어지자 포경선이 들어온 것인지는 알 수 없지만, 방파제가 시작되는 자리에 고래의 도축과 유통을 맡는 공장도 세워졌다. '동양포경주식회사'란 이름의 이 회사는 '오카 주로(岡十郎)'라는 일본 포경업계의 선구자가 세운 회사로, 일본에서도 이 회사는 일본의 포경산업을 대표하는 회사로 알려져 있다.

이 회사의 포경선들은 서귀포 연안 해역에서 고래를 마구 잡이로 잡아들였다. 엄청난 포획이 자행되었다. 얼마나 많은 고래가 희생되었는지 정확히는 알 수는 없지만, 수많은 제주 고래가 남획되었다. 이를 말해주는 사료가 있는데, 1937년 11월 12일 『조선일보』는 이렇게 기록하고 있다. "제주도 근해서 포경 사십사두(四十四頭)"(기사 제목) "본 수산 포경사무소 소유 4척의 포경선은 9월 하순에 출장하여 11두의 포경을 하고 돌아왔었으나, 10월 한 달 동안에 44두라는 놀라울 만치 대량의 고래를 잡았다. 제주도 근해의 최고 포경 기록이 1년간 48두였는데, 올해에는 그 기록을 1개월 중에 돌파하였다고 한다."(기사 본문)

아마도 이런 식이었으면 매년 수도 없이 많은 제주 고래가 사라졌을 것이다. 수십 년 동안 매일같이 일본 동양 포경주식회사에서 고용된 수많은 인부가 종일 고래를 해체했을 것이다. 전성기 시절에는 수백 명의 인부가 고용되어 하루 종일 고래를 해체했다고 한다. 고래고기와 기름은 무역업자들에 넘겨졌고, 모두 일본으로 반출되었다. 반면 조선인들은 피비린내 나는 고래 해체 작업을 하고 품삯을 받았다. 가치를 인정받는 것들은 일본으로 반출되었지만, 반출되지 못하고 남겨진 것들은 피비린내와 썩은 부산물들이었다. 그 냄새는 솔동산

어귀에까지 진동했고, 고래 사체에서 나온 대형 뼛조각들이 전리품처럼 전시되곤 했다. 피와 부산물들이 바다로 버려졌는데 이 때문에 고래가 해체되는 날에는 해녀들이 조업할 수 없을 정도였다고 한다.

식민지 자원을 남획하여 쏠쏠한 경제적 이익을 얻는 제국주의 비즈니스는 심지어 해방 후에도 계속되었다. 1950년대 중반 제주 고래가 멸절될 때까지 포경은 계속되었다. 서귀포 고래의 씨가 말라버렸다. 더 이상 서귀포 연안은 물론 제주해

'Save Whales, Save the Earth' 비영리단체 위세이브오션스(WSC)가 서귀포 인문학서점 유화당(서귀포시 태평로 409-2, 이중섭거리 소재) 벽면에 '고래 살리기'를 위한 대형 벽화를 그렸다. 벽화는 곧 사라지겠지만, 메시지는 오랜 기간 기억되었으면 좋겠다. 서귀포 앞바다에 고래가 다시 찾아올 때까지.

역에서 고래를 볼 수 없다. 무분별한 포획이 낳은 참극이 아닐 수 없다. 제주 고래가 서귀포로 돌아오지 않은 지 벌써 70년이 다 되어 간다. 서귀포 포경공장은 일제 수탈의 상징과도 같은 것이었다.

지금은 방파제에서 포경공장의 흔적을 찾아볼 수 없다. 다만 1934년 고래잡이에 나섰다가 조난한 포경선 '이나츠마호'와 조난된 13명 선원의 넋을 위로하는 위령비만이 이곳이 한때 '동북아 포경산업'의 메카였음을 말해주고 있다. 물론 서귀포에서 '고래 공장'이라는 단어는 이미 지명(地名)으로 정착되어 아직도 쓰이고 있다. 여전히 방파제 주차장 인근을 고래 공장이라고 하시는 분들이 있다. 물론, 얼마나 이 지명이 오래 갈지는 모를 일이다.

고유명사가 되어버린 서귀포 '방파제'

서귀포 시민이라면 누구나 다 방파제에 대한 공통된 감성이 있다. 한 마디로 특정할 수는 없지만 '불특정 다수들이 갖는 공통적 추억 공간' 쯤으로 정의할 만하다. 적어도 서귀포에서 나고 자란 80년대 이전 세대들은 최소한 방파제를 배경으로 한 무용담을 누구나 다 갖고 있다고 장담할 수 있다. 아무리 없다 하더라도 최소한 하나는 갖고 있다. 없으면 그 또는 그녀는 서귀포 시민이 아니거나 간첩이다. 혹은 외계인이거나.

90년대 이후 세대들도 있을 것이다. 방파제에 가서 커피 한잔 안 마셔보고 서귀포에 산다고 하는 것 자체가 좀 어불성설인데, 좀 다른 점이 있다면 기성 세대들은 거기서 음주를 즐겼고, 지금은 그런 문화가 사라졌다는 것뿐이다.

한 때 여름철 서귀포 서방파제는 인산인해를 이루었다. 일정한 간격으로 놓인 가로등 밑에 그 불빛에 의지하여 옹기종기 모여 앉은 사람들로 북새통을 이루었다. 그들은 더위를 피해 시원한 바닷바람을 맞으며, 삼겹살을 구워먹던 일반 시민들이었다. 가족단위, 친구들 모임 등 수 많은 서귀포 시민들이 서방파제에서 추억거리를 만들었다. 음주문화가 사라진 2000년대 이후에도 새연교가 들어서며 이곳은 서귀포의 랜드마크로서 수많은 시민들이 문화생활을 하는 곳으로 자리매김하고 있다.

서귀포 서방파제의 매력은 무엇일까? 천지연계곡과 고즈넉한 포구, 섶섬, 문섬, 그리고 서쪽 바다를 지키는 범섬(虎島)이 조화를 이룬 광경은 전 세계 어디서도 볼 수 없다. 특히 범섬을 배경으로 하는 석양은 감성을 풍부하게 한다. 산북 사람들은 부정하겠지만 산남 사람들이 그들보다 약 2% 정도 감성이 더 풍부한데, 그럴 만한 이유가 있는 것이다.

새섬에서 본 범섬의 석양

서귀포의 새로운 랜드마크, 새연교

서방파제가 처음 만들어질 때는 방파제와 새섬 사이 약간의 공간이 있었다. 왜 그랬는지 모르겠지만 방파제가 새섬까지 완전히 연결한 것은 아니었다. 새섬과 방파제 사이 약간의 공간이 있었는데, 사람이 물에 젖지 않고 건너가기에는 무리가 있을 정도의 간격이었지만, 눈앞에서 새섬을 바로 볼 수 있을 정도로 가까웠다. 그럼에도 불구하고 그 수 m의 간격으로 말미암아 새섬은 항상 미지의 세계였다. 새섬은 방파제 끝에 서서 손을 뻗으면 닿을 것 같고, 일주일 다이어트 하고 전속력으로 달려가 점프를 하면 넘어갈 수 있을 것 같기도 했지만, 낚

144

시군이 아닌 이상 갈 수 없는 동경의 대상이었다.

그러다 2009년 드디어 새섬의 빗장이 풀리게 되었다. 새연교가 개통된 것이다. 새연교는 '새로운 인연을 연결하는 다리'라는 뜻으로 방파제로부터 새섬을 연결한다. 총장 169m, 폭 4~7m, 최고 높이 45m에 이르는 한국에서 가장 긴 길이의 보도 교각이라고 한다.

새섬은 동서로는 328m, 남북으로 98m의 타원형으로 면적이 약 10만 제곱미터에 이른다. 서귀포항의 남쪽 바다를 막는 천연 방파제 역할을 하며, 화산활동에 의한 안산암 성질로 이루어진 무인도다. 그간 사람의 발자취가 없는 곳이었으나

새섬과 새연교 2009년 서귀포와 새섬을 잇는 새연교가 건설되었다. 새섬 뒤로 문섬이 보인다. 새연교는 서방파제를 기초로 하고 있다.

지금은 새연교로 인해 1.1km의 산책로가 조성되었다.

새연교의 개통으로 50m 높이의 천지연계곡 기암절벽과 서귀포항, 새연교, 새섬에 이르는 파노라마 같은 장관이 하나의 공간으로 다시 태어나 서귀포의 새로운 랜드마크로 주목받고 있다.

한편, 항간에서는 새섬을 '조도(鳥道)'라 표기했다. '조도'라 하니 '섬이 새를 닮았나?'라고 생각했다. 그래서 새섬인 줄로만 알았다. 그런데 초가지붕을 만드는 '새'가 많이 난다고 하여 '새섬'이라고 한다. 새섬의 정확한 한자표기는 '모도(茅道)'가 맞다. 조도(鳥道)는 모도(茅道)의 오기이거나, 새섬을 한자로 표기할 때 옮긴이의 입맛에 맞게 '새'를 '鳥(새 조)'로 옮긴 것이라 생각된다. 뭐, 그럴수도 있겠다 생각도 들지만, 어디 새섬만 그러했겠는가? 수 많은 우리의 아름다운 지명들이 이렇게 엉터리로 옮겨진 것들이 즐비하지 않을까?

제주 정통뗏목 테우

새연교는 제주의 전통 뗏목인 테우를 형상화했다. 새연교 말고도 서귀포 월드컵경기장 역시 테우를 모티브로 삼아 설계된 것이다. 둘 다 서귀포를 대표하는 아름다운 건축물로 평가받는다.

서귀포 방파제와 새연교 뒤로 보이는 섬이 범섬.

테우는 '떼배' '테위' '터우' 등으로 불렸다. 여러 개의 통나무를 엮어서 만든 뗏목 배라는 뜻이라고 한다. 테우는 만들기도 쉽고, 평평하고 낮아서 뒤집히지 않고 웬만한 무게로는 가라앉지도 않았다. 거기에다 조작도 쉬워 테우는 제주의 각 해안마을에서 쉽게 볼 수 있는 어업 장비였다.

테우가 제주 연안에서 흔히 사용되는 또 다른 이유는 제주말로 '듬북(구슬듬북)' '몸' 등 해초를 싣는데 유리한 구조로 되어 있기 때문이었다. 줌녀(해녀)들이 호미(낫)로 '듬북' '몸' 등을 훑어내어 그것들을 물 위로 떠 오르게 하는데, 그러면 남정들이 해초를 공젱이(갈퀴)로 긁어 테우에 싣는다. 테우는 범선과 달라서 듬북을 아무리 많이 실어도 가라앉지 않고 동동 뜬다. 서귀포에서는 1970년대까지 '자리(자리돔) 잡이'에도 테우가 쓰였다.

또한 테우는 줌녀들의 해상 휴식 공간이기도 했다. 깊은숨을 참고 숨비소리 내며 물 위로 올라온 줌녀들은 테우에 매달려 체력을 보충했다.

출륙금지령과 테우

탐라국은 당나라와 교역했다고 전해진다. 중국 사서인『신당서』담라전 당요회에 보면 탐라국이 당나라 황제에 사신을 보내 조회했다는 내용이 있다. 또한 백제, 신라에 조공해서 하사품을 받았으며, 일본의 사신이 탐라국에 들어왔다는 기록도 있다. 탐라국은 이웃 국가들과 교류했던 해양 도시국가였다.

이런 제주의 뛰어난 조선 기술, 해양 기술은 조선 중기까지만 해도 제주에 고스란히 남아 있던 것으로 보인다. 『성종실록』에 제주 사람들에 대한 묘사가 나온다.

"선체(船體)는 왜인의 배보다 더욱 견실하고, 빠르기는 이보다 많이 지나치는데, 항상 고기를 낚고 미역 따는 것을 업으로 삼았다." "그들이 사용하는 배들은 튼튼하고, 치밀하고, 가볍고 날카로워서 왜적을 따라가 잡는 데 아주 편리하다."(이상 성종 8년) "이 무리는 이미 배로써 생활하고 있으니"(성종 16년) "모두 배를 잘 부려서 물결에 달려가는 것이 나는 새와 같으니…"(성종 17년)

그런데 세종 17년(1435)에 6만 3천 93명이던 제주의 인구가 급격하게 줄기 시작한다. 약 200년 동안 무려 제주 인구의 절반 가까이가 줄어들었다. 수많은 제주 사람들이 제주를 탈출해서 다른 지역으로 나가버린다. 갖은 노역과 조세부담, 공출제도의 폐해, 왜구의 침입 등으로 민초들의 삶이 피폐해졌기 때문인데, 오죽 했으면 고향을 등지고 아무 연고없는 타향으로 탈출을 계획하고 실행했을까? 그들은 고향인 제주도를 버리고 경상도와 전라도 해안, 심지어 저 멀리 황해도와 중국까지 무리를 지어 탈출했다고 한다.

이렇게 많은 인구가 제주를 탈출하자 조선 조정은 어이없는 결정을 내린다. 이렇게 사람들이 탈출을 하면 그 이유를 파악하고, 개선대책을 세워 사람들을 붙잡아 놓을 생각은 하지 않고, 어처구니 없게도 조선의 위정자들은 제주도민들에게 더이상 제주를 탈출하지 말 것을 강요했다. 1629년, 조정은 제주도민에게 이른바 '출륙금지령'을 내린다. 즉, 허가 없이는

테우를 형상화한 새연교

제주도를 떠날 수 없도록 한 것이다. 더 어이없는 것은 이 출륙금지령이 무려 200여 년간이나 지속되었다는 것이다.

출륙금지령으로 제주 사람들은 뛰어났던 해상 기술과 문화를 잃고 만다. 고려시대 쌍돛을 단 대형선박과 전선(戰船)을 진상할 만큼 뛰어난 조선 기술을 지녔던 제주 사람들은 더 이상 배를 탈 수도 만들 수도 없었다. 당나라와 교역하던 포구라 해서 '당포(지금의 대평포구)'가 위치했던 서귀포 지역에서는 육지로 나갈 수 있는 출항이 금지되었다. 제주에서 배를 타고 육지로 나갈 수 있는 유일한 통로는 조천포구와 별도포구로 한정되었다. 여기에서만 배를 탈 수 있었고, 모든 배는 철저하게 검열이 이루어졌다. 배를 만들면 의심을 샀다. 당연히 조선 기술과 항해술은 퇴보했다. 제주 사람들에게 허락된 유일한 배는 '테우'였다. 배를 타고 나가도 육지로 갈 수 없는 배 '테우'.

출륙금지령으로 제주는 철저하게 외부와 차단된 공간이 되었다. 시간이 멈춘 곳, 그야말로 유배지였다. 덕분에 제주의 독특한 풍습과 언어가 잘 보존되었지만, 남아 있는 자들의 슬픔은 극에 달했다.

테우는 제주의 단절된 역사를 상징한다. 단절된 역사를 상징하는 테우, 그것을 형상화한 새연교. 새로운 인연을 잇는 다리, 새연교.

08

외돌개
폭풍의 언덕, 선녀탕, 황우지 해안 그리고 외돌개

에밀리 브론테의 소설 『폭풍의 언덕』을 영화화한 〈폭풍의 언덕(wuthering heights)〉을 본 적이 있는가? 영화의 배경이 되는 폭풍의 언덕은 주인공 '히스클리프'의 삶처럼 굴곡이 있다. 비바람과 태양을 피할 수 없는 척박한 돌무더기 밭과 수십 미터의 낭떠러지로 이루어졌다. 마치 서귀포 외돌개 인근의 동명(同名)인 곳 '폭풍의 언덕'과 어찌 이렇게 닮을 수 있을까?

서귀포 폭풍의 언덕 역시 아찔하기만 한 기암절벽들로 장관을 이루는 곳이며, 파란 바다와 하얀 파도가 넘실대는 곳이기도 하다. 제주올레길 중 가장 아름답다는 올레 7코스, 그중에서도 이곳이 백미라 할 수 있다.

폭풍의 언덕 맨 위가 범섬. 그 바로 밑 돌출된 부분이 폭풍의 언덕. 사진 중앙부에 작은 연못처럼 보이는 곳이 선녀탕이다. 선녀탕 우측이 황우지해안이고, 폭풍의 언덕 뒤편으로 외돌개가 있다.

폭풍의 언덕에 서면 '남주(南州) 해금강'이라 불리는 황우지해안을 볼 수 있다. 제주어로 '동너븐덕'이라 하고, 황소가 강을 건너는 형상을 하고 있다고 해서 '황우지해안'이라고도 부른다. 요즘 SNS를 통해 스노클링 명소로 잘 알려진 '선녀탕'이 있고, 반대편으로는 장군바위라 불리는 외돌개까지 산책로가 이어져 사람들의 발길이 끊이질 않는 곳이다.

서귀포를 대표하는 아름다운 명소인 이곳에 많은 이야기가 숨어 있다.

선녀탕

서귀포 일호광장에서 10분이면 외돌개 주차장에 도착할 수 있다. 외돌개 주차장 뒤편으로는 '삼매봉'이라는 오름이 있고, 주차장 앞쪽으로는 두 갈래의 길이 있다. 하나는 선녀탕으로 내려갈 수 있는 길이고, 다른 하나는 외돌개로 갈 수 있는 길이다.

선녀탕은 이름처럼 마치 선녀가 내려와 노는 곳 또는 선녀처럼 아름다운 곳이다. 황우지해안의 바위들로 사방이 둘러싸여 있는 바닷물 연못과도 같은 곳인데, 누가 일부러 만든 듯

선녀탕 스노클링의 명소로 자리 잡았다.

한 수영장 같다. 지연은 인간의 상상력을 뛰어넘는다. 설계 자체가 경이롭다. 최근 SNS를 통해 널리 알려져 여름뿐만 아니라 사시사철 많은 이들이 이곳을 찾는다. 물론 여름철 이곳은 물놀이와 스노클링을 즐기는 명소로 인기가 높다.

선녀탕에서 바라보면 멀리 서귀포항 앞바다에 '문섬'이 보인다. 황우지해안에서 폭풍의 언덕으로 이루어지는 기암절벽들이 병풍처럼 서 있다. 『시경(詩經)』은 군자의 용모를 '유석암암(維石巖巖)'이라 했는데, 일부러 깎아놓은 듯하다는 말이다. 군자의 용모를 닮은 기암절벽이 바로 이곳에서 펼쳐진다. '남주(南州) 해금강'이라 불리는 이유가 있다.

황우지 해안의 12굴

폭풍의 언덕에 올라 황우지해안을 바라보면 절벽 아래 해안가에 12개의 동굴이 나 있다. 자연적으로 만들어진 것은 아닌 듯하고, 도대체 누가? 왜 만들었을까?

태평양전쟁이 끝나갈 무렵 일제는 제주도를 일본 본토 사수의 '마지노선'으로 삼는다. 이른바 '결 7호 작전'이라 불리는 방어계획이 세워지고 병력을 제주도로 집중시켰다. 1945년 1월 1천 명 수준에 불과했던 일본군이 8월에는 약 7만 명에 이르렀다. 한반도에 배치된 일본군 36만 명의 1/5에 해당했다. 이 중 1만 8천 명은 조선인 징집병이었다.

일본군은 제주도에서의 결사 항전을 준비했다. 이오지마와 오키나와에서 보여주었던 끈질기고 무모한 저항을 고스란히 재현하고자 했다. 일본의 목적은 승리가 아니었다. 군·민을 총동원한 다 죽기 작전으로 미군에 심각한 타격을 주어 전쟁에 대한 회의감을 불러일으켜 강화 협상에 유리한 입장을 가지려고 한 것이었다.

실제로 오키나와 전투에서는 그들의 목적이 잘 드러났다. 일본군은 오키나와 주민들을 총알받이로 내세우거나, 자결하라고 강요해서 무려 12만 명의 민간인이 목숨을 잃었다. 당시 일본군 전사자 2만 3천 명의 약 5배 이상이 희생된 것이다. 81일 동안 하루 평균 1천 481명씩 죽어나갔다. 대재앙이었다.

역사에는 가정이 없다지만, 만약 원자폭탄 공격이 없었다면 제주도는 오키나와와는 비교할 수도 없을 정도의 피해가 있었을 것이다. 오키나와의 3배에 이르는 7만 명의 병력이 있었고, 제주가 함락되면 그 다음 차례는 일본 본토 공격이었기 때문이다. 일본군은 결사 항전을 위해 제주 곳곳을 요새화했다.

서귀포 해안 곳곳에 갱도가 파헤쳐졌다. 황우지해안도 예외는 아니었다. 자폭용 잠수정이 드나드는 격납고를 만들었다. 삽과 곡괭이를 든 조선인들이 동원되었다. 15세에서 50세에 이르는 남정들이 동원 대상이었다. 여자들은 몸을 바쳐야 했다. 서귀포에서 끌려온 80여 명의 여인들이 법환포구에서 어디론가 끌려갔다. 그들은 위안부였다.

황우지해안은 배를 타지 않으면 갈 수 없는 낭떠러지 해안이다. 조선인들은 타인에 이끌려 하얀 파도를 뚫고 황우지해안에 도착했을 것이다. 조면암으로 이루어진 단단한 절벽 바위를 그들은 맨손으로 캐내어야 했다. 두들겨 맞기도 하고,

황우지해안과 12굴 일제는 제주도 곳곳에 군사 갱도를 파놓았다. 현재까지도 그들이 만든 군사시설을 모두 파악하지 못할 정도다. 대략 약 80여 곳에 700여 개의 동굴 진지가 남아 있다고 알려졌다.

허기지고, 쓰러지기도 했을 것이다. 황우지해안의 12굴은 그렇게 만들어졌다.

간첩과 사진사

2009년 아무도 주목하지 않는 판결이 있었다. 2009년 12월 25일 서울행정법원은 1968년 8월 황우지해안에서 벌어진 국군의 대간첩작전에 현장 사진 촬영 요원으로 동원됐던 김 모 씨를 국가유공자로 인정했다.

1968년 김 모 씨는 서귀포의 한 사진관에서 사진사로 일하고 있었다. 김 모 씨는 경찰로부터 황우지해안에 사건이 발생했으니 급히 오라는 연락을 받았다. 그는 현장 촬영을 위해 경찰 차량에 탑승했다.

1968년 8월 20일 북한군 753부대 제51호 간첩선이 황우지해안에 나타났다. 남한으로 파견된 남파간첩을 다시 북한으로 복귀시키는 것이 그들의 임무였다. 황우지해안은 수십

황우지해안

미터에 이르는 기암절벽들이 병풍처럼 서 있어서 낭떠러지 해안가는 눈에 띄지 않으며, 일제 강점기 때 만들어진 12개의 동굴이 있어 배도 숨길 수가 있었다. 간첩들은 이 점을 노린 것이다.

그러나 우리 군경에 발각되고 만다. 우리 군경은 무려 6시간에 걸친 전투 끝에 간첩선을 격침하고, 무장간첩 2명을 생포, 12명을 사살했다. 김 모 씨도 현장 촬영 요원으로 작전에 투입되었고, 작전이 끝나고 사살된 간첩의 시신과 노획된 장비를 촬영하는 임무를 수행하는 중 잔당 간첩이 던진 수류탄에 맞아 하반신에 중상을 입었다. 병원으로 후송돼 수술을 받았지만 스무 군데 이상 파편이 남아 후유증을 앓았다.

김 모 씨는 2005년 사망했고, 4년여의 행정소송 끝에 국가유공자가 되었다.

이 분이 당시 치열했던 교전 현장을 촬영했는지는 알려지지 않았다. 그러나 만약 교전현장 사진이 남아 있다면 이 사진

들은 필히 공개되고, 공공영역에서 보존해야할 것이다. 그리고 수류탄의 파편을 맞을 정도면 전투현장에 있었다는 방증아닌가? 일개 사진사가 아니라 종군기자급 대우를 받아야 되는 것 아닌가? 우리는 서귀포의 '로버트 카파(2차세계대전과 베트남전 등에 종군기자로 참여했던 사진사)'를 잊어서는 안 된다.

외돌개

폭풍의 언덕을 지나 해안절벽으로 난 길을 따라 서쪽으로 가다 보면 외돌개 전망대에 이를 수 있다. 외돌개는 서귀포 앞바다에 떠 있는 돌기둥의 이름인데, 화산암반층 절벽이 오랜 세월 파도의 침식작용으로 주변부는 사라지고 강한 암석만 남은 '시 스택(Sea Stack)'이라는 설도 있고, 수중에서 용암이 솟구쳐 오른 불기둥이 그대로 굳어져 바위기둥이 되었다는 이야기도 있다.

외돌개는 길이가 무려 20m에 폭이 7~10m에 이르는 거대한 돌기둥이다. 외돌개는 구멍이 작고 조밀한 회색을 띠는 조면안산암(粗面安山巖)으로 파란 바다와 하얀 파도와 절경을 이룬다.

외돌개는 장군바위라고도 한다. 몽골이 1273년 탐라총관부를 설치하며 시작된 제주에 대한 직간접적인 통치가 약

100년간 지속되었는데, 이를 종식하기 위해 최영 장군은 2만 5천 정예군을 이끌고 제주 명월포로 입도했다. 고려군은 명월, 새별오름 등지에서 몽골의 잔당들과의 일전에서 크게 승리했고, 몽골의 잔당들은 패색이 짙어지자 외돌개에서 3.4km 떨어진 범섬으로 들어가 농성했다.

최영 장군은 20m 높이의 외돌개에 장군 갑옷을 두르게 하고, 북소리를 울려 마치 거인의 발걸음 소리가 나도록 했으며, 외돌개 뒤쪽에서 횃불을 비추어 그림자가 움직이도록 했다. 이를 본 몽골의 잔당들이 기겁하고 범섬 절벽에서 바다로 떨어져 죽거나 항복했다. 장군바위는 여기서 유래된 이름이다.

외돌개의 또 다른 이름은 '할망바우(할머니바위)'다. 오래전 하루방이 고기잡이를 위해 바다로 나아갔다. 하루방은 만선의 꿈을 이루고 집으로 돌아오는 순간 풍랑을 만나 그만 바닷속으로 사라져 버린다. 이 하루방을 애타게 기다리던 할망이 매일 같이 먼바다를 바라보며 하루방이 오기만을 기다렸다. 이 할망은 그만 지쳐 그 자리에서 돌로 굳어졌고, 얼마 뒤 하루방의 시체가 이곳으로 떠내려와 다시는 헤어지지 말자고 한데 엉켜 큰 바위, 즉 외돌개가 되었다고 한다.

'개'는 제주어로 '포구'를 뜻하는 말이다. 따라서 김종철은

외돌개 개는 제주어로 포구를 뜻한다. '바다 위 홀로 서 있는 돌(孤石)'이 있는 포구라 하여
외돌개이지만, 지금은 그 바위 자체가 외돌개로 불린다. 할망바우, 또는 장군바위라고도 한다.

외돌개가 원래 포구의 이름이라면 애절한 전설의 할망바우, 어쩌면 이것이 바위 자체의 본디 이름일지도 모른다고 했다.

할망바우 이야기는 제주의 전통 민요 '이어도 사나'와 맥을 같이한다. '이어도 사나?'라는 노랫말은 배를 타고 떠난 남편과 아들이 돌아오지 않는 이유가 '이어도라는 환상의 섬에서 살고 있기 때문인가?'라는 절규다. 얼마나 많은 사람이 바다로 나가 돌아오지 않았으면 '이어도'가 생겨났고, '할망바우'가 생겨났을까?

09

매일올레시장
맛집 성지, 대한민국 대표 전통시장

시장을 단순히 물건을 사고파는 곳으로 규정한다면 그것은 시장을 좁은 의미에서 해석하는 것이다. 시장은 단순한 상행위를 떠나 한 지역의 문화와 역사를 매개하는 역할을 하는 공간으로 보아야 한다. 넓은 의미의 시장으로서 시장을 바라볼 때 서귀포 매일올레시장을 좀 더 정확히 바라볼 수 있다.

서귀포 매일올레시장은 1960년에 개장된 시장으로 그 역사가 벌써 60년이 넘었다. 그리고 명백히 넓은 의미의 시장에 부합한다. 지난 60여 년간 이곳에서 수많은 일들이 벌어졌고, 서귀포 시민들과 이곳을 방문하는 방문객들은 이곳에서 서귀포 매일올레시장만의 독특하고 고유한 문화를 만들어내고 있다. 물론 물건을 사고파는 상행위도 이루어진다. 서귀포 매일 올레시장이야말로 진정한 의미의 시장이며, 대한민국을 대표하는 전통시장이다.

매일장과 오일장

매일올레시장이 개장한 것은 1960년이다. 처음 개장할 때의 이름은 서귀포 매일올레시장이 아니었다. 처음에는 중앙시장 또는 매일시장이라 불렀다. 중앙시장이란 서귀포시 중앙동(서귀동 내 행정동)에 있었기 때문이며, 매일시장은 5일마다 열리는 오일장과 대비되는 상설시장이라는 뜻에서 매일시장이라 했다. 사람들은 서귀포 향토 오일장을 오일장, 매일시장을 매일장 이렇게 불렀다.

먼저 문을 연 것은 사실 오일장이다. 정확히 언제부터 장이 들어섰는지는 알 수 없지만 지금처럼 끝자리가 4와 9로 끝나는 날에 장이 생기기 시작한 것은 1906년의 일이다. 어언 약 120년의 역사가 있다. 그렇지만 오일장도 이곳저곳을 전전하다 1974년 일호광장이 조성되고서야 자리를 잡았다. 서귀포 오일장은 제주시장, 대정장과 함께 제주의 3대 장으로 손꼽힌다. 장이 들어서는 날에는 일호광장 일대가 극심하게 막히자 1995년 지금의 동홍동 자리로 이전했다.

반면 매일장은 1960년부터 지금 이 자리를 줄곧 지켰으니 역사를 인정해줄 만하다. 더욱이 있는 자리가 서귀포 최고 노른자위 땅 아니던가? 중앙로, 중정로, 동홍로가 만나는 삼각형 안이 매일장이 있던 자리다. 보통 도심이 개발되면 이런 알토란 같은 곳부터 개발되곤 하는데 지금껏 자리를 유지하는 걸 보면 매일장의 생명력은 대단한 것이라 할 수 있다.

두 시장은 명실상부한 서귀포를 대표하는 유통시장이다.

그렇지만 두 시장에는 미묘한 차이가 있다. 물론 두 시장 모두 깎아달라면 깎아주고, 더 달라면 더 넣어주는 정감 있는 시장이며, 시민들의 삶과 애환이 녹아 있는 장소임은 틀림없지만 분명히 두 시장 사이에는 다른 무언가가 있다.

오일장에는 사람이 살지 않지만, 매일장에는 사람이 산다. 즉, 매일장은 시장인 동시에 주거 공간이기도 했다. 그곳의 상인들은 장사치이자 주민들이었다. 그들은 낮에는 상인들로, 밤에는 주민이 되어 매일장을 지켰다. 점포는 그들의 작업장이었고, 점포 쪽방이나 다락방, 2층에는 그들의 주거 공간이 있었다. 친구들은 학교가 끝나면 매일장으로 돌아갔고, 다음 날 아침이면 매일장에서 등교했다. 매일장은 시민들의 삶의 터전이었다. 매일장 안에는 놀이터도 있었고, 교회와 성당이 있었고, 식당과 주점도 있었다. 백화점과 상가, 극장도 있었다. 매일장은 서귀포 그 자체였다.

서귀포의 6월

1987년 6월 26일 18시 서귀포 복자성당의 삼종이 울려 퍼졌다. 적막이 깨졌다. 서귀포 시민들의 눈과 귀가 서귀포 복자성당(현 서귀포 매일올레시장 공영주차장 자리) 옆 어린이 놀이터에 쏠렸다.

삼종 소리가 울리자 복자성당 지하에 은신해 있던 서귀포의 청년 5명(이영일, 진희종, 강현철, 김성한, 김두옥)이 밖으로 나서기 위해 계단 앞에 섰다.

"동지들 모여서 함께 나가자. 무등산 정기가 우리에게 있다. 무엇이 두려우랴! 출정하여라. 영원한 승리와 희망을 위해, 나가 나가 도청을 향해, 출정가를 힘차게 힘차게 부르세!"

출정가를 부르고 약속된 장소인 어린이 놀이터로 향했다. 어린이 놀이터는 이미 경찰들이 에워싸고 있었다. 집회 장소를 경찰들이 원천 차단한 것이다. 그렇지만 다행히도 출동한 경찰의 수는 많지 않았다.

그때였다. 경찰 포위선 밖에서 한 청년(고 윤충광, 전 제주특별자치도의회 의원)이 소리쳤다.

"민주주의 만세! 민주주의 만세!"

경찰들이 그 청년의 팔다리를 붙잡았다. 현장에서 그를 잡아 가뒀다. 복자성당에 있던 청년들이 경찰 포위망으로 달려들었다. 그들은 주저하지 않았다. 청년 중 한 명이 소리치기 시작했다.

"모입시다! 우리 힘으로 독재정권을 끝장냅시다!"

주저하던 시민들이 호응했다. 시민들이 호응하자 경찰의 차단벽은 무용지물이었다. 드디어 시민들과 서귀포 청년들이 합류했다. 그들은 매일장 복판을 가로지르며 호헌 철폐, 독재 타도를 외쳤다. 동명백화점 앞으로 나아갈 때 그 수가 무려 1천 명에 달했다고 한다.

서귀포 6월 민주항쟁 기념비 1987년 6월 26일 대한민국 최남단 서귀포에서 시민들이 주축이 되어 호헌 철폐, 독재 타도를 외쳤다.

당황한 경찰이 병력을 보강하고 시위대를 강제해산 하려고 했다. 어린이 놀이터로 돌아오는 시위대와 전경 부대가 대치했고, 시위대 맨 앞에 서 있던 서귀포 청년들이 연행되었다.

그들이 연행되자 서귀포 복자성당의 신부님들이 서귀포 경찰서로 찾아가 강력하게 항의했다. 이대원 신부님이 그들의 석방을 요구했다.

그리고 3일 뒤 6·29선언이 이루어지고 연행되었던 그들도 석방되었다.

대한민국의 6월 민주항쟁은 대학생들이 주도했고, 시민들이 호응하면서 명실상부한 민중항쟁으로 거듭났다. 그것을 주도한 것은 서귀포의 깨어있는 청년들이었다. 누가 도와준 것도 아니고, 누가 지시한 것도 아니었다. 6월 항쟁이 빛나는 이유가 서귀포에 있다.

청년 양용찬

1966년생, 남원읍 신례리 출신 양용찬이라는 사람이 있었다. 그는 서귀포에서 학교를 나와 제주대학교에 입학했다. 군 휴학 이후에도 학교에 복학하지 않고 타일공으로 일을 시작했다. 1989년 그는 '서귀포 나라사랑청년회'란 단체에 가입해 활동했는데 서귀포지역 개발 문제, 우루과이라운드(UR), 감귤 문제 등에 관심이 많았다. 특히 농민 문제에 관심이 많았다고 한다.

한편 그 무렵 정부에서는 제주도를 하와이와 같은 국제적인 관광도시로 조성하는 계획을 수립하고 있었다. 정부는 1960년대부터 제주도를 하와이나 싱가포르, 홍콩과 같은 국제관광 도시로 만들고자 했다. 그 시초는 제주에 공항을 만드는 것이었다. 1964년 '국토 건설 종합' 계획에 따라 제주국제공항이 조성되었다. 그리고 1972년 제1차 '국토종합개발계획'의 권역별 계획에 따라 제주도 부속 도서를 제외한 전 지역이 '관광특구'로 지정되면서 1980년대 중문관광단지가 만들어진다. 정부는 여기에 만족하지 않았다. 좀 더 과감하고 획기적인 개발을 원했다. 그래서 중문관광단지처럼 특정 구역 안에서만 이루어질 수 있었던 개발행위가 제주도 전역에서 가능하게 했다. 또한 정부가 개발을 추진하면 개인의 재산권까지 제한할 수 있도록 했다. 이러한 구상 아래 만들어진 것이 '제주도 개발 임시조치법안'이다.

이 법안이 알려지자 논란이 일었다. 지방언론은 이를 보도했고, 제주도민들은 들고일어났다. 양용찬도 반기를 들었다. 결사반대했다.

1991년 11월 7일, 양용찬은 매일시장 어린이 놀이터 근처에 있는 '서귀포 나라사랑청년회' 사무실에서 깊은 생각에 잠겼다. 펜을 들었다.

"나는 우리의 살과 뼈를 깎아 먹으며 노리개로 만드는 세계적 관광지, 제2의 하와이보다는 우리의 삶의 터전으로서, 생활의 보금자리로서의 제주도를 원하기에 특별법 저지, 2차 종합계발계획 폐기를 외치며 또한 이를 추진하는 민자당 타도를 외치며 이 길을 간다!"

차분히 펜을 내려놓은 그는 건물 3층 계단으로 나아갔다. 창문을 열었다. 그리고 저

양용찬 열사와 유서 (사진 출처: 제주사랑 민중사랑 양용찬 열사 추모사업회)

녁 7시 40분 그는 자기 몸에 불을 지르고 3층 밑으로 투신했다. 병원으로 옮겨졌지만, 그는 끝내 짧은 생을 마감했다. 그의 나이 26세의 일이다.

26세에 불과한 양용찬의 죽음으로 제주도 특별법에 대한 강력한 여론이 빗발쳤다. 제주도민 전체가 들고일어났다. 연일 시위가 일어났다. 매일올레시장에서, 일호광장에서, 동명백화점에서 함성이 울려 퍼졌다.

양용찬 열사 추모비와 기림비 매일올레시장 공영주차장 옆 공터 한쪽(위)과 국립제주대학교 인문대학 진앙터(아래)에 양용찬 열사 추모비와 기림비가 세워졌다. 그가 바라던 제주는 제2의 하와이가 아니라 삶의 터전과 생활의 보금자리로서의 제주였다.

그리고 한 달 뒤인 12월 '제주도개발특별법(이하 특별법)'이 통과되었다. 그의 희생으로 특별법에서 우려되던 독소조항이 사라졌다. 더 이상 중문관광단지 때와 같이 주민들의 일방적인 희생을 강요하는 개발행위를 막을 수 있었다. 그러나 정부가 바라던 대로 제주는 제2의 하와이를 향해 첫 발걸음을 떼었다. 그 후로 30년이 흘렀다. 법의 이름은 바뀌었고, 많은 권한이 제주도지사에게 주어졌고, 개발 주체도 정부에서 국가공기업으로 바뀌었다.

그러나 그사이 수많은 곶자왈이 파괴되었고 제주 대부분의 해안가는 사유지로 개발되어 경관을 잃었으며, 어디서든 보이던 한라산은 어디에 가야만 보이는 산이 되어버렸다. 서귀포 토평동과 동홍동 일대에 헬스케어타운이 조성되었고, 예래동에도 휴양형 실버타운이 조성되었다.

양용찬은 지금의 제주를 보며 무슨 생각을 하고 있을까?

매일시장 한쪽에 '양용찬 열사 기림비'가 세워져 있다.

위기와 변신

1996년 우리나라 유통시장이 개방되면서 서귀포에도 변화의 물결이 일기 시작했다. 유통개방 10년 만인 2006년 서귀포에도 대형마트 2개가 들어섰다.

매일장은 예견된 변화에 준비를 해왔다. 2003년 620m에 달하는 아케이드를 설치했고, 250면의 주차장을 확보했다. 2004년에는 210개소의 간판과 260개소의 좌판을 규격화했으며, 공중화장실도 신축했다. 또한 시장 바닥을 포장했고, 안내판도 설치하는 등 나름의 노력을 했다. 그래도 매일장의 충격은 더해졌다. 2006년에만 전년 대비 매출이 40%나 급감한 것이었다.

유통 질서의 변화가 가져온 충격은 상상 이상이었다. 한번 떨어진 매출은 개선될 기미가 보이지 않았다. 심리적인 충격도 더해갔다. 매일장은 단순히 물건을 사고팔던 장소가 아니었기에, 시민들의 삶과 애환이 녹아있는 곳이었기에, 매일장의 위기는 곧 서귀포의 위기로 받아들여졌다. 도심 핵심 상권이 붕괴하면, 사람들이 떠나가는 공동화 현상이 발생하고, 더 나아가 도심 심장부가 슬럼화까지 예견되는 상황이었다.

매일장은 다시 한번 변신을 시도해야 했다. 아쉽지만 도로 한복판에 나앉아 빨간 고무대야나 검은 비닐봉지에 고기나 채소를 팔던 삼촌들(제주에서 웃어른을 친숙하게 부르는 호칭) 자리부터 없애야 했다. 점포 숫자도 160여 개로 줄였고, 마트에서는 팔지 않는 먹거리와 특산품, 토산품들로 변경했다. 지자체에서도 많이 노력했다. 공영주차장과 화장실이 확장되었고,

매일올레시장

야시장도 개설되었으며, 전시 문화공간도 생겼고 거리공연도 개최되었다.

변신의 하이라이트는 바로 올레길이었다. 올레길이 매일장을 바꾼 것인지, 매일장의 변신이 올레길을 유치한 것인지는 중요하지 않다. 이름도 매일시장에서 서귀포 매일올레시장으로 바꾸었다.

사람들이 하나둘 모여들었다. 매일올레시장의 먹거리가 SNS를 타고 전국으로 퍼져나갔다. 마늘통닭, 모닥치기, 한라봉주스, 오메기떡 등 맛집의 성소로 알려지면서 전국의 전통시장 중에서 가장 혁신적인 모범사례로 손꼽히게 되었다. 『주역』에 "궁(窮)하면 변(變)하고, 변하면 통(通)하고, 통하면 장구(久)하다"라는 말이 있다. 매일올레시장의 변신을 두고 하는 말이다. 매일올레시장의 변신은 앞으로도 장구할 것이다.

10

동명백화점
서귀포 유일의 백화점!

신호등 1호

시엣아이들[시(市)의 아이들, 즉 제주시 친구들. '시에따이'라 발음함]은 보통 서귀포 사는 우리를 좀 '하시봤다(下視, 아래로보다).' 운동장에서 족구를 하다가 공을 잘못 차면 "어디 서귀포로 차부럼나?"라며 나무랐다. 시엣아이들은 서귀포뿐만 아니라 다른 지역 출신들을 좀 하시보는 경향이 있었다. 물론 우리도 시에따이들을 우러러보진 않았다. 이 관계는 '서울깍쟁이'와 '지방 촌놈'이 서로를 하대하는 관계와 같은 것이었다.

시엣아이들이라 부르는 것은 그래도 양반이다. 보통 시엣것들[시(市)의 것들]이라 했다.

종종 시엣것들은 서귀포것들과 실랑이를 벌였다. 먼저 시에엣것들이 공격했다. 공격은 보통 상대방의 아픈 곳을 찌르기 마련이다.

"서귀포에 신호등 있나? 신호등도 어신 것들이."

서귀포것들은 이 한마디에 가슴이 아팠다. 알면서도 당해야만 하는 스텔스 공격이기 때문이었다.

사실 서귀포에도 신호등은 있었다. 딱 하나 있었다. 동명백화점 앞에 분명히 있었다. 시엣것들의 무자비한 공격에도 굴하지 않고 버티고 버틴 결과 90년대 초반 드디어 신호등이 설치된 것이다. 동명백화점 앞에 신호등이 생길 때만 해도 8만 서귀포 시민이 하나가 되어 '드디어 서귀포에도 신호등이 생겼다!'라며 기뻐했었다. 집 없는 설움은 참아도 신호등 없는 설움은 겪어보지 않으면 모르는 일이다. '드디어 우리도 신호등 있는 곳에서 사는구나!'라던 찰나, 그 기쁨도 잠시, 신호등이 어느 날 시나브로 사라져 버렸다. 이유가 가관이다. 현명하고, 지혜롭고, 슬기롭기까지 해서 위대하신 서귀포 시민들께서 철거를 요구했다. '불편하다고! 무슨 서귀포에 신호등이냐고!' 그야말로 '현타' 아닌가!

지금은 가는 곳곳마다 신호등이 있지만, 90년대 중반 최초의 신호등이 서귀포 동명백화점 앞에 설치되었을 때 촌극은

동명백화점 앞 건널목 서귀포 시내 최초의 신호등이 있던 자리다. 신호등이 설치된 지 얼마 지나지 않아 주민들이 불편함을 호소해서 곧 철거되었다.

여태 인구에 회자되고 있다.

한편, 당하고만 있을 서귀포것들이 아니었다. '정공법'에는 '기만법'으로 반격해야 한다. 슬기롭고 지혜로운 서귀포 시민 아니던가! 시에것들의 허를 찔렀다.

"백화점도 어신 것들이."

시에것들은 어처구니가 없었다. 그렇지만 힘세고 덩치 큰 사람일수록 기만전술에 쉽게 무너지는 법이었다. 반격도 어설프다.

"서귀포엔 백화점 있나?" "신호등도 어신(없는) 것들이 백화점 좋아하네!"

"이서(있어)! 동명백화점! 왕 봥 고라(와서 보고 이야기해)!"

시에것들은 제주시에 없는 백화점이 서귀포에 있다는 사실을 부정부터 했다. 그러나 그들은 반박할 수가 없었다. 있는지 없는지 와봤어야 말을 하지. 시에것들은 서귀포는 우범지대라 생각하며 오지 않았으므로 동명백화점이 어떤 백화점인지, 어디 있는지, 규모는 얼마나 되는지, 무엇을 파는지 알수가 없었다.

서귀포것들의 공격이 이어졌다. 동명백화점에 대해 장황하게 설명하면 그럴듯하게 들렸기 때문에 시엣것들은 반박할수가 없었다.

"동명백화점'에 가면 TV도 팔고, 게임기도 팔고, 사람들많아서 복잡하고, 제일 비싼 땅이고, 옆에는 시장도 있고, 번화가 한복판이고, 신호등도 그 앞에 있고….

사실 제주시에는 동명백화점보다 훨씬 큰 쇼핑 건물이 많았다. 지금도 많이 있고, 그때도 많았다. 그러나 '백화점'이라는 타이틀은 단 쇼핑몰이 없었을 뿐이었다. 크면 뭐 하나? 백화점이 아닌데.

서귀포 상권의 심장

동명백화점은 1975년에 지하 1층, 지상 3층, 총면적 2,532m^2

180

규모로 개장했다. 당시만 해도 서귀포에서 가장 큰 건물이었고, 가장 번화한 거리에 들어선 '쇼핑단지'였다. 금세 서귀포의 번화가를 상징하는 랜드마크로 자리매김했다. 서귀포에서 가장 지대가 비싼 땅을 조사해 발표하면 어김없이 동명백화점 앞 땅이 가장 비싸게 조사되었다. 최근까지도 이 일대의 지가가 가장 비싼 것으로 조사되고 있다. 그만큼 유동 인구가 많고 상가가 밀집된 번화한 거리라는 것을 방증하는 것이다.

동명백화점의 위치는 동문로터리와 초원사거리를 잇는 중정로의 중간 부근에 있다. 동문로터리에서 초원사거리까지의 중정로 양편에는 서귀포 구도심 상권의 바탕을 이루는 상가들이 줄지어 서 있다. 시민들이 애정하고 애용하던 쇼핑 거리가 이곳이다. 지금은 유통환경이 많이 변화해 이곳도 활기를 조금 잃었지만, 여전히 서귀포의 중심 상권은 중정로다.

동명백화점 입구 옆은 서귀포 매일올레시장의 남쪽 입구다. 지금은 공영주차장 쪽으로 차량이 진입하도록 입구를 만들어 놓았지만, 원래 서귀포 매일올레시장 입구는 도보로 출입하던 남쪽 입구였다. 동명백화점 후문으로도 시장으로 들어갈 수 있었다.

동명백화점 후문에는 서귀포의 '스카라 극장'이 있었다. '스카라 극장'도 80년대 생겼다가 IMF 때쯤 문을 닫았다. 규모

서귀포 매일올레시장 입구 서귀포 매일올레시장 입구 좌측에 동명백화점이 있다. 서귀포 매일올레시장으로 올레길이 지나고, 이 길은 이중섭거리로 이어진다.

는 작았지만 서귀포 최초로 1, 2관을 동시에 운영했던 극장이었다. 동명백화점 뒤편에 있었다.

동명백화점 앞을 지나는 길 중정로 한 블록 뒤는 서귀포의 대학가로 불리는 명동로가 지난다. 서귀포 매일올레시장 입구에서 명동로로 진입하는 길은 문화의 거리로 유명한 이중섭로다. 중정로, 명동로, 이중섭로는 서귀포에서 가장 젊음이 넘치는 거리라 할 수 있다. 이곳이 젊은 서귀포다.

동명백화점은 대도시에 있는 백화점과는 다른 백화점이었다. 대한민국 최남단 인구 8만 명 남짓의 소도시에 걸맞은 정감 있는 백화점이었다. 신세계나 롯데, 현대와 같은 고급 백화점에 비해 판매하는 재화의 수는 적었을지는 몰라도 서귀포 시민들에게 제주시에 없는 백화점이었다는 점 하나만으로 동명백화점은 그보다 더한 백화점 역할을 했다.

만남의 광장과 땅벌파

유동 인구가 많고 교통이 편리했던 동명백화점은 자연스레 만남의 장소 역할을 했다. 동명백화점 입구는 계단으로 되어 있었다. 앉아서 누구를 기다리기도 하고, 해와 비를 피해 잠시 쉬어갈 수도 있었다. 밤이 되더라도 백화점 안의 조명이 계단을 비추었기에 참 운치 있는 공간이었다. 계단 앞에는 공중전

명동로 명동로는 서귀포의 젊은이들이 자주 찾는 거리로, 주점, 카페, 식당들이 몰려 있다.

화 부스가 있어서 휴대폰 없던 시절 누군가를 기다리고, 누군가에 연락하던 참 낭만 있는 공간이었다.

또 서귀포 시민들에게 동명백화점 앞 계단은 굳이 따로 설명하지 않아도 누구나 다 아는 장소였다. 그냥 "동명백화점에서 보게" 말 한마디면 누구나 다 알아들었다. 약속이 쉬웠다.

동명백화점 앞은 또 다른 볼거리도 있었다.

일호광장의 구(舊) 시외버스터미널 자리(지금의 '알파문구' 자리)에 '땅벌제과'라는 빵집이 있었다. 이 빵집에서 '땅벌파'라는 폭력조직의 이름이 유래되었다. 땅벌파는 제주시의 '산지파('산지촌' 부근에서 결성되었다 하여 붙여진 이름)'와 '유탁파(유성탁구장에서 결성되었다고 하여 붙여진 이름)'와 함께 제주도 3대 폭력조직 중 하나로 꼽혔다. 특히 땅벌파 조직원들은 전국구로 활동하며 뉴스에 오르내렸다.

그런데 이들 땅벌파 조직원은 항상 저녁 6시가 되면 동명백화점 앞에 나타났다. 검은 양복을 입은 깍두기 형님들이 일렬로 줄을 서서 누군가를 기다렸고, 누군가가 나타나면 폴더급 꺾기 인사를 한 후 1~2분간의 교육을 듣고는 유유히 사라졌다. 그들만의 의식이 동명백화점 앞에서 벌어졌다. 아마 출근 점호가 아니었나 싶다. 아니면 버킹엄궁의 근위병처럼 그들도 동명백화점을 지켜주려고 나타났을지도 모를 일이다.

사실 그들이 거기서 의식을 했다고 해서, 이 번화한 거리가 무법천지였던 시절은 단 1초도 없었다. 그냥 그들만의 의식이 거기서 있었을 뿐이었고 사람들은 별 감흥을 느끼지 않고 지나쳤다.

그렇다고 그들이 항상 무섭지 않은 것은 아니었다. 땅벌파가 세력이 커져 세 개의 분파로 나뉘어 상호 간에 싸움으로 번진 적이 있었는데, 동명백화점 맞은편 옛 우생당 서점[현(現) 스포츠 매장] 앞에서 살인사건이 있었다.

한편 땅벌파를 전국구 폭력조직의 반열로 이끈 인물이 있었다. 땅벌파 두목 고(故) 서동철의 이야기다. 그는 땅벌파를 조직하고 여러 일탈을 하다 13년 넘게 '큰 집' 생활을 했다. 이 조직의 주요 활동무대가 동명백화점 일대였다.

그런데 그가 어느 날 갑자기 지하 조직 세계를 그만두고 지상으로 올라온다고 선언했다. 그의 누이 서명숙의 요청 때문이었다. 서명숙은 언론인으로 대한민국 최초의 시사주간지 여성 편집자로 활동하다 스페인 산티아고 길을 경험한 후 제주에 돌아와 올레길을 만들었다. 현재 '사단법인 제주올레' 이사장을 맡고 있다.

고(故) 서동철이 땅벌파 두목이던 시절 서명숙 이사장이 갑자기 고향 제주도로 내려와 제주올레길에 대한 구상을 이야기하면서 그에게 도움을 청했다고 한다. 그는 누나의 제안을 흔쾌히 수락했다. 평생 몸담았던 조직을 접고 '올레길 탐사대장' 직을 맡았다. 올레길 탐사대장은 올레길의 코스를 설계하고 개척하는 역할이다. 길이 없으면 가서 길을 내고, 사유지나 마을 복판을 지나야 하면 동네 이장님, 청년회장님 등 주민들을 설득해야 했다. 그와 탐사대원들은 사람들과 대면하고 설득하며 제주올레 코스를 개척해 냈다.

땅벌과 두목이 낸 올레길이 동명백화점을 지난다. 한때 그의 주 활동무대였던 이곳으로 올레길이 지난다. 그와 그의 누이의 삶의 무대였던 서귀리 솔동산을 가로지른다.

그가 올레길 개척에 도움을 주었다는 이유로 그의 전과 기록이나 조직 생활이 미화되어서는 안 되겠지만, 파란만장했던 그의 인생의 마지막이 범법과 일탈이 아닌 세상을 이롭게 했음은 분명히 인구에 회자할 것이다.

동명백화점의 미래

동명백화점의 화려했던 시절은 IMF를 지나며 내리막을 걷고 있었다. 2000년대 초반부터 건물 소유주가 여러 차례 바뀌기 시작했다. 그 무렵부터 동명백화점의 매출은 더 이상 늘지 않았다. 점포도 하나둘씩 비워가기 시작하면서 어느 순간 동명백화점은 텅 빈 건물이 되었고, 2015년 국내 한 대기업으로 인수되어 레지던스 호텔로 운영될 것으로 알려졌으나, 지금은 유명 프렌차이즈 커피숍 등이 들어선 상가로 운영되고 있다.

동명백화점의 찬란했던 30여 년 영욕의 세월이 역사 속으로 사라진 것이다. 소도시의 작은 백화점이 새로운 유통환경의 변화를 넘기에는 중과부적이었다. 그러나 동명백화점은 여전히 시민들의 마음속에 추억으로 남아 있다.

바람이 있다면 앞으로도 동명백화점이 시민들의 만남의 광장 역할을 할 수 있었으면 좋겠다. 그리한다면 우리 서귀포 시민들은 다시 그곳을 사랑하리라. 멋쟁이 서귀포 시민들이 시엣것들이 무시하지 못하도록 자존심을 세워 준 동명백화점을 잊기야 하겠는가?

구(舊) 동명백화점 과거 동명백화점 입구 계단은 서귀포 시민들의 만남의 광장 역할을 했다. 리모델링 후에도 그 계단이 남아 있다.

11

솜반천
천지연의 원류, 추억의 냇가

우리는 어떤 장면을 보고 시간의 흐름을 떠올리고는 한다. 대표적으로 24절기가 그렇게 설계되어 있다. 개구리가 깨어나는 '경칩', 이슬이 맺힌다는 '한로' 등 머릿속에 연상되는 이미지가 우리의 시간 감각을 돕는 역할을 한다. 일상에서도 사례는 있다. 어머니가 깨어나면 5시, 배가 고프면 7시, 아버지가 돌아오시면 10시 뭐 이런 식이다.

서귀포에서는 이런 특정 이미지가 주는 시간적 흐름에 대한 연상작용이 아주 정감있게 나타난다. 동백꽃이 올레를 붉게 물들이면 3월이요, 유채가 돌담 사이를 노랗게 수 놓으면 4월이며, 음습한 담벼락 밑에 '산탈(산딸기)'이 열리면 5월이고, 서귀여중 울타리(現 제주권역재활병원 자리) 위로 노란 비파가 익으면 6월이고, 6월이면 어김없이 순백의 치자가 피었고, 치자는 곧 장맛비를 알리는 신호였다.

서귀포의 장마만큼 고루하고 허당스러운 게 없다. 장마는 기세등등하게 등장하지만 언제나 한라산을 넘지 못하고 지루하게 농성했다. 비는 보통 6월 중순에 시작해 7월 초순에야 끝이 났다. 한라산이 쉽게 길을 내어주지 않았다.

솜반천의 아이들

장마가 물러가면 아이들이 솜반천에 등장했다. 어김없이 등장했다. 그들은 한 치의 오차도 없었다. 마치 그들이 장마를 물리친 것처럼 거룩하게 장엄하게 나타났다.

아이들의 등장은 곧 여름의 시작을 알리는 신호탄이었다. 서홍교 다리 밑 도고리소, 얼음탕을 시작으로 아이들은 솜반천의 이곳저곳을 점령했었다. 종남소, 낙강소, 고냉이소 등도 모두 그들의 차지였다. 어른들은 서홍교 다리 밑으로 자연스레 밀려났지만, 돗자리를 펴고 물속에 수박을 담가 먹었다.

아이들은 솜반천의 맑고 깨끗한 물을 즐겼다. '맨들락(맨몸)'도 마다하지 않았고, '오믈락(발이 닿지 않는 높이)'도 문제가 되지 않았다. 솜반천 용천수에 몸이 얼고, 입술은 파르르 떨

190

리며, 살은 돋을무늬처럼 닭살이 돋았지만 물 밖으로 나오기를 꺼렸다.

어떤 친구들은 신기에 가까운 능력으로 송사리를 잡았다. 빈 페트병에 송사리가 가득했는데, 물보다 송사리가 더 많아 페트병이 검게 보였다. 90년대 초만 해도 솜반천엔 송사리가 참 많았고 크기도 지금보다 훨씬 컸다.

여름이 깊어져 갈수록 아이들은 점차 검게 그을려갔다. 방학 동안 온종일 그리고 매일 솜반천에서 놀다 보면 피부가 새까맣게 변했는데 피부가 까만 애들을 '촌놈병'에 걸렸다고 했

솜반천 서홍교 밑 솜반천. 연외천(서홍천)과 호근천이 만나는 지점이다. 택시를 타고 '솜반천 가주세요'라고 하면 서홍교 밑으로 안내해준다. 여기가 아이들의 물놀이 장소다.

아이들의 놀이터 지금도 솜반천은 아이들의 물놀이터다.

다. 대개 솜반천의 아이들은 촌놈병 환자였다. 이 병은 2주 정도 격리로는 치유할 수 없고, 수개월 이상 햇빛을 보지 않아야 원래 피부로 돌아올 수 있었다. 물론 완치 사례는 없었다. 그럼에도 솜반천의 아이들을 걱정하는 선생님이나 부모들은 아무도 없었는데, 아이들이 피부가 좀 검을 뿐 건강했고, 맑고 순수한 영혼을 갖고 있기 때문이었다.

천지연 발원지, 고냉이소

'소'는 순우리말로 '바닥이 깊게 패어 물이 많이 고여 있는 웅덩이'란 뜻이며, 고냉이는 고양이를 일컫는 제주어다. 고냉이소는 고냉이 울음소리가 들리는 소란 뜻이다. 전에 어른들은 고냉이소에 가면 고냉이가 많다고 말을 했다.

아이들에게는 겁을 주면 안 된다. 고냉이소에 가보기 전에는 가길 꺼렸다. 가면 거대한 왕고냉이가 나타나 꼭 물속에 빠진 나를 물고갈 것만 같았다. 10살 때 처음으로 동네 친구들과 고냉이소에 입문했는데 고양이는커녕 촌놈병 걸린 동네 형들만 넘쳐났다. 고냉이소에는 고냉이가 살지 않는다. 겁먹지 말자.

솜반천의 고냉이소가 특별한 이유가 있다.

첫째는 물이다. 보통 택시를 타고 "솜반천 가주세요"라고 하면 서홍교 밑으로 데려다주는데 서홍교 밑은 어린이들이 물놀이하는 곳이다. 물놀이하는 곳에서 상류 방향으로 거슬러 오르면 고냉이소가 나오는데, 여기가 솜반천의 원류가 되는 곳이다. 그리고 솜반천은 지류인 호근천과 합쳐지고, 하논으로부터 다시 물을 공급받아 계곡으로 흘러 천지연 폭포수가 되어 바다로 흐르는데 천지연 물줄기의 시작점이 바로 고냉이소인 셈이다.

제주의 하천은 대부분 건천이다. 그래서 지도를 보면 솜반천이란 이름은 없고 연외천으로 표기된다. 연외천은 전체 하천 이름으로 솜반천은 물이 있는 부분을 말한다. 고로 솜반천의 시작은 고냉이소이고 끝은 천지연이다.

고냉이소 큰비 후 고냉이소는 만수(滿水)를 이루고 폭포가 생긴다.

지장샘에서 천지연까지

솜반천은 경관이 수려하고 물이 맑고 풍부해서 예부터 서귀포의 대표적인 하천으로 기록되고 있다. 조선시대 지리서인『신증동국여지승람』에서도 '홍롯내'로 기록되어 있고, 조선시대 제주의 대표적인 지명을 묘사한 작품인 〈제주십경도〉, 〈제주십이경도〉에서도 천지연폭포와 그 상류인 솜반천은 등장한다.

솜반천은 본래 선반내, 솟밭내, 선반천 등의 이름으로 불리다 2003년 공원화 사업이 시작되면서 솜반천이라는 이름으로 통일되었다.

사실 솜반천은 연외천 일부이며 연외천은 서귀포의 가장 오래된 마을 '홍리(지금의 서홍동)' 인근에서 발원하는데 홍리마을에 '지장(智藏)샘'이란 용천수가 있다. 지장샘은 '지혜가 감추어진 샘물'이란 뜻으로 지장샘을 지키는 신령이 제주의 정기를 끊고 돌아오라는 송나라 황제의 명을 받고 온 지관 '호종단(고종달)'을 속여 수맥을 끊지 못하게 했다는 전설이 내려온다.

지장샘에서 고냉이소를 거처 서홍교에 이른 솜반천은 지류인 호근천과 만나 수량을 풍부하게 한 후, 하논 방향으로 흐른다. 서홍교 건너편에는 걸매생태공원이 있다. 걸매생태공원은 2003년 솜반천의 공원화 사업에 따라 강변 약 16,000m^2 규모로 조성되었다. 산책로와 스포츠시설 등이 조성되어 있다.

걸매생태공원을 지난 솜반천은 서귀교를 지나 남쪽으로 흐른다. 서귀교를 지나면 칠십리공원이 있다. 칠십리공원은 갖가지 예술작품들과 산책로, 근린생활시설 등이 조성되어 있어 시민들의 사랑을 받는 곳이다. 또한 서귀포시에서 조성한 '하영올레길'과 천지연계곡과 기당미술관으로 이어지는 '작가의 산책길'이 이곳을 지난다. 작가의 산책길은 이중섭거리, 소암기념관, 자구리해안까지 이어진다.

서귀포 칠십리공원을 지나면서 하논으로부터 물줄기를 추

가로 공급받은 솜반천은 종착역인 천지연폭포에 이른다. 천지연폭포 주변에는 담팥수가 자생하고 있는데, 담팥수는 내한성이 약해 내륙지방에서는 생육되지 않고, 암수가 한 꽃으로 피는 꽃으로 천지연계곡을 울창하게 덮고 있다. 담팥수 자체는 천연기념물 163호로, 천지연계곡은 전체가 천연기념물 379호로 지정되어 보호받고 있다.

서귀포 시민들이 복 받은 이유를 더 대야 하는가? 이쯤이면 되지 않겠나?

칠십리공원에서 본 삼매봉 솜반천을 따라 걸매생태공원과 서귀포 칠십리공원이 조성되어 있다. 칠십리공원은 하영올레길과 작가의 산책길이 지나는 곳으로 서귀포의 정취를 느껴볼 수 있는 곳이다.

천지연계곡과 담팔수 천지연계곡은 담팔수 자생지로 알려져 있다.

12

천제연계곡

중문 사람들의 혼이 담긴 천제의 연못

천지연(天地淵), 정방연(正方淵), 그리고 천제연(天帝淵)을 제주의 3대 폭포라 한다. 천지연은 유네스코 세계자연유산으로, 정방폭포는 국가 명승지이자 영주 10경으로 잘 알려진 곳이다. 천제연도 이에 못지않은 비경을 자랑한다. 천제연은 언제 보아도 가히 상상을 뛰어넘는 모습을 간직하고 있다. 경관과 식생, 그리고 역사 어느 것 하나 빠지지 않는 중문 사람들의 이야기가 천제연에서 살아 숨 쉬고 있다.

하늘의 못

제주에서 가장 젊은 오름, 돌오름 인근에서 발원한 색달천은 한라산 남서쪽 중산간 벌판을 달려 중문교 상류까지 내려온다. 한편 색달천이 지나는 녹하지악(레이크힐스 골프장) 반대편에서 중문천이 발원해서 중문교 방면으로 향하는데, 이 두 하천은 중문교 인근에서 하나가 되어 중문마을을 우회하며 내려온다.

중문마을을 돌아내려 온 이 건천은 천제교를 지나며 기암절벽을 만나 22m를 떨어지는데, 이곳부터 건천의 모습은 사라지고 지극한 아름다움이 시작된다. 바로 이곳이 '천제연(天帝淵)'이라 불리는 곳이다.

천제연은 '천제(天帝)의 연못(淵)'이란 뜻이다. 즉, 인간의 못이 아니라 하늘의 못이란 뜻이다. 연못에 붙는 이름치고 너무 거창한 이름이 아닌가 생각할 수도 있지만, 천제연을 보는 순간 '아, 인간이 품을 수 있는 아름다움의 한계를 넘어섰다!'라는 생각이 절로 들 것이다. 이 아름다움 때문에 천제연은 8km가 넘는 계곡 전체를 대표하는 이름이 되었다. 천제연이 곧 연못이며, 폭포이기도 하고, 계곡 전체를 이르는 이름이다.

수심 21m의 연못과 높이 22m의 병풍과 같은 주상절리대 절벽이 만나는 이곳은 옥황상제를 모시는 칠선녀들이 밤이 되면 구름을 타고, 피리를 불며 내려와 목욕하고 올라갔다는 전설을 갖고 있다.

천제연의 물은 너무나 깨끗한 나머지 영롱한 옥색을 띤다.
깨끗한 물은 주변 풍경을 그대로 반사해서 절벽이 마치 물속
깊은 곳까지 이어지는 듯하다. 계곡의 깊숙함은 바람마저 멈
추어 세우니 거울 같은 연못의 수면은 조금의 움직임도 없이
고요하다. 이러고서 어찌 사람의 연못일 수 있겠는가?

사실 천제연폭포는 한 개의 폭포가 아니다. 천제연계곡에
는 총 3개의 폭포가 있는데, 이 모두를 총칭하여 '천제연폭포'
라 한다. 이 중 가장 상류에 있는 폭포가 '제1폭포'이며 '천제
연(天帝淵)'이 있는 곳이다.

중문천도 천제연으로 말미암아 풍부한 수량을 자랑하는
하천이 되는데, 천제연계곡은 이 주변에 실핏줄처럼 퍼져있

천제연

는 지하 하천의 물을 스펀지처럼 빨아들인다. 천제연은 이 계곡에서 사시사철 샘 솟는 용천수로 만들어진 작은 호수다. 여기서부터 중문천은 생명력을 얻어 계곡을 흘러 제2폭포로, 그리고 제3폭포를 만들어낸다. 제1폭포에서 약 500m 하류에 제2폭포가 있고, 제2폭포에서 다시 1km쯤 하류에 제3폭포가 있다.

제1폭포는 비가 온 뒤에만 생기지만, 제2폭포는 마르는 일이 없으며, 제3폭포는 그야말로 '콸콸콸'이다. 제1폭포에서 제3폭포에 이르는 길은 공원으로 잘 조성되어 있으며, 울창한 난대림 숲과 하천을 거닐며 여유로움을 즐길 수 있다.

제주도는 다양한 기후대가 분포해서 독특한 식생대가 형성되어 있어 생물종 다양성이 높은 섬이다. 저지대에는 비자

천제연 제2폭포(위), 제3폭포(아래) 천제연 제1폭포는 비가 내릴 때만 생긴다. 제2폭포와 제3폭포는 연중 물이 흐른다.

나무, 동백나무와 같은 상록활엽수림이 분포하며, 약간 높이 올라가면 서어나무, 졸참나무, 왕벚나무 자생지와 같은 낙엽 활엽수림대와 구상나무와 같은 침엽수림대가 나타난다.

특히 해발 약 200m 이하 지역에서는 천연기념물, 곶자왈 등의 상록수 활엽수림이 남아 있는데, 특이하게 서귀포지역의 해발 약 600m 이하의 하천 사면과 그 주변에 상록활엽수림이 분포하고 있다. 특히 돈내코계곡, 천지연과 천제연계곡은 상록활엽수림이 잘 보존된 지역 중 하나로 녹나무과와 상록성 참나무과 식물이 있으며, 천제연계곡의 난대림은 천연기념물 제378호로 지정되어 보호되고 있다.

선녀다리는 유료 다리

천제연계곡을 상징하는 아름답고 웅장한 건축물이 있다. 바로 '선녀다리(선임교 또는 칠선녀다리)'다. 공식 명칭은 선임교이지만, 제주 남쪽에서는 선녀다리라 불렀다. 선녀다리는 국내 최초의 아치형 오작교 형태의 철교로, 길이 128m, 폭 4m, 높이 50m에 이르는 제주에서는 보기 드문 초대형 다리다. 다리라고 하기보다 하나의 건축 예술품에 가깝다.

다리의 측면에는 악기를 연주하며 구름 사이로 노니는 칠선녀의 모습이 새겨져 있다. 하나의 선녀 조각이 무려 약

20m에 이른다. 좌·우측 모두에 칠선녀들이 새겨져 있으니 총 14명의 조각이 있는 것이다. 천제연 제2폭포와 제3폭포 사이에 있는 계곡의 동과 서를 잇는 역할을 한다. 이 다리 위에서 보면 천제연계곡과 울창한 난대림을 조망할 수 있다.

선녀다리는 정부의 중문단지 2차 개발계획에 포함되어 있었다. 1차 계획이 1981년까지 마무리짓는 것이었고, 2차 계획은 1982년부터 1985년까지 개발계획을 담은 것이었다. 그런데 1980년 11월 5일 당시 대통령이었던 전두환 씨가 중문단지를 둘러보다 조기에 집행하라는 한 마디에 1단계 사업이 되고 말았다.

불과 3주 뒤 선녀다리 건설을 위한 입찰공고와 현장 설명회가 개최되었다. 그리고 17일 후 공사계약이 체결되고, 12월 15일에 착공된다. 날림으로 시작된 사업착수가 공사의 끝을 예견하지 않았나 싶다.

여러 차례의 설계변경을 거치고, 인허가 과정에서의 문제점들을 하나하나 해결해 나가던 차에 준공을 목전에 두고 드디어 사고가 터지고야 말았다. 1981년 12월 17일 쇠밧줄의 연결 쇠가 부러지면서 초고속으로 만들어온 선녀다리 동체가 50여 미터의 계곡 밑으로 사라져 버렸다. 선녀다리 동체와 함께 11명의 인부도 천제연계곡 밑으로 추락했다.

선임교 서귀포 사람들은 선녀다리라 불렀고. 선녀다리의 선녀들을 보기 위해 많은 대가를 치러야 했다.

　　선녀다리는 그 대가로 만들어진 것이다. 시공사는 사고 후에 애초 현수교였던 설계를 아치형으로 변경했다. 인부들의 값비싼 대가를 치르고서야 선녀다리는 개통되었다.

　　선녀다리가 개통된 1980년대 중후반에 버스를 타고 중문 근처를 지나면 어른들이 꼭 창밖을 보며 "선녀다리 봐라" "선녀다리 보인다"라고 했다. 그러면 우리도 '우와'하며 맞장구를 쳤다. 버스에서 선녀다리는 아주 잠깐 보였다. '우와'하는 순간 지나갔다. 선녀다리를 조금이라도 더 보려면 미리 창 쪽에 시선을 고정하고 예의주시해야 했다. 순식간에 '와'하고 지나가는 순간 꼭 어른들은 한 마디씩 덧붙이셨다.

"저거허젠 허난 사름덜 하영 죽었져(저거 하려고 사람들 많이 죽었지)."

천제연계곡에 입장하려면 입장료를 낸다. 1984년 선녀다리 개통 당시에는 제주도민도 500원의 입장료를 받았다. 지금은 제주도민과 그 가족에게는 무료이고, 관광객들은 성인 기준 2,500원의 입장료를 받는다. 선녀다리를 오를 때 비싸다고 생각하면 안 된다. 11명 목숨값이 그 정도는 해야 하지 않겠나?

대정사람 채구석

제주도는 강은 물론이고 수량이 풍부한 하천이 없어 논농사를 지을 수 있는 지역이 많지 않았다. 물론 하천도 문제였고, 땅도 문제였다. 비가 내리면 물은 땅으로 스미어버리는 돌무더기 땅이었다.

중문마을도 제주의 여느 마을과 마찬가지로 척박한 땅을 갖고 있었다. 그런데 지금으로부터 무려 100여 년 전 천제연계곡물을 보며 '저 물을 끌어다 쌀농사를 지을 수는 없을까?'라고 생각하고 그것을 실천에 옮긴 사람이 있었다.

조선과 대한제국에서 제주 판관(지금의 행정시장 또는 부지사)과 대정 군수를 지낸 채구석(蔡龜錫, 1850~1920)이 그 주인

206

공이다. 채구석은 제주 한림 출신으로 24세에 진사시에 합격했고 43세부터 2년간 제주 판관을 지냈다. 제주 판관 후에 대정 군수로 부임했으나, 1901년 '이재수의 난'이 발생하자, 민군과 천주교 사이에서 사태를 수습하려고 노력하다 봉세관(封稅官) 강봉헌(姜鳳憲)으로부터 난의 주동자라 무고당해 파직당하고 3년간 구금 생활을 해야 했다. 그러나 그는 무죄로 판명되고 구금에서 풀려났다.

채구석이 제주 판관으로 재직하던 시절, 그는 구좌읍 종달리와 하도리 경계의 광활한 갯벌을 논으로 바꾸겠다고 생각했다. 무려 22만 평에 달하는 광활한 갯벌에 둑을 쌓아 논을 만들고자 했다. 결국 해수가 땅 밑에서 솟으면서 실패로 돌아갔지만, 그 시도만큼은 평가받아야 했다. 그리고 결국 그의 아이디어는 결실을 보았다. 1957년부터 12년간 대대적인 간척 공사가 진행되어, 이곳에 수답이 만들어졌다. 종달리 사람들은 이 수답을 보며 '대정놈의 소'라며, 대정사람 채구석을 기억했다.

한편 채구석은 구금에서 풀려난 후 중문으로 이주했다. 그는 천제연계곡의 맑은 물과 넓은 중문 벌판을 보며 만인을 이롭게 할 생각을 했다. 역시 목민관이었다. 오랜 현장답사를 거치고 천제연계곡에서 토지 신에게 정성스럽게 토신제를 지냈다. 그때가 1907년이다.

채구석에 의해 1차 관개수로 공사가 시작되었다. 천제연 제1폭포에서 배릿내오름(성천봉)을 돌아 동쪽으로 뻗어 제주 국제평화센터 앞까지 이르는 총장 1.89km, 공사 기간만 3년 에 이르는 대공사였다. 이 공사로 5만여 평의 땅이 논으로 바 뀌는 엄청난 결실을 얻어낸다.

1907년을 상상해보자. 도구라고는 망치, 정, 골켕이(호미) 정도였을 것 아닌가? 암반 지대 구간이 무려 156m에, 지형에 따라 수로의 너비가 2m에 이르고, 깊이는 0.5m에서 최대 3m 까지 이르는 대공사를 어떻게 수행했을까?

우선 바위에 망치질해서 구멍을 냈다. 그 위에 불을 피웠 다. 바위가 뜨거워지면 준비해둔 찬물을 넣었다. 급격한 온도 차에 의해 바위에 금이 갔다. 이집트 피라미드 건축에 쓰이던

화폭목 창구목 구간과 함께 웃골 수로공사 중 가장 험난했다고 전해지는 구간이 화폭목 구 간이다. 당시 중문 사람들의 지혜로 척박한 자연환경을 개척한 상징적 사례다. (사진 출처: 제 주특별자치도, 『서귀포 천제연 관개수로 기록화조사보고서』, 2019.)

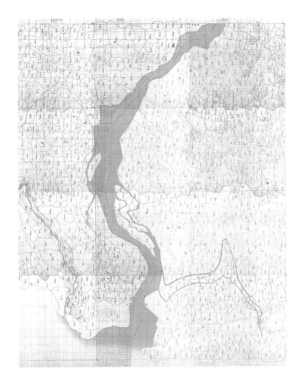

중문리 원도 1914년 조선총독부 임시토지조사국에서 생산한 전라남도 좌면 중문리 원도. 중문천에서 우측으로 빠져나오는 물길이 천제연 관개수로의 1, 2차 공사 추정 구간이다. (사진 출처: 지적아카이브 『서귀포 천제연 관개수로 기록화조사보고서』 재인용)

'바위 자르기 공법'이다. 소주 원액도 발파의 도구로 사용되었다. 바위 틈새에 소주 원액을 붓고 장작불을 집어넣어 폭파했다. 그렇게 하루에 2.6m씩 앞으로 나아갔다. 중문 사람들의 지혜와 인내를 엿볼 수 있는 대목이다.

그들은 여기에서 멈추지 않았다. 1917년 '알골(또는 알소)', 지금의 제2폭포에도 물길을 내어 더 넓은 땅을 개간하고자 했다. 총장이 천제연 제2폭포에서 지금의 제주국제컨벤션센터까지 약 1.42km에 이르렀다. 제2차 관개수로 공사는 1923년까지 무려 7년간이나 계속되었다. 그리고 그 결실로 2만여 평의 옥토가 중문 사람들에게 돌아갔다.

이렇게 개척한 수답에서 쌀이 생산되면서 중문은 강정마을과 더불어 제주도 최대의 벼 생산지로 발전했다. 그러나 아쉽게도 채구석은 공사 완공을 보지 못하고 세상을 떠나고 말았다.

1957년 대정 유림이 채구석의 업적을 기리기 위해 천제연계곡에 그의 공적을 기리는 '통정대부대정군수 채구석기적비(通政大夫大靜郡守 蔡龜錫紀蹟碑)'가 세워졌고, 2003년에도 그의 공적을 기리는 '성천답 관개유적비(星川畓 灌漑遺跡碑)'도 세워졌다. 1957년 공적비에는 이렇게 쓰여있다.

"대정현 천제연폭포는 중문천이 흘러 영소(靈沼)를 이루었다. (중략) 만약 관개에 이용된다면 만인을 살릴 수가 있는데 그 방도가 없겠는가를 궁리했다. 비록 물 있는 곳이 낭떠러지가 되어 물 끌기가 매우 어려웠지만 지세를 잘 이용해서 바위를 뚫고 한 줄기 물길을 열어 놓았다. 이 물이 성천봉 아

래 2~3리까지 끌어당겨 5만여 평의 땅을 수전(水田)으로 개간
했다."

맹자에는 이런 말이 나온다. 백성들이 어진 자에게로 귀속
하는 것은 마치 물이 아래로 흘러가고 짐승들이 들판으로 치
달리는 것과 같다.

제주인의 기개를 드높인 채구석. 그는 중문 사람이다.

그 논은 어디에?

채구석과 중문 현인들이 일군 논은 1, 2차 공사를 합해 약 7만
여 평에 이른다. 그런데 그 수만평 규모의 논은 지금 어디에
있으며 어떤 모습을 하고 있을까?

1975년 「관광기본법」과 「관광사업법」이 제정됐다. 그리고
정부는 1977년 '중문단지종합개발 기본계획'을 수립한다. 이
를 바탕으로 중문에 대규모 관광단지가 조성되게 되는데, 사
업대상지는 중문면 색달리 일대 165만m²의 땅이었다. 당초
1단계 사업(1978~1980)과 2단계 사업(1981~1985)으로 나누
어 각각 82.5만m²씩 개발하기로 했다가, 1978년 사업대상지
를 대포리 일대까지 크게 확대하였는데, 기존 165만m²에서
330만m²로 2배 규모로 확대되었다.

1978년 남제주군의 조사에 따르면 매입 대상지 대부분은

유채밭이었으나, 대포리 일대 115.5만m²중 매입 대상인 사유지 108.9만m²의 82.3%가 논농사 중심의 농경지였다고 한다. 채구석 등 중문사람들의 노력으로 약 70년 넘게 경작되던 농경지 대부분 사업 대상지가 된 것이다.

1978년 중문단지 개발을 위한 토지매입이 시작됐다. 협의수용이 원칙이지었만 협의가 안되면 강제수용 방법이 동원되었다. 토지 매입 초반에는 강제수용되는 사례가 많았다. 강제수용되는 사람들은 토지 가격을 문제삼았다. 관광단지 조성이 알려지며 주변 지역은 땅값이 폭등했는데, 보상은 시세의 1/10도 안되는 가격이었다고 주장했다. 토지매입과 관련된 마찰은 10년 넘게 지속되었다.

매년 수백만 명이 찾는 관광단지 조성을 위해 중문 주민들은 그들의 선조들의 지혜와 노력으로 일구어 낸 논밭을 내놓아야 했다. 우리는 이를 기억해야 한다. 이제 그 땅은 중문 사람들의 것이 아니라 대한민국, 아니 전 세계인의 공유물이 되었다. 이 큰 명분과 대의를 부정할 자 어디 있으랴?! 다만 그 이면에 감추어진 중문 사람들의 노력과 희생은 반드시 기억되어야 한다. 중문관광단지가 생겨난 지 40여 년이 지나가고 있다. 400년이 흘러도 중문 사람들의 값된 희생이 헛되지 않도록 우리는 기록하고 기억해야 할 것이다.

중문의 현인들

사실 천제연에는 3개의 관개수로가 있다. 채구석이 중심이 되어 일군 천제연계곡 동쪽의 웃골(윗골)과 알골(아랫골), 그리고 서쪽에 섯골이란 관개수로가 있다. 섯골은 대정군수를 지낸 송경연이 주도하여 만들어진 것으로, 채구석의 웃골, 아랫골 수로공사보다 20년이나 앞선 1883년부터 1887년까지 만들어진 것이다.

본래 섯골 공사는 색달리 출신의 김천총이라는 인물이 시작을 했다. 그런데 자금 부족으로 공사를 완공하지 못하자 대정군수를 지낸 송경연 선생이 이를 이어받아 공사를 마무리하였다고 전해진다.

비록 이 섯골 수로가 웃골과 알골 수로공사에 비해 후대에 알려지지는 않았지만, 웃골 공사보다 무려 약20여 년 먼저 암반을 뚫는 공법이 도입된 큰 공사였고, 이 공사가 훗날 채구석과 중문 사람들에게 웃골, 알골 공사에 영향을 미친 것이다.

그러나 지금은 섯골 수로의 흔적이 거의 남아 있지 않고, 김천총 선생이나 송경연 선생에 대한 사료가 남아 있지 않는 것이 아쉬운 대목이다.

중문사람들에게는 이미 암반 공사에 대한 지식과 경험, 노하우가 있었다. 그런데 마침 채구석이라는 걸출한 인물을 보고 채구석에게 공사를 권유하고 자금을 댄 것 아닌가? 그들은 이미 알고 있었다. 조용히 때를 기다리다 이 사업을 맡길 만한 인물이 나오자, 그로 하여금 대업을 잇게 한 것이다. 채구석에게 이 공사를 강하게 권유한 인물이 중문 출신의 한학자이자 교육인인 이재교 선생이다. 이재교 선생은 1909년 중문에 최초의 신식학교를 설립했던 분이다.

참, 중문사람들 대단하다. 채구석, 이재교, 김천총, 송경연 등을 배출한 중문. 여기가 바로 서귀포 중문이다.

13

법환 최영로
역사를 알면 아름다움이 더해지는 해안

뤼크 베송 감독의 명화 〈레옹〉의 첫 대사는 이렇게 시작한다.

"I like this clam just little moment, before the storm(나
는 폭풍 전 이 짧은 고요함이 좋아)."

올레 7코스가 지나는 법환동 해안도로(최영로)에 서면 떠오
르는 대사다. 그 옛날 최영 장군의 칼 앞에 쓰러져간 목호(牧
胡)들의 혈염산하(血染山河)가 파란 바다와 맑은 하늘의 운치
와 극적인 대비를 이루며 마치 폭풍전야의 한가운데 서 있는
듯 강한 착각을 불러일으킨다. 탐라 시대의 종말을 초래한 그
역사적 사건의 배경이고도 어떻게 이렇게 아름답고 고요할 수
가 있는가?

또한 이곳은 대한민국에서 태풍의 소식을 가장 먼저 전하는 곳이다. 태풍이 북상할라치면 방송국 중계차가 앞다투어 법환포구로 달려온다. 20m 넘는 수직 절벽의 범섬을 잡아먹을 듯한 파도와 수평으로 흩뿌리는 비바람을 영상에 담을 수 있는 곳이다. 심지어 태풍 중계를 관광하러 오는 이들도 있다.

그래서 맑은 날 고요하기만 한 최영로는 더더욱 폭풍전야를 연상케 한다. 극적인 아름다움이 있는 곳 바로 서귀포 법환동 해안도로, 최영로다.

법환 최영로의 아침 해무가 연기처럼 피어오르며 운치를 더한다. 중앙에 있는 것이 삼매봉.

범섬(虎島) 법환 앞바다의 주인은 범섬이다. 먹이를 표적하며 노려보고 숨죽여 웅크려 있는 범을 닮았다 하여 붙여진 이름이다. 우리나라는 호랑이와 표범을 구분하지 않고 모두 범이라 했는데, 범은 인(仁)을 상징하며, 신중하지만 벼락같이 움직인다.

법환 앞바다와 최영로의 주인은 범섬이다. 범섬의 깎아지는 주상절리는 제주 바다의 모진 풍파와 대비되어 쪼는 듯하고, 깎은 듯하며, 연마한 듯한 군자의 기개를 닮았다.

범섬에 얽힌 수많은 이야기들이 전해진다. 이곳에 서린 이야기들을 알지 못하면 최영로의 참맛을 알 수 없다. 이곳을 감상하고 있는 이라면 응당 범섬이 간직한 이야기들을 알아야 한다. 폭풍전야의 아름다움을 아는 일은 쉬운 일이 아니다. 이것이 바로 서귀포 시민권의 값어치 아니겠는가!

탐라인의 시선

1273년 여몽 연합군이 항파두성에서 삼별초를 궤멸시키고 제주를 점령한 것은 다름 아닌 몽골군이었다. 몽골은 바로 탐라국 초토사를 설치하여 황제 직할령으로서 집적 통치를 시작한다. 무려 100년간에 걸친 몽골 식민지 시대의 막이 오른 것이다.

몽골이 제주에 가장 먼저 한 일은 몽골의 말 160필을 성산읍 수산리에 가져와 몽골식 목장을 만든 것이다. 이는 원제국이 직접 운영하는 14개 국영 목장 중 하나로 고려말에는 약 3만 필에 달하는 말이 사육될 정도로 목축의 규모가 커지고, 목축산업으로까지 발전하게 되었다.

1368년 주원장의 명나라가 수도 베이징을 공격해 원나라를 북방으로 쫓아내는 사건이 발생했다. 원나라가 실질적으로 망한 것이다. 고려는 원나라가 패망한 직후인 1369년 제주를 수복하기 위해 100척의 군함을 동원했다. 100여 년 전 삼별초 군을 토벌하러 파견된 군함이 160척(12,000명)이었으니, 100척의 군함이면 약 7~8천 명의 군대가 동원된 셈이다. 그러나 이 군대는 어처구니없게도 제주에 잔류하던 1,400~1,700명 정도의 몽골 군사들에 의해 퇴각당하고 만다.

이에 더해 명나라는 고려에게 원나라의 국영 목장에 대한 소유권을 주장했다. 1374년 말 2천 필을 요구한 것이다. 고려는 어쩔 수 없이 제주도에 관리를 파견하여 말을 요구하였으나 얻어간 것은 겨우 300필이었다. 고려 체면이 말때문에 말이 아니었다.

고려는 명나라에게 문책당하며 침공당하느니 차라리 제주도 정벌을 선택한다. 공민왕은 고려 최고의 군사 지도자였던 최영 장군에게 정예병 25,605명 대군과 병선 314척을 이끌고 제주로 출병하라는 명령을 내린다.

목호(牧胡)란 '목축(牧畜)하는 오랑캐(胡)'란 뜻으로 제주에 있는 몽골의 잔당들을 의미한다. 그런데 과연 목호들이 몽골의 잔당만을 의미했을까? 제주에 주둔한 것이 100년이 넘었다. 몽골군인 1,400~1,700명의 규모는 『고려사』에 나오는 제주 인구, 약 1만 명의 13~16% 수준이다. 인구 8~9명 중 한 명은 몽골 군인이었으니 당연히 100년이 넘는 기간에 이들은 제주 사회에 뿌리를 내렸을 것이다.

또한 목호들이 지배하기 직전 고려의 반란군이었던 삼별초 군이 제주를 2년간 다스렸을 때와 비교해보자. 아직도 애월의 항파두성에서 전해 내려오는 이야기가 있다. 삼별초 군인들이 성벽 공사에 주민들을 동원했고, 주민들은 너무나도 굶주려 인분조차 다투어 먹었다. 삼별초 군벌들은 주민들을 동원해 향파두성을 짓고, 환해장성을 개·증축했다. 환해장성은 제주도 해안을 따라 축조된 120km의 대 성곽 아닌가? 삼별초의 목적은 대몽항쟁이었음이 분명했지만, 그것을 위해 민초들의 삶은 도외시되었다.

탐라가 고려에 복속되면서 생겨난 최초의 일이 무엇이었을까? 그것은 민란이었다. 이른바 '양수의 난(1168년)'이다. 고려가 제주에 관리를 파견한 지 불과 10년 만에 탐관오리 수탈이 지속되자 양수가 제주 수령을 축출한 사건이다. 양수의 난 이후에도 10여 차례의 민란이 같은 이유로 반복되었다. 탐라인들에게 고려 정부는 이도 저도 아닌 외세였다.

탐라의 입장에서 삼별초의 군벌이나, 몽골의 군인들이나,

고려의 정부군이나 모두 외세들이다. 차라리 공물을 바치지 않아도 되는 기간이었던 몽골 지배 기간이 가장 나은 시간 아니었을까? 우리는 탐라인의 시선에서 제주의 역사를 바라볼 필요가 있다. 그래야 범섬이 제대로 보인다.

탐라시대의 종말

추자도에서 기회를 호시탐탐 노리던 최영 장군은 드디어 선발대를 출병시켰다. 1374년 8월 28일 군선 11척이 제주시 한림읍 명월포로 상륙했다. 그러나 그들을 기다리고 있던 것은 목호와 탐라인들로 구성된 3천 기병이었다. 순식간에 목호의 군인들이 고려 정예병 선발대를 궤멸시켰다.

그러나 중과부적이었다. 고려의 정예병 후발대는 안전하게 명월포에 상륙했다. 이들은 당시 요동과 왜구정벌에 투입되었던 백전백승 고려의 최정예 군대였다. 명월포는 삼별초 군벌, 삼별초를 토벌하러 왔던 여몽 연합군이 상륙했던 그 지점이다. 멀지 않은 명월리에서 고려 정예병들과 목호의 군사들이 대치했다. 2만여 대군이 3천여 기병을 쫓았다. 명월, 어음, 밝은오름, 금악, 새별오름 등 지금의 관광명소들에서 피비린내가 진동했다.

목호들은 제주 서남쪽으로 도주했다. 제주도 서남쪽에는

원나라에서 직접 건축했고 운영했던 사찰 법화사(서귀포시 하원동)가 있는 곳이었다. 그들의 근거지가 서귀포 일대였음을 유추해볼 수 있다. 예래현에서 또 홍로현에서 격전이 벌어졌다. 목호들은 잇달아 패퇴하고 강정 벌판에서 최후의 발악을 했지만 결국 법환포구까지 도망해 오다 숨을 곳을 찾아 범섬으로 들어간다. 삼별초가 단 사흘 만에 끝이 났지만, 고려군과 목호 간의 전투는 무려 한 달 이상 지속되었다.

최영 장군은 법환포구에 숙영지를 차렸다. 이것이 유래가 되어 법환포구를 막숙 또는 막숙개('개'는 돌을 쌓아 밀물 때 들어온 고기를 썰물 때 나가지 못하게 잡는 곳을 의미하는 곳으로 보통 '포구'를 뜻한다)이라 부른다. 고려군은 외돌개에서 시작해서 막숙, 최영로, 강정포구에 이르는 해안가를 에워싼다. 북을 울리고 횃불을 올렸다. 2만여 병력이 일제히 함성을 질렀다. 극도의 공포가 범섬을 에워쌌다.

'배염줄이(배들을 줄줄이 이었다는 뜻)' 해안(최영로 초입에 있음)에서 범섬 앞까지 병선 40여 척을 이어 다리를 만들었다. 마지막 순간임을 직감한 목호들의 수뇌부는 범섬의 주상절리대에 올라 자결로써 최후를 맞이했다. 석질리와 아들들은 자결하지 않고 투항하였으나, 석질리는 허리를 베었고, 아들들도 참수당했다. 나머지 잔당들은 살아남았으나 노비의 삶을 살아야 했다.

법환포구에는 당시의 유적들이 많이 남아 있다. 주민들이 활쏘기 연습을 했던 '사장밧'에서 최영 장군이 활쏘기 연습을 했다 하고, 군사들이 경계를 서던 '망팟' 등도 여전히 지명으로 쓰이고 있다.

전투 기간이나 참전 군인들의 숫자로 보나 고려군은 단순히 1,400~1,700명의 목호만의 규모를 보고 최영과 정예군을 파견하지 않았다. 몽골은 100년간 혈연적으로 뿌리를 내리기도 했지만, 목축산업과 관련된 이해관계자들도 상당수 양

최영 장군 승전비 법환 막숙개에 있다. 여전히 운영되고 있는 목마장과 돌하루방, 아기구덕, 물허벅 등은 몽골의 유산이다. 『신증동국여지승람』은 제주 성씨 14개를 원(元)나라와 관계가 있다고 기록했다.

산했다. 즉, 고려군에게 살해당한 이들은 몽골인들만이 아니었다.

당시의 참상을 기록한 문헌은 이렇게 기록하고 있다.

"우리 동족이 아닌 것이 섞여 갑인(甲寅年)의 변을 불러들였다. 칼과 방패가 바다를 뒤덮었고, 간과 뇌가 땅을 덮었으니, 그날을 생각하면 목이 멘다." 누구의 간과 뇌가 땅을 뒤덮었단 말인가?

이렇게 최영 장군에 의해 탐라의 시대는 끝을 맺었다.

예래마을 설촌 이야기

제주도 368개 오름 중에 손에 꼽히는 명산이 서귀포에 있다. 바로 '군산(軍山)'이다. 안덕 난드르(대평리)와 창천리부터 서귀포 예래동에 이르는 장대한 오름이다. 제주시 서북쪽 어디서든 보인다는 오름의 제왕, '어승생악'보다 면적이 크다. 어승생보다 덩치가 큰 오름은 군산이 유일하다. '군산'의 병풍 같은 산세가 군 진영과 같다고 하여 붙여진 이름이다.

군산은 서귀포시 동지역과 안덕면의 경계를 이루고 있는데, 군산의 동쪽이 '열리'라 불리는 '예래동'이다. '열리'는 '예래리'의 발음이 축약된 것으로, 보통 '예래동'이라 쓰고 '열리'라 읽는다. 그런데 '예래'의 지명 유래는 꽤 흥미롭다. 보통 지명에 예가 쓰이면 예(禮)가 쓰인 것으로 생각하기 쉽다.

그러나 예래리의 예는 '사자(사자 예, 猊)'가 쓰인다. 거기에 래(來, 오다)를 붙여 '사자가 온다'라는 뜻이다. 실제로 군산 정상에 가면 사자바위가 있고, 중문관광단지에서 열리로 들어가는 도로 초입에는 아가리를 벌려 포효하는 사자상이 서귀포를 보며 서 있다. 재미있다. 열리는 곧 '사자의 마을'이다.

아주 오래전 마을 사람들이 이곳을 지나는 고승에게 마을에 불길한 일이 끊이질 않으니 어찌하면 좋겠냐고 물었다. 그러자 이 고승은 서귀포 앞바다에 범이 웅크리고 이곳을 노려보고 있으니, 그 드센 기운이 마을에 좋지 않은 영향을 미치기 때문이라 했다. 그러면서 범과 호각지세를 이루는 사자를 끌어들여 그 기운을 막아야 한다고 했으니 사람들은 사자의 기운을 이곳 군산에서 찾은 것이다. 군산 정상에 있는 서귀포를 향해 나 있는 바위를 사자바위로 하고 이 마을을 예래라 명명한 것이다. 아니나 다를까? 그 후부터 예래에는 불길한 일이 생기지 않았다고 한다.

여기서 말하는 서귀포 앞바다의 범 기운은 바로 '범섬'을 말한다. 실제로 범섬을 보면 서쪽을 향해 웅크리고 있는 듯하다. 실제로 범섬의 서쪽 끝 바위에 이름이 붙었는데, '대정질'이라고 한다. 낚시 포인트로 유명한 곳이기도 한 '대정질'은

군산 군산은 서귀포시 예래동과 안덕면과의 경계가 되는 산이다. 군산 동쪽 등반로에 있는 사자바위는 정의현(서귀포시 범섬)을 바라보고 있다. 이것이 예래마을의 유래가 되었다.

'대정현으로 가는 길목'이다. 즉 범의 아가리가 곧 대정을 바라보는 형국이다. 참 대단하다. 옛사람들은 어떻게 저런 생각을 다 했을까? 정말 우리의 상상력은 옛사람들에 비하면 정말 조족지혈이 아니겠나?

법환의 경계

법환동에서 고인돌이나 적갈색토기가 발견되는 것으로 미루어 약1,500여 년 전부터 막숙개 일대에 사람이 들어와 살았던 것으로 추정된다. 다만 마을 규모로 성장한 것은 450여 년 전에 법환 북쪽에 '양지ᄆᆞ르'부근에서 이뤄졌다는 주장도 있고, 350년 전쯤 강정에서 현(顯) 씨가 이주해오면서 집성촌을 이루었다는 이야기도 있다.

법환마을은 조선시대 때부터 정의현과 대정현의 경계가 되었다. 대체로 정의현에 속해 있었지만, 때로는 대정현에도 속해있었다. 1416년 안무사 오식이 정의, 대정현을 나눌 때 대정현에 소속되었다가 1609년(광해군 원년) 판관 김치가 동서방리(東西坊里)를 설치할 때 수차례 진정(陳情)해서 정의현에 소속되었다는 설이 있고,『중종실록』,『남사록』,『탐라지』 등에는 정의현의 법환포(法還浦)나 법한포(法汗浦)로 기록되었고,『탐라순력도』「탐라지도」등 17세기 이후에 발행된 자료에도 정의현의 법환리로 기록되어 있지만, 18세기에 제작된「대정현이정절목」(1791)에는 대정현의 법환리(法還里)로 표기되었다. 그러다 18세기 말의『제주읍지』나 1904년에 발간된『삼군호구가간총책』(1904)에는 정의현과 정의군 소속으로 되어 있다.

법환마을을 두고 정의현과 대정현 사이에 경계가 애매했음을 유추해볼 수 있다. 이를 뒷받침하는 구전이 또 이채롭다.

원래 법환마을은 스모루(지금의 혁신도시 초입)에서 법환마을 서쪽의 악근천까지 이르는 대 마을이었다고 한다. 그런데 4·3 사건 때 악근천 상류(하원마을)에서 끊임없이 시체가 떠내려오자 이 시체들의 처리 문제를 두고 악근천을 끼고 있는 법환마을과 강정마을이 다툼이 생겼다고 한다. 서로 상대방이 시체를 치울 것을 주장했다고 한다. 이때 법환마을에서 시체도 처리하고 악근천 동쪽 땅도 강정마을에서 가져가라고 하며 뒤도 안 돌아보고 나와버렸다고 한다. 이때부터 악근천 일대가 강정 땅이 되었다. 법환 사람들 대단하다.

이때 정해진 경계가 서귀포 신시가지가 조성되기 전까지 이어져서 법환리는 서귀면, 강정리는 중문면이 되었고, 서귀포시로 통합된 후에도 법환동은 대륜동으로 강정동은 대천동에 편입되었다. 법환마을은 그 옛날부터 현재에 이르기까지 대정과 정의의 경계고, 중문과 서귀의 경계이며, 대륜과 대천의 경계 역할을 하고 있다.

14

보목리(볼래리)
숲섬 노을 바라보며, 자리물회에 소주

편견

제주의 마을에 관한 편견이 있다. 지금은 많이 없어졌다고 하지만 여전히 우리 인식 속에는 무의식적으로 이런 편견들이 자리잡고 있다. 아마 수십 년 또는 수 세기에 걸쳐 형성된 이런 편견 또는 선입견이 한 마을 전체를 규정하곤 했다. 이런 것이 심하면 지역감정이 되곤 했다.

대표적으로 표선면 토산리와 뱀과 관련된 편견이다. 토산리 처녀들과 결혼하면 그 집을 지키는 뱀 신이 따라온다고 믿었다. 20세기 말 대명천지에도 이런 이야기들을 믿는 사람들이 많았다. 사실 제주에서의 뱀 신은 부(富)를 지켜주는 상서로운 존재이고, 토산리 마을 본향당 본풀이에는 왜구들에 의해 안타까운 죽음을 맞이한 여인들과 함께 죽었던 마을 신(神)이 바로 뱀 신인데 이 소문들이 왜곡되어 '토산리 여자와 결혼하면 뱀 따라온다'라는 어처구니없는 풍문들로 퍼져나간 것이다.

제주 동쪽에선 또 '김녕리 여자 앉았던 자리에는 풀도 나지 않는다'란 말이 있다. '얼마나 김녕 여자들이 기가 세면 풀도 나지 않겠나!' 이런 친절한(!) 뜻풀이도 따라다닌다. 사실 제주에서 여자들 기가 약한 동네가 어디 있나? 못 살았고, 못 살았기 때문에 억척스러웠던 것뿐인데, 언제 어디서 생겨난 말인지는 모르겠지만 말도 안 되는 소리다. 김녕(金寧). 동네 이름부터 '금빛 안녕' 아닌가?

서쪽에 가면 '대정 몽생이'란 말이 있다. 몽생이는 망아지를 뜻하는 제주어인데 대정 사람들은 망아지처럼 어디로 튈지 모른다고 붙여진 낙인 같은 말이다. 대정에는 추사 선생의 후예들이 아직도 글공부에 매진 중이고, 정난주 마리아나 독립운동과 여성운동의 선구자 고수선 선생처럼 그 옛날에도 여성조차 글 모르는 이가 없었다는 마을이 대정이다. 몽생이는 무슨. 갖다 붙여도 제대로 붙여야지.

서귀포에도 이런 인지부조화가 일어나는 동네가 있으니, 바로 그곳이 섶섬 풍경이 너무나도 아름다운 보목리다. 보목

보목리 풍경 제지기오름에서 본 보목리 마을과 섶섬. (위) 문섬. 범섬. (아래)

리는 보통 [볼몽니]로 불린다. 보목리 사람들이 그렇게 몽니와 텃세를 부린다는 말이다. 오죽했으면 마을 이름부터 몽니로 불리겠나? 진짜 그럴까?

보목리의 반전

1981년 서귀읍이 서귀포시가 되면서 리(里)가 동(洞)이 되었다. 서홍리, 동홍동, 토평리, 법환리, 호근리가 서홍동, 동홍동, 토평동, 법환동, 호근동 이렇게 변했다. 그런데 여전히 서귀포 시내에서 동보다 리로 불리는 동네가 있었으니 그곳이 바로 보목리다.

보목리도 보목동으로 변경되기는 했지만, 보목리가 그간 볼몽니, 볼래리, 볼래낭개로 오랜 기간 불려왔기 때문에 동으로 바꾸어 부르기가 쉽지 않다.

보목리는 보목천(정술내) 하류 쪽에 탐라시대 때의 고인돌과 검은여 해안에 도자기와 토기 편린들이 발견되는 것으로 미루어 약 1,500여 년 전부터 사람들이 들어와 살았을 것으로 추정되는 역사 깊은 마을이다. 보목리는 조선시대 때부터 '볼래낭개' '볼래남개'로 불렸다. 개는 포구(浦)를 의미하고, 볼래낭(볼래남)은 보리장나무를 뜻하는 순 제주어로 된 마을 이름이다. 이를 한자로 표기한 것이 보목(甫木)이고, 부르기는 볼래낭개로 부른 것이다. 즉, 볼래낭을 뜻하는 볼래리라 부르는 것도 맞고, 보목을 볼래목으로 불러 볼몽니라 부르는 것도 어색한 것이 아니다.

그런데 볼목리가 [볼몽니] 또는 [볼몽리]로 발음된다 해서 보목 사람들을 몽니 궂은(나쁜) 사람으로 매도하는 것은 명백한 지역 폄하 발언이다. 오히려 보목리는 해방 후에 엘리트들을 배출하는 마을로 더 정평이 나 있다. 교육감을 비롯해 고위직 공무원, 교육직 공무원들을 숱하게 배출한 마을로, 마을 사람들의 자부심이 대단하다. 이런데도 보목리에 가서 '너희들 몽니 구정 안 되켜!(너희들은 몽니가 나빠 안 돼!)'라고 말했다가는 보목 사람들의 진정한 텃세의 맛을 당할지도 모른다.

1990년대 후반부터 보목리에도 외지인들이 하나둘씩 들어와 살기 시작했다. 보목리의 아름다운 해안가에 사람들이 모여들기 시작한 것이다. 그런데 서귀포에 이상한 소문들이 나기 시작했다. 외지인이 보목리로 이사 갔는데 6개월도 안 돼 텃세를 못 이겨 다른 곳으로 이사 갔다는 것이다. 또 어떤 소문에는 보목리에 이사 간 지 3년이 넘었는데 이웃들로부터 심한 감시를 받는다는 소문이다. 무슨 원숭이들도 아닌데 마을 사람들이 계속 쳐다만 봐서 고달프다는 내용들이다. 사실을 알 수도 없고 출처를 알 수도 없는 뜬금없는 소문들이 보목리의 몽니와 텃세의 편견을 배경으로 퍼져나가고 있었다.

그런데 1990년대를 뒤돌아보면 보목리는 함부로 놀러 가지 못하는 동네였던 것이 사실이다. 당시 보목리 사는 친구의 전언에 따르면 동네 선배에게 외지 친구를 데려온 것이 발견되면 주말에 선배들이 후배들을 따로 집합시킨다고 했다. 실제가 인식을 형성하는 것인지, 인식이 실제를 유도한 것인지 알 수는 없으나, 그 시절 보목리는 그러했더랬다.

자리 대전

서귀포의 서쪽 끝 마라도와 가파도를 지척에 둔 대정읍 하모리 갯가 마을은 '멜캐'라 불린다. '멜'은 멸치를 뜻하고, '개'는 포구를 뜻하니 곧 멸치가 많이 나는 포구다. 이곳에 가면 '멜을 잡으러 간다' 하지 않고, '멜 뜨러 간다'라고 한다. 누군가 동네에서 '멜들어수다~!'라고 소리 지르면 온 동네 사람들이 우르르 몰려 나가 바가지로 '멜'을 떠올 정도로 멜이 많이 나는 동네다.

이 멜캐는 또 자리구이(자리돔궁)로 유명하다. 이곳에서 잡히는 자리는 크고 도톰하며 뼈가 굵다. 그래서 여기서 잡히는 자리는 물회보다도 굵은 소금을 뿌려 구이로 먹거나 조림으로 먹는다.

반면 '자리물회' 하면 떠 오르는 동네가 바로 보목리다. 보목리에 가서 '모슬포 자리' 이야기하면 사람들이 몽니 부린다. 모슬포 자리는 구워나 먹지 얇게 썰어서 숙회, 물회, 무침 이렇게 먹을 수는 없다. 부드러워야 회로 먹는데 부드러운 걸로 치면 '보목 자리'가 최고다. 보목리 자리는 살이 부드러울 뿐만 아니라 이를 잘근잘근 씹지 않아도 뼈까지 쉽게 먹을 수 있어 인기가 높다. 당연히 보목리 자리물회는 명실상부한 여름철 최고의 별미 중 하나다.

남동 바다에서 춘풍이 불어오는 오뉴월에는 반드시 보목리에 가서 자리물회를 먹어야 한다. 산란기를 맞은 자리는 살이 오르면 맛도 좋고 영양도 풍부하다. 자리의 머리와 내장,

자리물회 보목리를 상징하는 음식이 바로 자리물회다. 자리(자리돔)는 산란기인 봄에서 여름 사이 제주에서 주로 잡히는데, 자리젓, 자리물회, 자리무침 등 다양한 방법으로 요리한다. 자리물회는 보목리에 와서 먹어야 제맛이다. 보목리에서는 1970년대까지 제주의 전통 뗏목인 '테우'를 이용해서 자리를 잡았다.

비늘을 제거한 후에 뼈까지 통으로 썬 자리에 오이, 양파를 썰어 된장 냉국으로 간을 맞춘다. 그리고 향이 짙은 제피잎을 조금 뿌리고, 식초 원액 한두 방울 떨어뜨리면 제주식 자리물회가 완성이다.

그 시원함과 독특함은 글로 표현하기 어렵다. 그저 바닷바람 맡으며, 노을 지는 바다 바라보며 소주 한잔 들이키는 상상을 해 보라. 물론 안주는 보목리의 자리물회다.

『논어』에 보면 '보아도 보이지 않고, 들어도 들리지 않으며, 맛을 보아도 맛을 느낄 수 없다'라고 했는데 보목리 자리물회를 먹어보지 않은 사람들이 음식 맛을 평할 때를 두고 하는 말 같다. 먹어봐야 맛을 알지.

오름과 섬

서귀포 주소지를 살펴보면 재미있다. 백록담을 포함한 한라산 남쪽의 유명 절경지들은 죄다 서귀포 각 마을의 산 1번지를 차지하고 있다. 한라산 백록담은 서홍동 산 1-1번지, 백록담 분화구와 가장 가까운 오름인 방애오름은 동홍당 산1-1번지, 윗세오름 중 작은 윗세는 영남동 산1-1번지, 영실 존자암지는 하원동 산1-1번지, 중문동 산 1-1은 도레오름, 영남동 산1은 어점이오름, 서호동 산 1은 시오름이다.

그런데 보목리는 해안가 마을로 산이 없는데? 산이라 해봐야 제지기오름(제제기오름, 절지기오름, 절오름, 사악(寺岳) 등으로 불림)이 하나 있는데, 이마저도 능선이 바닷가로 바로 떨어지는 몇 안 되는 해안가 오름이다. 표고 95m의 작고 아담한 오름으로 예전에 이곳에 절(굴사(窟寺))이 있었고, 이 절을 지키는 절지기가 이 오름에 살았으므로 절지기 오름이라 불리던 것이 명칭의 어원이다. 절의 흔적은 남아 있지 않지만 깊이 5~6m에 이르는 큰 동굴이 있어 굴사가 있었을 것으로 추정한다. 주소지는 보목동 275-1이다.

그렇다면 보목동 산1번지는 어디일까? 바로 섶섬(또는 숲섬)이다. 난대성 우림이 우거져 있어 숲섬이라고 불리는데, '숲이 빽빽할 삼(森)'이란 글자를 써서 삼도(森道)라 하기도 한다. 섶섬은 높이 155m, 면적이 142m²의 작은 섬 같지만, 구두미포구에서 불과 450m밖에 떨어져 있지 않아 마치 손을 뻗으면 만질 수 있을 것 같이 가까이에 있다. 제지기오름과는 1km 간격을 두고 마주 보며 서 있다.

숲섬을 멀리서 보면 '불화(火)'의 형상을 하고 있다고 한다. 마을 사람들은 숲섬의 '화세(火勢)가 마을에 좋지 않을 영향을 줄 것'이라고 생각했다. 그래서 숲섬의 강력한 불의 기운을 막기 위해 마을 이름에 '보(甫)'를 쓰기로 했다. 보(甫)는 '밭에서

숲섬 문섬. 범섬. 새섬과 함께 서귀포의 앞바다를 더욱 아름답게 하는 숲섬. 숲섬 앞 구두미 포구에서는 섶섬. 문섬. 범섬을 모두 볼 수 있다.

채소 싹이 나는 모양에서 유래한 글자로 '물을 머금은 토양, 즉 '습토(濕土)'를 뜻한다. '보(甫)'라는 글자를 통해 숲섬의 불의 기운을 약화하고자 한 것이다. 음양오행이론에 따라 불의 기운을 습토로 막는 지혜를 발휘한 것이다. 볼래낭개를 한자로 바꿀 때 보리수나무를 뜻하는 한자를 쓰지 않고 보목이 된 이유가 여기 있는 것이다. 보목사람들의 지혜를 엿볼 수 있는 작명 실력이다.

　숲섬은 또 파초일엽(芭蕉一葉)의 자생지로 알려져 천연기념물 제18호로 지정되어 보호되었다. 그런데 관리의 부재로 숲섬의 파초일엽은 멸종되었고, 그 후에 식재된 파초일엽도 외래종인 것으로 밝혀져 파문이 인 적이 있다.

15

이중섭거리
서귀포 문화의 중심거리

한국전쟁이 발발하자 제주도에 난민들이 몰려들었다. 개전 초기부터 전선이 낙동강까지 후퇴하자 7월부터 제주, 한림, 성산, 화순항을 통해 약 1만 여명의 피난민들이 제주에 몰려들었고, 1950년 말까지 약 1만 6천명의 피난민이 있었다. 1951년 1·4후퇴로 서울이 다시 함락되자 피난민 숫자는 크게 증가했는데, 1951년 1월 16일에는 8만 7천여 명, 5월 20일에는 무려 14만 8천여 명에 이르렀다. 당시 제주 인구의 절반에 해당하는 숫자였다. 이 숫자에는 부산에서 건너온 이중섭이라는 사내와 그의 가족들도 포함되어 있었다.

대향(大鄕) 이중섭

중섭은 본래 평안남도 평원 사람으로 1916년에 태어났다. 독립운동가 이승훈이 설립한 오산고등보통학교에서 미국 예일대 미술학부를 수석으로 졸업한 천재 화가 임용련과 남편 백남순을 만나 미술계에 입문했다. 일본의 우리말 말살 정책에도 불구하고 작품에는 한글로 서명하였고 당시 우리 민족을 상징했던 '소' 그림을 즐겨 그리기 시작했다.

중섭은 일본 문화학원(분카가쿠엔, 文化學院)으로 유학했고, 1938년 일본 '자유미술가협회(지유텐)'에 처음 출품해 입선한다. 이후 동경에서 화가로서 활동했고 1943년 제7회 지유텐에서 특별상을 받았고, 서울에서 조선 신미술가협회전에 출품했다.

전시회 차 조선에 들어왔던 중섭은 전쟁으로 일본에 다시 돌아가지 못하고 원산에 남아야 했다. 일본에는 그의 연인이었던 야마모토 마사코가 그를 기다리고 있었다. 마사코와 중섭은 편지와 엽서로 서로의 그리움을 달래야 했다. 그러나 전쟁이 막바지에 이르던 1945년 마사코가 천신만고 끝에 대한해협을 건너 중섭을 찾아온다. 당시 바다에는 잠복해 있는 미군 잠수함이 호시탐탐 일본 수송선을 노리고 있었다. 목숨을 걸고 중섭을 찾아온 연인 마사코에게 중섭은 한글 이름을 지어주었다. 이남덕.

1946년 첫 아이가 태어났으나 곧 죽었고, 1947년에 아들 태현, 1949년 태성이 태어났다. 1950년 원산에서 '신미술가협회'를 결성하고 회장이 되었다. 그러나 한국전쟁이 발발하자, 그들의 삶은 송두리째 바뀌고야 만다. 자본가 계급으로 몰리던 그의 집안 큰 형님이 행방불명되었고, 폭격으로 집은 폐허가 되어버렸다. 중국의 개입으로 전세가 역전되자 그들은 고향에 어머니를 두고 피난을 가야 했다. 눈보라가 휘날리는 바람 찬 흥남 부두에 중섭의 가족이 나타났다.

1950년 12월 그들은 부산에 도착했다. 그리고 한 종교단체의 도움으로 조카 이영진이 사는 제주도로 갈 수 있었다. 중섭은 부인 남덕과 두 아들을 부둥켜안은 채 겨울 바다의 칼바람을 견뎌내며 제주에 도착했다. 그들이 제주에 도착한 곳은 아마도 화순항이었을 것이다. 화순항에 내린 한 무리 사람들이 긴 행렬을 지으며 서귀포로 향했다. 중섭의 가족은 겨울바람을 뚫고 몇 날을 걸어야만 했다. 농가의 마구간이 그들의 숙소였다. 훗날 이때의 경험으로 〈피난민과 첫눈〉이란 작품이 만들어진다.

중섭이 어렵사리 도착한 곳은 서귀포의 알자리 동산이었다. 이 마을 반장 송태주와 김순복 부부가 중섭의 가족에게

길 떠나는 가족 1954, 종이에 유채, 이중섭 미술관 소장. 이중섭이 소달구지에 가족들을 태우고 어디론가 떠나는 모습으로, 1955년 미도파 화랑 전시회 출품작이다. 1954년 중섭은 이 그림이 그려진 엽서를 일본에 있는 아들에게 보내며 이렇게 적었다. "아빠가 엄마, 태성이, 태현이를 소달구지에 태우고, 아빠가 앞에서 황소를 끌고 따뜻한 남쪽 나라로 함께 가는 그림을 그렸다. 그만 몸 성해라." 따뜻한 남쪽을 꿈꾸었지만, 중섭은 끝내 가족과 상봉하지 못한 채 1956년 끝내 홀로 죽음을 맞았다.

셋방 이중섭 가족은 서귀포 알자리동산(솔동산)에 1.4평짜리 셋방을 얻어 약 11개월간 머물렀다. 이곳을 떠난 중섭은 얼마 뒤 가족들을 일본으로 떠나보내야만 했다.

1.4평의 작은 방을 내주었다. 비록 작은 방이라 할지라도 중섭은 감사했다. 두 부부가 살을 맞대고 아이를 하나씩 안고 있을 수 있는 공간만큼은 허락되지 않았던가!

그러나 그들의 삶은 녹록하지 않았다. 서귀포에서 피난민이 할 수 있는 것은 별로 없었다. 한꺼번에 수만 명의 피난민이 몰려든 서귀포에는 일자리는커녕 먹을 것 구하기조차 힘이 들었다. 중섭의 가족은 배급받거나, 바다에 나가 보말, 게, 소라 등을 잡아 연명해야 했다.

그런데도 그의 예술혼은 일찍이 쉰 적이 없었다. 그는 서귀포에서도 틈틈이 그림을 그렸다. 집주인 송태주의 초상화와 이웃 주민의 부탁을 받고 전사자 3인의 초상화를 그렸고, 배를 태워준 선부(船夫)에게 사례하기 위해 여섯 폭 병풍도 그렸다. 그리고 〈서귀포의 환상〉〈섶섬이 보이는 풍경〉〈바닷가의 아이들〉 등 총 14점이 이곳에서 만들어진다.

그는 종이 살 돈이 없어 담뱃갑에 붙은 은박지에다 그림을 그렸다. 도시락 철판, 합판, 기왓장 같은 곳에도 그림을 그렸다. 서귀포의 해맑은 아이들, 섬, 바다, 게 등을 주로 그렸다. 훗날 일본 유학 시절부터 친구처럼 지냈던 시인 구상은 중섭의 예술적 정열을 이렇게 묘사했다.

"중섭은 참으로 놀랍게도 그 참혹 속에서 그림을 그려서 남겼다. 판잣집 골방에 시루의 콩나물처럼 끼어 살면서도 그렸고, 부두에서 짐을 부리다 쉬는 참에도 그렸고, 다방 한구석에 웅크리고 앉아서도 그렸고, 대폿집 목로판에서도 그렸고, 캔버스나 스케치북이 없으니 합판이나 맨 종이, 담뱃갑, 은종이에다 그렸고, 물감과 붓이 없으니 연필이나 못으로 그렸고, 잘 곳과 먹을 것이 없어도 그렸고, 외로워도 슬퍼도 그렸고, 부산·제주·통영·진주·대구·서울 등을 표랑 전전하면서도 그저 그리고 또 그렸다."

중섭은 평소 황소를 즐겨 그렸다. 비록 서귀포 피난 시절

황소 이중섭은 황소를 즐겨 그렸다. 아무 말 없이 묵묵히 맡은 바 임무를 다해내는 황소는 우리 겨레를 상징하는 동물이었다. 그는 역동적인 묘사로 한민족의 인내와 끈기를 표현했다.

황소 그림을 그릴 수는 없었지만, 그의 단칸방에도 황소처럼 묵묵히 맡은 바 임무를 다해내는 우리 겨레처럼 아이들에게 인내와 끈기를 심어주고자 그가 지은 〈소의 말〉이라는 시를 붙여넣었다. 당시 소는 우리 민족을 상징하는 동물이었다. 그래서 그의 황소 그림은 언제나 힘이 넘치고, 역동적이며, 위용이 있고, 우직하며, 묵직한 느낌을 주었다. 굵은 선으로 표현된 황소의 강렬한 움직임은 마치 거친 캔버스 위를 사정없이 내달리며 지축을 흔드는 싸움판의 황소를 닮아 있었다. 그것이 중섭이 고집했던 황소 그림의 특징이다.

중섭과 가족들은 서귀포에서 11개월을 보냈다. 섬섬이 보이던 아름다운 서귀포 자구리해안에서 게를 잡으며 뛰노는 아이들을 보며 유토피아적 이상향을 꿈꾸던 중섭은 좀 더 나은 곳에서 굶주림을 해결해보고자 했다. 중섭은 막노동이라도 할 수 있는 부산항으로 되돌아가기를 결심한다. 서귀포에 다시 겨울이 돌아왔을 때 중섭은 가족들과 함께 부산으로 떠났다. 이것이 중섭과 서귀포를 잇는 인연의 전부다.

부산으로 돌아간 중섭은 불과 수개월 만에 가족들을 일본으로 떠나보내고 홀로 한국에 남아 작품활동을 하다 1956년 그토록 그리던 가족들과 상봉하지 못한 채 홀로 죽음을 맞이했다.

대한민국 최후의 극장

중섭이 서귀포를 떠난 후 12년이 흐른 1963년, 중섭이 살았던 그 초가집의 뒤편에 서귀포 최초의 극장이자, 대한민국 최후의 극장이 들어섰다. '대한민국 최후의 극장'? 무슨 의미일까?

지금은 영화를 볼 때 필요한 것은 필름이 아니라 파일이지만, 디지털 기술이 보급되기 전 영화 관람의 가장 핵심은 필름이었다. 그리고 영사기가 있던 극장은 필름 영화를 상영하는 곳이었다. 즉, 필름과 영사기 있는 극장이 없으면 그 어떤 누구라도 영화를 보지 못하던 시절이 있었다.

보통 서울에서 영화가 개봉되면 서울에서 1~2주일 정도 상영되고, 그 후에 다른 극장으로 필름을 가져가야 했다. 물론 흥행하면 좀 더 오래 영사기를 돌리고, 그렇지 않으면 며칠 만에 필름을 빼버렸다. 아무튼 서울에서 상영이 끝나야 다른 도시에서 개봉할 수 있었다. 이런 식으로 필름이 극장에서 극장으로, 도시에서 도시로 차례차례 남하하게 되는데 그 속도가 아주 가관이었다. 서울에서 제주까지 걸어와도 한두 달이면 오는데, 이 영화필름이 오는 속도는 당최 종잡을 수가 없었다. 무슨 한량도 아니고, 세월아! 네월아! 전국을 돌고 돌며 유랑하다, 필름이 몬 헤싸지고 뒈싸져사(필름이 전부 허물고 뒤

집어져야) 제주도에 도착했다.

제주도에 도착했다고 서귀포로 바로 오느냐? 그것도 아니다. 제주시가 서귀포보다 시(市) 승격이 한 25년 빠르니까 '시에 따이'들이 먼저 보시고 나서야 또 우리한테로 넘어왔다. 영화 한 편 보려다 완전히 숨넘어갈 일 아닌가! 이러니 대한민국 최후의 극장이라 하지, 최후의 극장이 아니고서야 무어라 하겠는가?

실례를 들면, 1980년대 최고의 히트작이었던 김청기 감독, 심형래 주연의 〈우뢰매〉란 영화가 있었다. 아마 지금으로 치면 '어벤져스' 시리즈쯤 되는 한국판 SF영화의 끝판왕 아니었겠나? 당시 어린이들 사이에서 이 〈우뢰매〉 시리즈는 지금의 웬만한 아이돌의 인기에 못지않았다. 심지어 학교에서 이 영화를 보지 않으면 심각한 문화적 소외현상이 벌어지곤 했다. 그런데 서울 친구들이 여름방학 때 〈우뢰매〉 3탄을 볼 때, 우리는 서귀포극장에서 2탄을 봤다. 그들이 4탄 볼 때, 우리는 3탄! 서울에서 서귀포로 영화 한 편 건너오는 시간이 영화 제작 기간과 맞먹었다. 이거 참신한 전국 동시 개봉 아닌가!

대한민국 국민 1천만 명이 보았다던 리어나도 디캐프리오 주연의 〈타이타닉〉 때는 더 가관이었다. 개봉된 지 어언 10개월 만에 〈타이타닉〉이 드디어 서귀포에 도착한 것이다. 이미

서귀포극장 1963년 서귀포 최초의 극장이 들어섰다. 영화극장, 학예회장, 대중 집회 장소 등 다양한 용도로 이용할 수 있던 서귀포극장은 서귀포의 유일한 문화예술의 창(窓)이었다. 이 극장 우측에는 이중섭 미술관과 이중섭이 거주했던 가옥이 있다.

TV 방송에서 각종 패러디 물이 쏟아져 나와 줄거리는 물론, 주인공 이름까지 미리 알고 있던 때에 드디어 〈타이타닉〉이 서귀포에 온 것이다.

내용이고 뭐고 다 아는 상황이었지만, 그렇다고 전 국민이 다 본 영화를 우리만 안 볼 수 있나? 봐야지! 아마 전국 1천만 관객 중 997만 번째부터 1천만 번째 관객은 전부 서귀포 시민들이었을 것이다. 거기 해외여행 갔다가 시기를 놓쳐 못 보았거나, 엊그제 제대한 제대군인들 등 사정이 있는 시에따이들이 가끔 서귀포로 영화 보러 오기도 했지만 대부분 대한민국 최후의 관람객은 우리 서귀포 시민들의 몫이었다.

영화에 관해 우리는 할 말이 너무 많다. 개봉 시기는 그렇다 치고 영화의 품질에 대해서도 우리는 약간 불편부당한 대우를 받고 있었다. 우리는 처음부터 영화가 만들어지면 화면이 좀 거친 줄로만 알았다. 영화를 보다 보면 이중섭의 그림에 등장하는 거친 선이 마구마구 화면에 나오질 않나? 가끔 영화가 중간에 끊어지기도 하고, 영화 만드는 기술이 다 그런 줄로만 알았다. 또 그게 영화의 맛 아니었는가? TV로 보는 것보다 넓지만, 거친 화면으로 보는 그 맛에 우린 극장을 찾지 않았나!

서울에서 서귀포까지 수개월을 넘어오면서 전국의 수십 개 도시, 수십 개 극장에서 항상 하루에도 몇 번씩 필름을 돌려댔으니 그 필름이 남아났겠나? 구겨지고, 끊어지고, 테이프로 이어 붙이고, 서귀포로 넘어오던 그 필름은 이미 너덜너덜해져서 영사기에 걸린 것만으로도 다행이었을 텐데. 우리가 보던 영화는 그야말로 '가관(可觀)'인 필름들만 넘어왔겠지….

시민의 사랑을 한 몸에 받던 서귀포극장에도 어려움이 찾아왔다. 이 좁은 서귀포 바닥에 극장이 무려 4개나 더 생겼다. 명보극장, 1, 2관을 동시 운영했던 스카라 극장, 에로영화 전용이었던 국도극장, 가장 나중에 코아아트홀이 생겨 경쟁체제에 들어갔으며, 심지어 비디오방까지 생겨나는 상황이었다. 1993년 경영난을 겪던 서귀포극장은 화재까지 겹치면서 결국 문을 닫을 수밖에 없었다. 다행히 콘크리트로 지어진 영사실 부분 등 골조 등이 전소되지 않았지만, 이 화재 후로 20년이 넘게 새로운 주인을 찾지 못하고 방치되고 있었다.

서귀포극장을 다시 살린 것은 주민들과 서귀포시 행정당국이다. 2013년 이곳을 개보수해서 극장이 아닌 미술품 전시 공간으로 활용하기로 했다. 안전 진단도 하고 주민들에게 개방했다. 작은 음악회도 열리고 영화도 상영되었다. 20년간 발길이 없던 이곳에 하나둘씩 사람들이 찾기 시작했다. 물론 아직도 상설로 운영되는 것은 아니지만, 서귀포 시민들만의 작은 문화공간으로서 역할을 이어갈 수 있게 되었다. 서귀포극장이 있는 이중섭거리는 서귀포뿐만 아니라 제주도를 대표하는 문화의 거리로 발돋움했다. 그 중심에 서귀포극장이 있다. 모두 시민들의 덕분이다. 앞으로도 서귀포극장이 대한민국 모든 극장이 문을 닫더라도 최후의 극장으로 남아 있기를 기대해 본다.

이중섭거리 이중섭로에는 이중섭이 서귀포에서 거주했던 가옥이 복원돼 있으며(집주인이 생존해 있음), 이중섭 미술관, 창작스튜디오, 서귀포극장, 서귀포 본향당 등이 있고 주말마다 창작 공예품들을 사고파는 문화예술디자인 시장(벼룩시장)이 열린다.

부활하는 예술혼

서귀포와 이중섭의 만남은 11개월에 불과했지만, 서귀포 시민들의 중섭에 대한 사랑은 남다르다.

1995년 서귀포 시민들은 그의 불꽃 같은 삶과 그의 예술혼을 기리기 위해 그가 거주했던 장소에 '이중섭 거주지 기념 표석'을 세웠다. 대한민국 최초로 '황소 그림'으로 유명한 이중섭을 위한 기념물이 서귀포에 생긴 것이다. 그가 우리나라 현대

미술사에서 차지하는 비중을 생각해 보면 여태껏 이중섭을 기념하는 공간이 없었다는 것도 의아스럽지만, 서귀포시가 그를 기념하고자 여러 정책을 시행한 것은 정말 잘한 일이다.

1996년 서귀포시는 이중섭 거주지가 있던 알자리동산 길을 '이중섭거리'로 지정했다. 이 길은 서귀포에서도 꽤 유명했던 길인데, 눈만 오면 너도나도 엉덩방아를 찧어대는 가파른 경사가 있는 길이다. 이 길이 대한민국 최초로 화가의 이름을 딴 거리가 되었다. 그리고 그다음 해에는 그의 단칸방 거주지가 복원되었고, 그의 호를 딴 '대향(大鄕) 전시실'도 마련되었다. 2002년에는 이 전시 공간이 '이중섭 미술관'으로 개관되었고, 여러 번 시설 확충을 통해 하나의 공원과 같은 아름다운 미술관이 탄생하게 되었다.

이중섭 미술관에는 갤러리 현대로부터 기증받은 53점의 작품과 2021년 고 이건희 삼성그룹 회장으로부터 받은 12점의 작품 등 총 300여 점이 소장되어 있다. 개관 초기에는 대부분 레플리카(모작)였지만 제법 진품의 숫자가 많이 늘고 있다. 비록 예산이 부족한 탓에 한 폭에 수억에서 수십억씩 하는 진품 황소 그림은 없지만, 그의 살아생전 삶의 모습과 철학, 사상 그리고 끝까지 놓지 않던 가족들에 대한 연민들이 스며 있는 작품들을 만나볼 수 있다. 2008년에는 미술관의 별관 격인

'창작스튜디오'도 이중섭거리에 건립되어, 서귀포의 후배 예술가들이 전시회 장소로 주로 활용하고 있다.

매년 10월이면 그의 사망 주기에 맞추어 '이중섭 미술제'가 열리며, '이중섭 세미나'도 매년 개최된다. 그를 기리는 오페라도 만들어졌다. 창작오페라 〈이중섭〉은 이중섭 탄생 100주년을 기념하기 위해 서귀포시가 제작한 작품이다. 2016년 서울에서 초연된 두 번의 공연이 매진되었고, 2021년 제주에서 첫 공연을 했다. 이중섭의 삶을 그린 연극 〈이중섭 메모리〉도

서귀포와 이중섭 연극 〈이중섭의 메모리〉 포스터와 연극의 한 장면(상단 좌·우), 이중섭 미술관 입구(왼쪽 아래), 이중섭로에 있는 이중섭 동상

만들어졌다. 이쯤 되면 대향 이중섭의 예술혼이 서귀포에서 다시 살아났다고 해도 되지 않겠나?

그의 큰 향기(大香)가 서귀포에 올곧이 남아 있다.

작가의 산책길

서귀포는 중섭뿐만 아니라 시대를 대표하는 많은 예술인을 배출한 곳이다. '폭풍의 작가' 변시지 선생과 자기만의 서체(書體)를 이룬 '소암 현중화' 선생이 대표적이다.

변시지 선생은 이중섭보다 10년 뒤인 1926년 서귀포에서 태어났다. 일본에 이민하여 오사카미술학교에서 서양화를 전공했다. 불과 1947년 일본 문부성 주최의 '일본제국미술전'에서 조선인 최초로 입선했고, 그 이듬해 일본 미술계의 주류라 할 수 있는 광풍회가 주관하는 일본 최고 권위의 '광풍회전'에서 최고상을 수상한다. 작품 5점을 출품하여 무려 4작품이 각각 최고상을 동시에 받았다. 일본 미술계가 발칵 뒤집힌 전대미문의 사건이었다.

한국으로 영구 귀국한 후 1958년 개인전을 열었는데 매일 5천 명 이상씩 몰리는 진풍경이 벌어지기도 했다. 2007년 세계 최고의 권위를 자랑하는 스미소니언 박물관에 그의 작품 2점이 10년간 상설 전시되기도 했으며, 세계 100대 화가로 꼽히기도 했다. 세계적 명성을 따지자면 대향보다는 폭풍의 화가 변시지가 압도적이다.

그런 그가 작품의 소재로 삼았던 것은 언제나 제주였다. 제주의 산, 바람, 말, 파도, 소나무, 초가집 등 가장 제주다운 소재만을 고집했다. 노을이나 제주의 갈옷이 연상되는 색채를 통해 작가의 눈에 비친 거칠고 황량한 제주의 모습을 그려내었다. 그의 그림 속에 표현된 제주의 모습이 곧 제주의 원형이자, 작가의 심연으로부터 찾아낸 순수의 세계다. 그의 작품을 보면 누가 옆에서 가르쳐주지 않아도 이것이 바로 제주이고, 제주인의 삶이구나, 라는 것을 직감하게 된다. 그의 독특한 표현법으로 '제주화(濟州畵)'를 완성해 낸 우성 변시지. 그의 작품들은 이중섭 미술관 서쪽 약 2km 부근에 있는 기당미술관에 상설 전시되어 있다.

그림에 우성 변시지 화백이 있다면, 글씨에는 소암(素菴) 현중화 선생이 있다. 소암 현중화 선생은 1907년 서귀포 법환 출생으로, 1924년 18살 때 도일하여 와세다대학을 졸업하고, 31세부터 11년간을 일본 서예 대가 마쓰모토 호우수이와 쓰지모토 시유우로를 사사했다.

이후 1945년 일본의 서예 출품 전에서 잇달아 수상하면서 이름을 알리기 시작했고 10년간 일본 내에서 활동했다.

풍파와 폭풍의 작가 변시지 화백 〈풍파〉, 서귀포 기당미술관 소장. (왼쪽) 황톳빛 바탕과 수묵화를 연상시키는 농담으로 제주화를 탄생시킨 폭풍의 작가 변시지 화백. (오른쪽)

1955년 고향으로 돌아와 교편을 잡았고, 이 시절에 제6회 국전에서 입선하며 국내 활동을 시작했다. 이후 1997년 향년 91세의 나이로 붓을 놓기까지 수많은 작품활동을 하며, 독특하고 독창적인 자기 자신만의 글씨체인 '소암체'를 이루었다.

2007년 서울 예술의전당 주최로 서울서예박물관에서 '소암 현중화 탄생 100주년 기념전'이 개최되었고, 2008년 소암 기념관 개관을 기념으로 주일한국대사관 한국문화원에서 기념전이 개최되기도 했다.

이 길에는 대향 이중섭, 우성 변시지, 소암 현중화 선생의 미술관과 기념관이 있다. 그뿐만 아니라 서귀포극장에서 각종 공연이 펼쳐지고, 이중섭거리에 있는 문화예술디자인 시장에서 주말마다 서귀포의 예술인들이 벼룩시장을 열기도 하며, 섶섬이 보이는 자구리해안을 끼고 있다. 대한민국에 수많은 아름다운 길들이 있지만, 이렇게 문화예술과 자연환경과 어우러진 길은 세상에 없다. 무엇 하는가? Just save the money, and visit here!

유향입아실과 소암 현중화 선생 서귀포 소암기념관 소장 글씨. '그윽한 향기가 내 서재로 들어온다(유향입아실, 幽香入我室). (위) 그윽한 향기가 그득한 소암 현중화 선생의 서재. (아래) 이중섭거리를 중심으로 기당미술관을 거쳐 칠십리공원을 돌아 이중섭이 바닷게를 잡고 해맑은 어린이들을 보며 유토피아를 꿈꾸었던 자구리해안을 돌아 소암기념관까지 총 4.9km의 길이 작가의 산책길로 조성되어 있다.

16

정방폭포

바다로 직접 떨어지는 유일한 폭포

1948년 11월 17일 제주도에 계엄령이 선포되면서 중산간 지역에 대한 초토화 작전이 개시되었다. 첫 번째 작전은 언론을 통제하는 것이었다. 영남동 마을이 불타 없어지던 11월 20일 군은 언론에 대한 사전검열을 발표했다. 토벌대에 대한 감시와 통제기능을 우선 마비시킨 것이다.

그리고 군은 해안봉쇄를 강화했다. 이미 군은 10월부터 7척의 함정과 2백여 명의 병력을 동원해 해안을 봉쇄하고 있었다. 제주도는 출륙금지령이 해제된 지 125년 만에 다시 고립무원의 섬이 되고 있었다.

그리고 1948년 11월 하순부터 1949년 2월 말까지 약 4개월의 짧은 기간 동안 제주도 전역에 걸친 초토화 작전이 벌어진다. 제주 4·3의 희생자 대부분이 이 기간에 발생했고, 대부분의 중산간 마을이 불에 타 사라지는 것도 이 시기였다. 해안마을이라고 안전한 것은 아니었다. 폭도들에게 협조했거나, 협조했을 가능성이 조금이라도 있는 곳은 어디든 초토화했다.

그리고 이 기간 서귀포 정방폭포 일원에서는 피의 학살극이 벌어지고 있었다. 무려 250명에 달하는 민간인이 이곳에서 목숨을 잃고 바다로 버려졌다. 동양에서 유일하게 바다로 떨어지는 정방폭포. 무슨 일이 있었을까?

인식의 틀

중일전쟁 당시 일본군이 중국의 수도 남경(난징)을 점령할 때쯤 세상에 알려진 악명높은 일화가 있다. 두 일본군 장교가 벌인 '목 베기 경쟁'이다. 누가 먼저 중국 포로의 목을 베느냐? 경쟁을 벌여 각각 105명과 106명을 베었다는 소식이 언론을 통해 보도되었다. 그리고 그 둘은 참수된 머리와 일본도를 들고 사진을 찍었다. 경악할 만한 일이다. 이건 군사작전이 아니라 포로의 목숨을 가지고 내기를 한 것에 불과한 '미친 짓'이다.

한편, 1948년 11월 군 수뇌부와 정부는 제주 출신 병사들이 소속되어 있는 송요찬의 제9연대를 믿지 않고 있었다. 왜냐하면 제9연대에는 제주 출신 병사들이 있었기 때문이었다. 제주 출신 병사들은 한 달 만에 수천 명을 체포하며 정권의 눈에 띄었던 박진경 대령을 암살하기도 했고, 41명이나 무장탈영하여 산으로 올라가 버린 기억도 가지고 있었다. 정권의 눈에 제주 출신 군인들은 믿지 못하는 대상이었다. 또, 그들이 강경 작전에 투입되면 인정에 끌려 봐주거나 포로를 풀어줄 수도 있는 노릇이었다. 곧 제주 출신 병사들은 작전 요원이 아니라 축출의 대상이 되었다.

이런 인식은 역사적으로 주목할 만한 결과를 낳는다. 제주 출신들이 반정부성향 혹은 친공산주의적일 것이라는 선입견과 낙인이 훗날 한국전쟁에서 '무적 해병' '귀신 잡는 해병'의 신화를 만들어낸 해병대 3, 4기를 만드는 결정적 계기가 된다. 제주 출신들로 구성된 해병대 3, 4기는 '제주도는 빨갱이섬' '너희들은 빨갱이 후예'라는 말을 듣지 않으려고, 더더욱 반공정신에 몸을 불살라야만 했다. 남들보다 전투적이었고, 누구보다 많이 앞장서서 목숨을 걸고 치열하게 전장으로 뛰어들어갔다. 해병대뿐이랴? 정방폭포에서 5분 거리에 있는 서귀포중학교 소년들이 전쟁이 발발하자 무려 232명(여자 4명 포함)이 학도병으로 지원했다. 아니 지원해야만 했다. 이중 전사자가 45명으로 전국에서 다섯 번째로 많다. 중문중학교에서는 1학년을 제외한 2~4학년 전원(139명)이 입대 지원하여 탈락자를 제외한 89명이 전장에 나섰다. 제9연대와 육군훈련소가 있었던 대정중학교에도 재학생 350명 중 279명이 펜을 놓고 총을 들어야만 했다. 그들이 목숨을 걸고 지키고자 했던 것은 국가였지만, 목숨을 걸고 증명하고자 했던 것은 "우리 부모님은 빨갱이가 아니었다!"였다.

아무튼 이승만 대통령은 초토화 작전 준비가 완료된 시점부터 제주 출신들이 속해 있는 제9연대를 다른 지역으로 이동 배치하고, 대신 여순사건을 성공적으로 진압한 경험이 있는 제2연대를 제주로 보내려고 계획하고 있었다.

이런 부대 재배치 계획은 송요찬의 제9연대를 자극했다. 무능한 부대로 오인을 받고 타지로 내몰렸다는 인식을 주기 싫었다. 그래서 제9연대는 성과를 내기 위해 보다 효율적인 방법들을 찾기 시작했다. 이 기발함에 놀라지 않을 수 없다.

우선 대살(代殺)이다. 마을에 들어가 민간인들을 붙잡는다. 그리고 그 마을에 사라진 사람이 한 명이라도 있으면 그를 폭도로 간주하고, 그를 대신해 그 가족들을 총살한다. 이게 대살이다.

다음은 '관광 총살'이란 것도 있다. 주민들에게 다른 사람들이 총살당하거나 죽창에 찔려 죽는 모습을 강제로 보여주는 행위다. 극도의 공포감과 정신적 트라우마를 유발한다. 이건 도대체 왜 했는지 모르겠다.

'자수 공작'도 있다. 과거 자신이 아주 작은 것이라 할지라도 먼저 자수해서 고백하면 살려주고, 만약 자수하지 않고 자그마한 것도 밝혀지면 총살하겠다고 협박한다. 예를 들어 폭도로 보이는 사람이 길을 묻길래 답을 해주었다든지, 친구에게 먹을 것을 줬는데 알고 보니 그가 폭도였다든지. 그런데 이 수작 어디서 많이 본 것 아닌가? 넷플릭스 시리즈 '지옥'에서 지옥행을 예고 받은 사람들에게 사람들이 죄를 고백하라 하는데, 딱 제9연대의 자수 공작과 같다. 왜냐하면 자수한 사람들 모두 잡혀가 총살되었으니.

다음은 '함정토벌'이다. 토벌대가 무장대의 옷을 입고 마을에 나타난다. 무장대 행세하며 주민들에게 협조를 요구한다. 물론 협조를 안 하면 윽박지르고 협박한다. 죽여버리겠다느니 하면서. 물론 협조하면 나중에 군복 입고 와서 "너 어제 폭도에 협조했다면서?"라며 잡아가 총살한다.

이것이 놀이이지 무슨 군사작전인가? 이것이 일본군 목 베기 놀이랑 무엇이 다른가? 아하 송요찬이나 뒤에 나올 제

2연대장 함병선 모두 일본군 출신이라 그런 것인가? 아무튼 이런 식으로 인구의 10%가 죽어 나갔다. 물론 그들은 무고한 민간인을 죽이면서 폭도 또는 폭도에 동조한 자를 죽였다고 보고했다. 기가 막힐 노릇이다. 미군 보고서에까지 이렇게 기록돼 있다.

"9연대는 이와 동시에 모든 저항을 발본색원하기 위해 중산간 지대에 있는 마을의 모든 주민을 명백히 게릴라부대에 도움과 편의를 제공하고 있다는 가정 아래 아랫마을 주민에 대한 대량 학살계획을 채택했다. 1948년 12월까지의 9연대의 점령 기간에 섬 주민에 대한 대부분의 살상이 자행됐다."

제주 남쪽 학살일지(1948년 11~12월, 정방폭포를 중심으로)
11월 11일, 서귀면 서호리 메밀밭에서 일을 하던 주민이 총살되었다. 서홍리에서도 2명이 끌려와 정방폭포에서 총살되었다.

11월 15일, 중문면 도순리에서 7명이 끌려 나왔다. 토벌대는 이미 작성해둔 명부를 들고 와 사람들을 호명했다. 호명되어 잡혀간 이들은 특별한 혐의가 없었다고 한다. 단지, 도순리 마을 주민 중 1명이 무장대에 합류했다는 이유만으로 잡혀갔고, 서귀포 소남머리에서 처형되고, 정방폭포에 버려졌다.

대살(代殺)이 벌어진 것이다.

11월 21일, 다시 도순리. 2명이 더 희생되었다. 이 중 1명은 11월 15일 희생된 사람의 아들이었다.

11월 28일, 남원면 태흥리. 토벌대와 무장대 간 공방전이 벌어지고 난 후 주민 30여 명이 체포되었다. 이들 중 일부는 서귀포에서 처형되었고, 일부는 육지 교도소로 끌려간 후 돌아오지 않았다. 보복 학살이다.

12월 1일, 또 중문면 도순리. 8명이 잡혀 와 정방폭포에서 집단 총살되었다.

12월 2일, 서귀면 서귀리. 4명이 정방폭포 부근에서 총살되었다. 유가족의 증언에 따르면 이날 정방폭포에는 이미 50여 구의 시신이 쌓여 있었다고 한다.

12월 4일과 8일, 도순리에서 2명씩 잡혀갔다. 정방폭포에서 총살되었다.

12월 15일, 중문면 대포리. 6명이 서귀포 정방폭포에서 집단 학살되었다.

12월 18일, 토벌대가 이미 작성된 명부를 들고 남원면 신흥리를 찾았다. 이날 토벌대에 호명된 사람들은 약 40명이었고, 남원지서에 수감되었다.

12월 19일, 다시 신흥리. 주민 30여 명이 불안함에 토벌대에 추가로 자수했다. 이른바 자수 공작에 넘어간 것이다. 이들은 전날 잡혀 와 수감된 40명과 함께 12월 20일에 남원지서 인근 밭과 정방폭포에서 집단으로 처형되었다. 사람들은 이 사건을 '홀치기 사건'으로 부른다.

12월 날자 미상, 남원면. 한 부부가 두 딸을 안고 산에서 발각되어 체포되었다. 이 부부는 각각 한 아이씩을 안은 채로 정방폭포에서 학살되었다.

정방폭포 제주 4·3 당시 정방폭포 상단 소남머리는 유명한 학살터였다. 1948년 11월부터 1949년 2월까지 정방폭포 일대에서 무려 54차례에 걸쳐 총 248명이 희생되었다.

기록

1990년대 중고등학교에 다닌 우리는 제주 4·3 때 벌어졌던 끔찍한 만행들을 자주 들었다. 제주 4·3에 관한 이야기는 주로 학교 선생님들에게서 들었는데, 교과서에서 들을 수 없는 많은 일화나 사례를 알려주셨다. 서귀포에서는 주로 정방폭포에서 벌어졌던 끔찍한 만행들이 많았다.

설민석 강사가 말하는 제주 4·3의 영상을 찾아서 보면 이런 말이 나온다. 토벌대가 세 살배기 아이의 두 다리를 잡고 바위에 내리쳐 죽였다. 이유는 '공산주의의 씨앗'은 살려두면 안 된다는 것이다. 이것이 바로 미친 짓이다.

선생님들께서 들려주셨던 정방폭포에서 벌어진 처형 장면은 이렇다. 잡혀 온 사람들을 일렬로 세워놓고 밧줄로 묶고 맨 앞에 선 자를 죽창으로 찔러 죽인다. 그리고 폭포 밑으로 떨어뜨리면 나머지 사람들도 끌려 떨어졌다.

제주 4·3평화공원에 가면 이런 잔혹 행위들이 기록되어 있다. 20대 여인을 엄지손가락만으로 천장에 달아놓았다. 그 여인은 돌아가실 때까지 엄지손가락이 탈골된 상태로 사셔야만 했다. 턱이 없는 무명 할머니는 또 어떤가?

우리는 이런 끔찍한 증언을 무수히 들으며 자랐다. 차마 입에 담을 수 없고, 문자화할 수 없는, 너무 끔찍해서 기록되지 못하는 역사가 제주 4·3에 너무 많다.

이게 무슨 아이러니인가? 정말 잠시라도 기억될까 두려울 정도로 끔찍하고 천인공노할 만큼 비인간적이고, 금수보다 못한 잔혹한 짓들이어서 차마 기록할 수 없을 지경이다. 오히려 이제는 과연 이것이 사실이었을까? 의심스럽기까지 한 증언들이 생생하다. 그렇지만 선생님들께서 들려줬던 그 생생한 증언들은 모두 한결같았다. 어디엔가는 그 증언들이 남아 있을 것이다.

아이리스 장. 중국계 미국인인 그녀는 대학원생이던 시절 일본군이 난징대학살 때의 만행을 접하고 다큐멘터리 영화 〈난징의 강간(Rape of Nanjing)〉을 제작하기 시작했다. 영화 제작 중 그녀는 일본군의 만행 기록과 증언을 수집하다 그 참혹함에 정신적 충격을 받아 돌연 쇼크사했다.

서북청년단 등 토벌대가 제주에서 벌인 그 만행을 어찌해야 하는 것일까? 너무 참혹해서 묻어두어야 하는가? 아니면 참혹한 역사라도 기록해야 하는 것인가? 기록하면 아마도 19금이 아니라 '99금' 정도는 될 텐데, 장담컨대 목 베기 경쟁이나 난징의 강간을 뛰어넘는 미친 짓들이 나올지도 모른다.

폭도로 가장코(暴徒로 假裝코) 무장대로 가장한 2연대 특공대. 왼쪽 아래에 '暴徒로 假裝코'라는 설명이 눈길을 끈다(1949. 2.) (사진 출처: 제주4·3사건진상규명 및 희생자명예회복위원회, 『제주4·3사건진상조사보고서』, 2003.)

제2연대

일제 강점기 때부터 산남의 중심은 서귀면이었다. 이즈미 세이치의 『제주도』에 의하면 1936년 제주도 내 1만 명 이상 인구가 있던 곳은 제주읍과 대정면 그리고 서귀면이 유일했다. 서귀면은 남제주군청 소재지였고, 모슬포와 성산포에 경찰서가 생기기 전까지 산남 유일의 경찰서도 서귀면에 있었다. 그리고 조선경비대 제2연대 1대대 대대본부와 악랄함으로 악명 높았던 서북청년단 사무실 역시 서귀면에 있었는데, 모두 서귀리포구 인근지역(서귀리)에 모여 있었다.

2연대 1대대 대대본부는 서귀 면사무소(현 송산동 주민센터)에 있었다. 예하 헌병대와 6중대도 주변에 주둔했고, 면사무소 바로 옆 '농회창고'라고 불리던 건물은 취조실과 유치장으로 활용됐다. 농회창고로 잡혀 온 사람들은 혹독한 고문을 받고 대부분 즉결 처형처분을 받았는데, 처형처분을 받으면 소남머리 단추공장 건물에 수용되었다가 처형당했고, 정방폭포 밑으로 버려졌다.

제2연대 역시 제9연대와 못지않게 무자비한 초토화 작전을 수행했다. 앞선 제9연대가 제2연대와의 경쟁심에서 성과 올리기식 초토화 작전을 수행했다면, 제2연대는 극악무도한 보복 작전 수행이 주특기였다.

사실 제9연대가 제주를 떠나기 전, 전에 없던 쥐 잡기식 토벌로 이 기간에 무장대는 아무런 움직임 없이 철저하게 한라산에 은신해 있었다. 덕분에 제2연대도 1948년 연말까지 무사히 임무 교체와 제주 주둔을 마무리할 수 있었다. 그리고 이런 무장대의 무대응 분위기 덕에 정부는 12월 말 계엄령까지 해제했다.

그런데 1949년 1월 1일부터 무장대가 심기일전했는지, 계엄령이 해제되자마자 무장대가 제2연대 주둔지를 급습하는 사건이 벌어진다. 100여 명의 무장대의 습격을 받았으나

10명이 사살되었다. 그러나 경비대도 7명이 전사했다. 또 1월 6일 250여 명인 무장대의 주력부대와 우연히 만나 153명을 사살하는 성과를 올리고, 12일 남원읍 의귀리에서도 전투가 벌어져 51명이 사살되었다. 이 의귀초등학교 전투로 무장대는 완전히 힘을 잃는다.

몇 차례 전투를 거치며 제2연대는 자신들이 입은 피해에 대해 무한한 분노와 복수심을 품고 있었다. 물론 전투마다 무장대의 피해가 훨씬 컸다. 무장대 51명이 사살되었지만, 토벌대 2명이 사망한 의귀초등학교 전투 후에 토벌대는 의귀리 주민 80명을 보복 살해했다. 그리고 불과 닷새 뒤에 북촌초등학교에서 2명의 군인이 죽은 것에 보복해서 주민 400여 명을 집단 총살했다.

제2연대를 이끈 인물은 함병선이었다. 그 역시 송요찬과 마찬가지로 일본군 출신이었다. 송요찬과 함병선, 이 두 연대장이 재임했던 그 짧은 기간 안에 제주 4·3 피해자 대부분이 발생했다. 정확히 하면 1948년 11월 20일부터 1949년 3월 1일까지다.

귀(歸)와 부귀(不歸)

서귀포는 서귀리에 있는 포구란 뜻이고, 서귀는 '서쪽(西)으로 돌아가다(歸)'란 말이다. 즉, 진나라 시황제의 명을 받아 불로 초를 찾아 제주를 찾은 서불(徐市 또는 서복(絲復))이 정방폭포까지 왔다가 서쪽(일본 방면)으로 돌아갔다는 것이 지명유래가 되어 서귀라 했다.

서불이 서귀포에 다녀간 것을 기념해서 만들어진 건물이 있다. 바로 '서복박물관'이다. 2003년 서귀포시에서 건립했다. 그러니까 세금으로 지방정부에서 중국 사신을 기념해서 만들었다는 거다.

서불이 훗날 정화의 원정에 비견될 정도로 대선단을 끌고 제주에 왔고, 또 그가 일본에 가서 정착해 한·중·일 세 나라 모두에서 기념될 만한 인물인 것은 알겠다. 그런데 도대체 얼마나 위대한 인물인지는 잘 모르겠고, 또 그것이 얼마나 큰 역사적 의미를 갖는지도 잘 모르겠다. 그러거니와 이 전시관이 중국 사람들에게 얼마나 매력적인 곳인가도 좀 의심스럽다. 정확히 이야기하자면 이 전시관이 좌로 100m 또는 우로 100m만 옮겨가 지었어도 뭐라고 하지 않을 것인데, 왜 하필 그 옛날 정방폭포 학살터에다 이 건물을 지었는지 정말 알 수가 없다.

그때 행해진 미친 짓이나 따로 모아 전시관을 만들어도 시원치 않을 판에 어디 기념할 사람이 없어 '잘 알 못' 인물을 데

려다 정방폭포 상단을 차지하게 했단 말인가? 지금 정방폭포 학살터는 흔적조차 남아 있지 않다. 당시 수용소로 쓰였던 감자전분 공장은 헐렸고, 도대체 여기서 사라져간 250명의 주민의 넋은 도대체 어디로 돌아온단 말인가!

하다못해 이 장소는 제주 4·3 때 학살터였고, 서복전시관 자리에 있던 건물은 전분 공장이었는데 항상 사람들이 붙잡혀 와서 비명이 끊이지 않은 곳이었다. 총살된 사람들은 폭포 밑으로 버려 수장했으므로 시신을 수습하지 못한 유가족의 눈물이 마를 날이 없었고, 빨갱이를 위해 총알 하나 낭비함도 아까워했던 군경들이 총 대신 죽창으로 그들을 난도질했다는 것 등등은 어딘가에 기록해두어야 할 것 아닌가? 그래야 이곳이 학살터였음을 알 것이 아닌가? 결국 이곳에 서복전시관이 먼저 들어섬으로 이 제주 4·3 유적지 표지판 하나 세우지 못하고 다른 곳에 세워야 한다는 말인가?

위정자들이여! 매년 4월이면 동백꽃 떨어지듯 무수히 떨어지던 그들이 소남머리 절벽을 기어오른다. 그들을 다시 벼랑으로 내몰지 말라!

남영호 위령비

1970년 12월 14일 16시 서귀포항을 출발한 '남영호'가 성산포

정방폭포 상단 동양에서 유일하게 바다로 떨어진다는 정방폭포. 폭포의 우측이 지금의 서복전시관. 좌측은 정방폭포 주차장과 전망대가 있는 곳이다. 서복전시관 자리에서 학살이 이루어졌다.

항을 거쳐 부산항으로 향했다. 남영호에는 무려 338명의 승객이 탑승했고(정원 17명 초과), 정량의 4배가 넘는 543톤의 화물이 적재되어 있었다. 더군다나 남영호의 선장과 통신사는 무자격자였다.

아니나 다를까? 출항 10시간 후 남영호는 여수 소리도 앞바다에서 거친 파도에 휩쓸려 침몰했다. 이 사고로 무려 323명이(325명이라는 기록도 있음) 차가운 겨울 바다에서 목숨을 잃었다.

침몰하기 전 남영호는 조난신호를 여러 차례 보냈지만, 해경은 신호를 듣지 못했다. 오히려 일본 순시선이 조난신호를 알아차리고 교도통신에 알렸으며, 교도통신이 보도하기 시작하면서 국내에 거꾸로 알려졌다. 해경은 언론에 사고가 보도되는 상황에서도 '연락받은 바 없다'라고 했을 정도로 대처가 엉망진창이었다.

승선객 338명 중 12명이 구조되었는데, 뒤늦게 출동한 한국 해경이 3명을 구조했고, 어선도 1명을 구조했다. 다른 8명의 생존자는 인근을 지나던 일본 배들이 구한 것이었다.

남영호 위령비 정방폭포와 소정방폭포 사이에 남영호 조난자 위령탑이 건립되었다.

사후 처리도 문제였다. 정부는 사고 10일 만에 선체 인양을 포기하고 보상금을 내밀며 회유했고, 진상규명은커녕 책임자 처벌도 이루어지지 않았다. 선장은 2년 6개월의 금고형, 선주도 6개월의 금고형에 그쳤다. 유족들은 시신 없이 눈물의 합동 위령제를 지내야 했다. 사고로 당시 서귀포 전체는 충격과 슬픔에 휩싸였다. 가족과 친지, 친구를 잃은 시민들의 눈물이 마를 날이 없었으며, 서명숙 (사)제주올레 이사장은 시신이 수습되어 돌아오는 날에는 사무친 통곡 소리가 멀리서까지 들렸다고 기록하고 있다.

사건 1년 뒤 남영호 희생자를 추모하기 위한 위령비가 서귀포항에 세워졌지만, 항만 공사 때문에 다른 곳으로 이전되었다가 유족들의 요구로 2014년 정방폭포 주차장과 소정방폭포 사이 올레길 옆 공터에 신축 이전되었다. 2014년은 아이러니하게도 '남영호' 사건과 판박이인 '세월호' 사건이 발생한 해다. 역사는 망각하는 순간 되풀이된다. 기록하고 기억해야 다시는 같은 일이 반복되지 않는다.

17

강정마을
물의 마을, 눈물의 마을, 하나의 강정

최초의 수병(水兵)

우리 역사에서 제주는 언제나 변방이었다. '변방'이라 해서 역사적인 일이 없었던 것이 아니라 그 사건들이 조명을 받지 못했음을 의미한다. 위정자들은 제주에서 무슨 일이 벌어지든 별로 중요치 않게 여겼다. 제주는 말이나 키우고, 유배인들 받아주고, 신선한 전복 소라나 충분히 보내주면 제 역할을 다한 것이라 여겼다.

몽골이 고려 정벌 후 제주에 탐라총관부를 설치한 것은 1273년이다. 여몽 연합군이 일본 원정에 나선 것이 1274년이고, 남송을 멸망시킨 것이 1275년의 일이니, 제주에 탐라총관부를 설치한 것은 몽골의 처지에서는 '신의 한 수'였던 것이다. 제주는 남송을 우회로 타격하고, 일본으로 진출하기 위한 아주 중요한 전략적 요충지였다. 이때부터 제주는 몽골의 중요한 군수물자 보급창 역할을 하게 된다. 이때 몽골의 말들을 들여와 키우기 시작한 것이 100년 만에 섬 전체가 목장으로 변한 것이 아닌가?

몽골 이후 제주의 지정학적 위치에 관심을 보인 것은 왜구들이었다. 1555년 무려 1천 명이 넘는 왜구들이 제주에 상륙했다. 이른바 '을묘왜변'이다. 그 무렵 제주 인구가 약 2만 2천 명 정도였으니 엄청난 수의 병력동원인 셈이다. 왜구들은 단순히 약탈과 노략질이 목적이 아니었다. 아예 제주를 근거 삼아 중국과 남해안, 일본 북규슈를 잇는 해상무역로를 장악하려고 했던 것이다.

20세기 초 일본도 제주의 위치를 알아봤다. 대정읍 알뜨르 비행장에서 중국 본토까지는 전투기로 불과 1시간 거리다. 일본은 1920년대 알뜨르 비행장을 지었지만, 1937년 중일전쟁 직전에 대규모로 확장했다. 그리고 중일전쟁이 발발하자 일본 전투기와 폭격기들이 이곳을 이륙해서 상하이를 폭격했고 난징을 짓밟았다. 제주는 일본 대륙침략의 전진기지였다.

태평양전쟁 말 이번에는 미군이 제주를 주목했다. 일본군

7만 5천 명이 본토 방어를 위해 삽시간에 제주에 들어왔다. 이오지마 섬에서 일본의 마지막 발악에 섬뜩한 미국도 만반의 준비를 했다. 오키나와나 이오지마에서 보여준 일본의 발악은 연합군으로서도 큰 손실이었다. 더욱이 제주에는 한라산이라는 거대한 은신처가 있어 일본군의 반격이 만만치 않으리라고 예상했다. 반면 제주를 점령하면 오사카, 교토, 나고야 등 대도시에 1~2시간 안에 공습할 수 있었다. 양방의 관점에서 제주는 모두 전략적 요충지였던 셈이다.

1945년 7월 미군 전투기가 제주 상공에서 일본 전투기 4대를 격추했다. 한림 앞바다에서는 미군 잠수함이 일본 군함을 폭침시켰다. 제주가 곧 일본군의 이른바 '반자이 어택(일본군이 수세에 몰렸을 때 죽음을 각오하고 천황폐하 만세를 외치고 육탄 공격하는 방식)'의 마지막 무대로 기록될 위기에 처해 있었다. 만약 히로시마와 나가사키에 핵폭탄 두 방이 떨어지지 않았더라면 제주는 아마 오키나와의 사례에서 보듯 아비규환의 지옥이 되었을지도 모른다.

일본이 제주에서 철수하고 난 후 제주는 다시 한반도 역사의 변방에 섰다. 그러나 누구도 제주의 지정학적 위치를 눈여겨보지 않았다. 아무도 관심 갖지 않을 때 무려 수만 명의 인민이 학살되었다. 또 빨갱이 낙인이 싫어 한국의 해병대 3,

4기에 무더기로 지원하고 무적 해병 신화를 만들어내기도 했다. 그리고 최후방에서 십수만 명의 피난민을 받아낸 것도 제주였다.

피비린내 나는 역사를 뒤로한 채 어언 70년이 흘렀다. 2016년 드디어 단군이 조선을 건국한 이래로 우리 민족이 제주의 지정학적 위치의 중요성을 이유로 제주에 군대를 파견한

강정 최초의 해군 전단(위), 강정해군기지(아래) 해군의 이지스구축함, 세종대왕함(맨 앞)과 대조영함(가운데), 양만춘함이 강정해군기지에 입항해 있다. 2015년 9월 16일은 강정해군기지에 처음으로 해군 전투함이 입항한 날이다. 강정해군기지는 민군이 공동으로 사용할 수 있는 민군복합항으로 만들어졌다. 멀리 보이는 것은 고근산이다. (사진 출처: 윤병노, 제주민군복합항 위풍당당 군함 첫 입항, 국방일보, 2015. 9. 17.)

최초의 사건이 벌어진다. 대한민국 제7함대가 강정마을에 입성한 것이다. 그간 수행했던 제주 방어의 임무는 해병으로 넘기고 대양해군의 임무 수행을 위해 뱃머리를 남향으로 돌려세우고, 닻을 내렸다. 우리 역사에 처음 있는 일이다. 경계임무가 아닌 전략적 임무로 한반도에 수립된 국가의 수병이 대한민국 강정마을에 처음 발을 디딘 것이다.

물의 도시, 서귀포

한라산은 물을 품고 있다. 한라산에서 발원한 물줄기들이 제주 전 지역으로 뻗어나가면서 곳곳에 생명을 불어넣는다. 그러나 제주도의 지질 특성상 제주도에서는 하천이 발달한 지역이 별로 없다. 현무암층이 대부분 지하로 흡수해버리기 때문에 섬 전체가 물이 아주 귀한 곳이었다. 물론 서귀포는 예외다. 물이 귀한 고장 제주에서도 물이 좋았다.

실제로 서귀포 동쪽 끝 효돈에서 제주 남쪽의 최대 하천인 산벌른내(효돈천)에서부터 서쪽 끝 예래의 논짓물까지 마을마다 하나씩 하천이나 큰 용천수를 끼고 있다. 효돈에는 쇠소깍이 있는 효돈천, 영천과 토평에는 돈내코가 있는 영천, 보목마을 보목천, 정방폭포가 흐르는 정모시, 하논을 거쳐 천지연으로 흐르는 솜반천(호근천), 수모루의 속골, 이중섭이 좋아한

강정천(위)과 악근천(아래) 큰 내(大川)라 불리는 강정천과 그에 버금가는 아끈천(아끈은 버금가다의 제주어) 모두가 강정마을을 흐른다.

강정천 하구 『탐라지』(1653), 『탐라순력도』(1701), 『탐라지도』(1709) 등에는 강정촌을 강정포 (江江浦)로 기록하고 있다. 17세기 말부터 강정촌, 강정포란 명칭이 사용된 것으로 보인다. 강 정포구는 세별포라는 이름으로 불리기도 했다.
강정천은 넷길이소에서 시작해서 범섬 앞바다로 흐른다.

자구리해안, 강정의 대천(도순천)과 아끈천, 중문의 중문천과 천제연계곡, 예래의 논짓물 등 서귀포는 도시 전체에 하천이 흐른다. 그리고 그 중심에 강정마을의 강정천과 악근천이 있 다. '큰 내'라 불리는 강정천과 '작은 내'라 불리는 악근천이 있 는 강정마을이야말로 딱 서귀포의 중심이다.

강정마을

강정마을의 옛 이름은 더리 또는 더니라 했는데, 이를 가내(加 內), 가래(加來)로 썼고, 강정천을 큰더닛내라 부른 것을 대가

래천(大加內川)으로 표기하고, 족은더딧내 또는 아끈더닛내라 부르는 악근천을 소가래천(小加來川)이라 쓴 것도 강정의 옛 지명에서 따온 것이다.

해군기지가 있는 강정포구는 예전에 서별포(세불포, 세벨포, 세별포)라는 이름으로 불렸다. 『조선지지자료(1910년경)』에도 강정리 서별포로 표기되었으니 꽤 오랜 기간 강정포구의 이름으로 사용되었다. 왕불턱, 돗부리암, 매부리암이 있어서 그렇게 불렸다고 한다. 이곳에도 삼성물이란 곳이 있는데 그 설화가 탐라왕국의 시조가 나타났다는 삼성혈의 설화와 유사하다. 이곳에서 사람들이 물을 떠다 삼신할망에게 빌었다는 신성한 곳이다.

강정(江汀)이라는 명칭이 사용된 것은 17세기 무렵이다. 강정이란 말은 말 그대로 물가에 자리 잡은 마을이라는 뜻이다. 그런데도 여전히 강정마을에는 더냇동네라는 곳이 있는 것을 보면 더딧내라는 마을 이름이 오랫동안 사용된 것으로 추정된다.

강정마을은 역사가 깊은 마을이다. 강정동의 여러 유물 산포지에서 확인되는 초기 철기시대의 곽지리식 적갈색 항아리 토기 등을 고려할 때 적어도 2,000여 년 전부터 사람이 들어와 살았던 것으로 추정된다.

또한, 강정마을에는 고려시대 또는 조선시대 초기까지 대궐이 있었던 흔적이 남아 있다. 이 대궐터가 있는 곳의 지명도 대궐터다. 이 일대에서 기와 편과 도자기 편은 물론 주초석 등이 확인된다. 『탐라지초본』에는 "가래촌(加來村) 안에 궁궐 주춧돌이 남아 있다. 이것이 탁라왕 도읍으로 삼은 곳이 아닌가 한다."라고 기록한 것으로 보아 강정마을에 옛 탐라의 궁궐이 있었을 것으로 추정하고 있다. 여전히 강정마을에는 남문, 동문이라는 땅이름이 남아 있고, 강정마을 동쪽 호근동에는 북문 터가 있다. 강정마을의 위쪽으로 가면 '옥드르'라는 감옥 터도 있다. 인근 하원마을에는 탐라 왕자의 묘가 있으며, 옛 홍로현(서홍동)에는 대궐터가 있다. 강정의 서쪽 상예동에는 왕자가 귀양살이하던 왕자골과 왕자굴사가 남아 있다.

강정의 물

예부터 강정 물은 최고로 쳤다. 물이 어찌나 좋았던지 조선시대에는 '강정물'을 진상했다고 전해진다. 임금님도 강정의 물을 마셨고, 경조사 때는 물로 부조도 했다.

또한, 강정의 물은 제주에서 몇 안 되는 논농사를 가능하게 했다. '일강정, 이번내(화순리), 삼도원(신도리)'이라는 말이 있는데, 살기 좋은 곳으로 치면 강정이 최고로 친다는 말이다. 위 세 마을 모두 쌀농사가 가능해서 풍요롭고 살기 좋은 지역이다. 그중에서도 강정을 최고로 쳤다. 그만큼 강정의 물이 깨끗하고 풍부하다는 말이다.

강정의 물 중에서도 최고로 치는 곳은 넷길이소다. 서귀포시 상수원 지로 사용되고 있고, 구럼비케 지역의 논농사에 물을 댈 정도로 넷길이소의 수량은 풍부하다. 아무리 가물어도 마르지도 않는다고 한다. 비가 오면 폭포가 장관을 이루고, 병풍처럼 암벽으로 둘러싸인 모습이 일품이며, 은어가 살 수 있을 정도로 물이 맑고 깨끗하다. 이 네 가지의 길상(吉相)이 있는 물이라 하여 '넷길이소'로 부른다.

한라산 영실계곡에서 발원해서 건천으로 흐르던 도순천이 비로소 넷길이소에서 물을 만나 강정천으로 흐르게 되니 넷길이소가 바로 강정천의 시작점인 셈이다.

넷길이소에서 출발한 강정 큰물은 강정의 본류다. 강정천은 큰물, 대가내천 등으로 불린다. 서귀포시 상수도 수원지가 총 29개가 있는데, 이들 수원지에서 하루 3만 5천 톤의 물을 생산해서 시민들에게 공급한다. 그런데 이 중 절반이 넘는 1만 8천 톤이 강정천에서 공급된다. 서귀포 시민들의 절반은 강정천 물을 식수로 사용하고 있다. 강정천은 또 여름철 유원지로도 유명하다. 어린이들의 물놀이 놀이터이며, 삼복더위

넷길이소 강정천은 한라산 영실계곡에서 발원한다. 그러나 건천의 형태로 흐르다 넷길이소에 이르러 상시 하천으로 변모하게 된다.

에 먹는 백숙도 또 일품이다.

강정의 물을 논할 때 또 빠지면 안 될 곳이 있다. 바로 아끈내다. 표기는 악근천(岳近川)으로 하는데, 글자 그대로 큰산(岳)이 가까이(近) 있어서 붙은 이름이라 해석하면 안 된다. 악근은 '버금가다'라는 뜻의 제주어 '아끈'을 가차한 것에 불과하다. 악근천은 작은 물, 소가내천, 악근천, 악근내 등으로 불리는데 강정천보다 규모는 작지만 이에 못지않은 풍부한 수량과 수질을 갖고 있다. 아끈내도 하루 8천 톤의 예비 상수원 역할을 하고 있다. 강정의 큰물과 작은 물이 서귀포 시민들의 젖

줄인 셈이다.

아끈내 중에서도 소왕물이란 곳이 있는데, 보를 쌓아서 물레방아를 돌렸던 곳이다. 백중 더위에 사람들이 와서 물을 맞았던 곳이다. 멀리 법환리 주민들도 이곳에 와서 더위를 식혔다고 한다. 이때 강정 사람들과 법환 사람들 간의 씨름 한판 대결이 펼쳐지기도 했다고 한다.

강정에는 이 밖에도 물과 관련된 지명들이 많이 있다. 선사시대 유적이 발견되는 '함백이물'이란 곳도 있고, '할망물'은 아이를 갖지 못하는 여인이 이곳에서 멱을 감으면 아이를 갖는 영험한 효력이 있다고 전해지는 곳으로 토신제가 열리기도 했다. '꿩망물'은 원체 깨끗해서 제사 때나, 신당에 치성을 드릴 때 꿩망물을 이용했다. 재미있는 것은 제사에 쓰일 밥이나 국은 꿩망물로 하고, 재료를 씻는 물은 강정 큰물로 했다고 한다.

강정에는 논농사와 관련된 지명도 여럿 있다. '이첨장물'은 최초에 이(李)씨 집안에서 논농사를 지었다고 해서 지어진 이름이고, 정의논이란 곳은 대정현이던 강정마을에 정의현(법환마을) 사람들이 들어와 논농사를 지었다 해서 붙여진 이름이다. '논케왓(케: 여러 잡풀이 자라고 있는 들판. 왓: 밭)' 역시 벼가 자라는 들판이라는 뜻이다.

강정마을 동쪽의 '넙은물(廣水)', 냇깍('깍', 끝머리) 서쪽에 있는 곳(串, 바다 쪽으로 난 길고 좁은 땅이라는 뜻)인 '구럼비', 바닷가 쪽 강정이 아니라 안쪽에 있다 해서 '안간정(內江丁)', 월평동과 강정마을 경계에 있는 '동해물(東海水)', 지금의 월평동 쪽에서 물이 난다 해서 붙여진 이름 '무구러미' 등 강정은 마을 전체가 물과 관련된 지명이다. 이렇게 강정에만 총 17개의 물과 관련된 지명이 있다고 한다.

물 좋고 인심 좋으며 살기 좋은 곳. 이게 바로 강정의 진짜 모습이다. 이런 모습을 보고 '제일 강정'이라는 말도 생겨났을 것이다.

강정마을의 눈물 여전히 강정마을에는 해군기지 건설과정에서 생긴 상처의 흔적들이 남아 있다. 과연 해군기지 건설과정은 국가 공권력이 적법하고 정당한 절차에 근거해 집행되었는가를 생각해 보게 한다. 공권력의 행사는 절차가 내용을 지배한다는 평범한 진리를 우리는 잊지 말아야 한다.

눈물의 강정

강정마을이 전국적인 인지도를 갖게 된 것은 무엇보다 해군기지 문제일 것이다. 이 문제의 시작은 2001년으로 거슬러 올라간다. 국방부가 제주에 해군기지 건설을 추진하기 위해 안덕면 화순리를 후보지로 검토하기 시작한 것이다. 2002년 도민대책위원회가 꾸려지면서 반대운동이 본격화되었고, 이에 따라 그해 12월 해군기지 건설계획이 유보되었다. 이 문제가 시일을 끌다 결국 2005년에 화순항 해군기지 건설계획은 무산되고 만다.

화순항 해군기지 건설계획이 좌초되자 해군이 다음 후보지로 물색한 곳은 위미항이었다. 해군은 위미리 출신 영관급 장교를 추진단장에 임명하며 주민들과의 소통을 추진했다. 그런데도 2006년 위미2리에서 해군기지 반대대책위원회가 발족했고, 2007년 3월 위미1리에서도 대책위가 결성되고 마을총회에서도 해군기지 건설에 반대를 표명하면서 위미리에 해군기지를 건설하고자 했던 해군의 계획이 좌초 위기에 직면한다.

이때 해군에 구세주처럼 등장한 것이 바로 강정마을이다. 당시 김장수 국방부 장관이 급히 제주를 찾은 것은 위미리에서 반대가 분명해진 바로 다음 달인 2007년 4월의 일이다. 그는 김태환 제주도지사를 면담했다. 그런데 이 둘의 면담이 얼마 지나지 않아 뜬금없이 강정마을에서 해군기지 유치 건의서가 제출된다. 4월 22일 강정마을 총회 소집공고가 나갔다. 마을 향약에 따르면 마을총회를 하기 위해선 1주일의 공고 기간이 필요했다. 그러나 4월 26일 총회가 열렸고, 그 자리에서 해군기지 유치안건이 의결되었다. 87명의 주민이 찬성했다. 4월 27일 주민들은 기자회견을 열었다. 화순에서 5년, 위미에서 2년이 걸린 일이 강정에서 닷새 만에 이루어졌다.

국방부 장관과 도지사 간 면담에서는 지역개발사업 등이 논의되었다고만 전해진다. 강정마을이 유치신청서를 낸 직후 국방부와 제주도는 양해각서를 체결했다. 묘하다. 이 세 사건 간 상관관계, 인과관계는 어떻게 되는 것일까? 당사자들만이 알 뿐이다.

2007년 5월 그렇게 강정마을이 해군기지 최종 후보지로 선정되었다. 강정마을에도 해군기지 반대특위가 바로 결성되었다. 기나긴 여정의 시작이었다. 그 후로 강정마을에 해군기지가 들어서고, 대한민국 수병의 가슴에 무궁화꽃 피울 때까지 강정마을을 지키던 동백꽃들은 무수히 떨어졌다. 600명이 넘는 주민들이 연행되고, 250여 명이 기소되었으며 구속 기소자만 35명에 이르렀다. 116명의 주민과 강정마을회에 해군기지 공사방해를 이유로 35억 원의 손해배상 청구도 있었다.

살기좋은 강정마을은 지난 6년간 초토화가 되었다. 그야말로 와장창 벌러지고 말았다. 누가 책임질 것인가!

우리 시대 마지막 양심, 강우일 천주교제주교구장은 이렇게 말한다.

"강정아, 너는 이 땅에서 가장 작은 고을이지만, 너에게서 평화가 시작되리라."

다시는 강정마을과 같은 일이 반복되지 않기를 바랄 뿐이다. 그래서 우리는 강정마을의 눈물을 기억해야 한다.

하나의 강정

2024년. 해군기지가 완공된 지 9년이 흐른 지금도 강정마을의 문제를 공공장소에서 이야기하는 것은 터부시된다. 아무도 이 문제를 사석에서 이야기하는 사람은 없다. 강정마을을 소재로 글을 쓴다고 하니 극구 나를 말리던 나의 절친은 이렇게 이야기한다. "제발 아무 말도 하지 말아다오."

우리는 그의 당부가 아니더라도 침묵을 선택하며 살아가고 있다. 괜히 잘못 이야기를 꺼냈다가 이해관계가 다른 이에게 불편함을 주지 않을까? 또는 불필요한 마찰이 생기지 않을까? 하는 '자기검열'이 생생하게 작동 중이다.

이런 자기검열의 역사를 우리는 제주 4·3에서 봐오지 않앉던가? 제주 4·3을 속 시원히 이야기할 수 있기까지 60년, 70년의 세월이 필요하지 않았나? 그런데도 우리는 왜 자신을 침묵으로 몰아가고 있는 것일까?

그래서 우리는 최소한의 이야기라도 시작해야 한다. 여전히 강정마을 공동체에 관한 문제가 남아 있다. 해군기지 건설 문제로 하나의 마을이 둘로 나뉜 것이 벌써 9년이다. 돌아가기엔 너무 멀리 왔다는 주변 사람들의 말이 가슴에 비수로 꽂히지만, 이제 다시 하나의 강정, 제일 강정으로 돌아가야 하지 않겠는가? 공동체를 하나로 묶을 시간이 왔다.

누군가는 강정마을의 공동체를 복원시키는 데 최대한 노력해야 한다. 그들이 해군기지 건설과정에서 주민들을 설득하고, 설명했듯이 기지 건설 후에도 주민들을 화해시키고, 공동체를 복원하는 일을 지속해서 해야 한다.

일강정(一江汀)이 둘로 나뉘었다. 모두가 피해자다. 그들모두 공동체를 잃지 않았는가? 되돌아갈 고향의 모습을 잃었고, 삶의 터전을 잃었으며, 가족 친구들과 멀어져 살고 있다. 이제 다시 하나가 되어야 한다.

대한민국 국민 모두가 강정에 빚을 지고 있음을 잊어서는 안 된다. 강정 사람들이 우리를 대신해 수병들에게 자리를 내주었다. 잊지 말아야 한다.

18

고근산
용맥(龍脈) 흐르는 신시가지의 주산(主山)

1945년 8월 15일 일제가 패망하고 한반도 남쪽에는 2년 11개월간 미군정이 실시된다. 이 기간에 제주도는 50년 만에 전라남도에서 분리되어 제주도(濟州道)로 승격이 되는데, 1946년 7월 4일 미군정 장관이 제주도지사에게 보낸 서한에는 이렇게 적혀 있다.

"자치제를 진정한 도민의 건의가 타당하다고 인정되어 군정 장관의 직권으로 승격을 허가한다."

1945년 그 혼란했던 시절 김홍석(金洪錫) 선생 등이 미군정 장관을 찾아가 도제(道制) 실시를 건의했다는 것이다. 놀라운 일이다. 물론 미군정이 도제를 실시한 것은 당시의 좌우가 대립하는 혼란한 상황에 전라남도를 거치지 않고 신속하게 대처하려는 의도도 있었지만, 우리 윗세대들의 이런 진취적인 행동을 보면 참 존경스럽지 않을 수가 없다.

제주도가 탄생하면서 생겨난 것이 바로 북제주군과 남제주군이었다. 한라산 북쪽을 북제주군이라 했는데, 1955년에 제주읍(邑)이 제주시(市)로 승격하면서, 북제주군은 제주시와 분리되었다. 반면 산남에는 1981년 7월 1일 남제주군 서귀읍과 중문면이 통합되면서 서귀포시와 남제주군이 분리되었다.

대정과 정의를 하나로

1981년 중문면과 서귀읍의 통합에 의문이 하나 생긴다. 왜 하필 중문이었을까? 또, 왜 통합하면서 시로 승격되었을까? 1980년 서귀읍의 인구가 이미 5만 8천 762명이었으므로 그냥 서귀읍만으로 시(市) 승격의 요건은 갖추고 있었는데, 굳이 중문과 통합해야 할 이유가 있었을까?

일단 시(市)가 되면 조례·규칙을 자율적으로 제정할 수 있고, 지방세를 스스로 부과·징수할 수 있으며, 자체 재산을 보유할 수 있고, 주민의 복리를 증진하기 위한 자치행정을 스스로 수행할 수 있게 된다. 따라서 더 많은 주민에게 혜택을 주려면 서귀읍 인근에 있던 중문이나 남원을 통합해서 시로 승격하는 것이 맞는 결정으로 보인다.

그런데 왜 하필 중문이냐고? 남원읍(1980년, 2만 3천 545명)으로 통합했다면 중문면(1980년, 1만 8천 355명)보다 더 많은 주민에게 혜택을 줄 수 있지 않았나? 아니면 남원읍의 위미1, 2, 3리와 중문면의 대천동 지역(강정리, 도순리, 영남리, 용흥리)을 조금씩 나누어 서귀포시로 만들었을 수도 있었다. 그러나 선택은 서귀읍과 중문면의 통합이었다.

서귀읍은 조선시대 이래로 일제 강점기까지 정의군(旌義郡) 또는 정의현(旌義縣)에 속해 있었다. 역사적으로 단 한 번도 정의 군수나 정의 현감의 관할을 벗어난 적이 없다. 중문도 마찬가지다. 역사적으로 대정군(大靜郡) 또는 대정현(大靜縣)에 속해 있었다.

만약 서귀읍과 남원읍 간 통합이었다면 과거 정의군 지역만 따로 묶어 시로 승격시키는 격이 되는 것이고, 서귀읍과 중문면을 통합해야만 정의군과 대정군이 하나로 묶이게 되는 것이다. 이렇게 보면 참으로 대단한 의사결정이 아닐 수 없다. 그리고 또 재미나다.

강정마을에 가면 정의논이 있다. 정의군 사람들이 들어와 논농사를 지었다 하여 붙여진 이름이다. 법환의 범섬에는 대정질, 정의질이라는 바위가 있다. 하나는 대정 방향으로 서 있다고 하여, 또 하나는 정의 쪽 방향을 바라본다고 하여 붙여진 이름이다. 그래서 법환은 예부터 대정에 속했다가 정의에 속했다가 했을지 모른다. 중문면의 동쪽 끝 강정마을과 서귀읍의 서쪽 끝 법환마을 사람들은 매년 대정군과 정의군의 명예를 걸고 씨름대회를 했다고 한다.

서귀포 신시가지

그런데 서귀읍과 중문면이 하나로 통합되긴 했는데, 통합해 놓고 보니 문제가 생겼다. 각 지역의 중심지였던 서귀동 일호광장과 중문 우체국까지의 약 14km의 거리가 너무 멀게 느껴지는 것이었다. 일호광장에서 시내버스를 타면 중문까지 모든 정거장에 한 번씩 정차하다 가다 보면 족히 40~50분은 가야 했다. 직행버스를 타도 30분이었다.

서귀동 주변에는 현 서귀포시청(구 남제주군청), 구 서귀포시청, 경찰서, 상설시장, 의료원, 고등학교 등이 몰려 있었고, 중문도 면 소재지였던 만큼 우체국, 소방서, 오일장 등이 있어 두 도심지 간 이동의 수요가 별로 없었다. 화학적 결합을 논하기 전에 물리적 결합도 요원한 상태였다.

그래서 중문과 서귀포 중간지역에 신도시를 건설해서 서귀포-신도시-중문을 잇는 도심 벨트가 추진되었다. 이것이 바로 서귀포 신시가지다. 1989년부터 1992년까지 대륜동(서호·법환동)과 대천동(강정동) 일대 97만 8천 421m²(29만 6천 50평)의 토지가 서귀포 신시가지로 조성되기 시작했다. 1994년 서귀포시 청사가 이곳으로 이전했고(나중에 다시 서귀포로 이전했지만), 서귀포 경찰서, 우체국, 농협 등 공공기관 등도 이전했다. 2002년 월드컵경기장이 조성되고, 그 이후 대형마트 상가와 서귀포시 버스터미널까지 이전되었다.

여기서 또 설계의 미학이 나온다. 바로 신시가지의 위치다. 서귀읍과 중문면의 중간지역에 위치해야 한다는 목표를 잡았는지 정확히 신시가지의 반은 대천동(구 중문면 강정리), 나머지 절반은 대륜동(구 서귀읍 법환, 서호리)에 터를 잡았다. 그 중심이라 할 수 있는 서귀포시청 터는 대륜동과 대천동에 딱 걸쳐 있다. 다만 시청과 경찰서 터를 반으로 나눌 수는 없었는지 대륜동에 갖다 놓았다.

서귀포 신시가지 동쪽에는 정부가 추진하는 서귀포 혁신도시가 들어섰다. 2007년부터 서호·법환동 일대 1,151,000m² 규모로 개발되어 국토교통인재개발원 등 9개 국가 공공기관이 입주를 완료했다. 그리고 2014년 서귀포 신시가지 서쪽 강정동 276,574m²의 택지도 준공되었다.

이제 서귀포 신시가지는 서귀포와 중문을 잇는 가교역할

이 아니라 서귀포와 중문을 날개로 하는 몸통이 되어가고 있다. 그 몸통의 반은 대정의 땅이요, 나머지 반은 정의의 땅이다. 이런 것을 보고 신의 쌍수라 한다.

대천동과 대륜동 노란 선 좌측이 대천동(구 대정군, 중문면 지역)이고, 우측이 대륜동(구 정의군, 서귀읍) 지역이다. 서귀포 신시가지는 과거 대정군과 정의군의 경계이며, 중문면과 서귀읍의 경계를 도심의 중심으로 삼고 있다.

서귀포 신시가지 멀리 삼매봉과 문섬, 섶섬이 보인다. 가운데 옷걸이 모양의 부지가 서귀포시 2청사, 서귀포시 경찰서, 제주특별자치도 감사위원회가 있는 곳이다.

고근산

과거 대정현과 정의현의 경계가 되었던 산이 있다. 바로 고근산(孤根山)이다.

대정현 땅과 정의현 땅 반반씩을 써서 서귀포시의 미래를 건설했으니 여기 이곳이 바로 서귀포 신시가지요. 경계가 되던 산은 당연히 서귀포 신시가지의 중심축이 되었다. 즉, 고근산은 서귀포 신시가지의 주산(主山)인 셈이다.

고근산은 주변에 다른 산이 없이 홀로 서 있다는 뜻에서 고근산(孤根山)이라 한다. 호근리[虎近里, 범섬(虎島)과 가까운 마을]에서는 호근산(虎近山)이라고 부르기도 했고, 고공산(古公山), 고근산(古根山, 固根山) 등 여러 이름으로 쓰이기도 했지만, 지금은 고근산으로 명칭이 정착되었다.

해발 396.2m의 고근산에 오르면 한라산 능선이 좌 끝에서 우 끝까지 보이는데, 그 능선의 모습이 마치 여신이 머리를 풀어 헤쳐 하늘을 보며 누운 듯 보인다. 혹시 그 여신이 바로 설문대할망이 아닐까? 설문대할망은 한라산을 베개로 삼고, 고근산 분화구에 엉덩이를 대고 앉아 범섬에 다리를 걸치고 누워 물장구를 쳤다는 전설이 있다. 범섬에 생긴 해상동굴도 설문대할망이 발가락으로 뚫어 놓은 거란다. 제주 사람들의 상상력은 최고다.

고근산에서 한라산 정상까지는 직선거리로 10km, 다리를 걸쳤던 범섬까지는 약 5km, 그리고 한라산, 고근산, 범섬은 또 일직선상에 있다고 한다. 서귀포 일호광장이 한라산, 일호광장, 문섬으로 이어지는데, 또 한라산과 고근산 범섬이 이어지기도 한다. 전설은 이 정도는 해야 하지 않겠나?

김종철의『오름 나그네 1』을 보면 고근산에 관한 신기한 현상이 기록되어 있다. 김종철 일행이 방향을 확인하려 고근산 남서쪽의 바위 위에 컴퍼스(나침반으로 생각됨)가 정북(正北)을

대륜동 방면에서 본 고근산 서귀포시 서호동 1286-1에 위치한 고근산. 과거 대정현과 정의현의 경계가 되었던 산이 고근산이다. 고근산 밑 도로가 대천동과 대륜동의 경계가 되는 도로이지만, 지금은 서귀포 신시가지와 서귀포 혁신도시의 주산(主山)이 된다. 고근산에 오르면 한라산 남면 전체와 남원읍 지귀도에서 대정읍 마라도까지 제주 남쪽 바다를 한눈에 볼 수 있으며, 고근산 뒤로 보이는 한라산의 모습은 마치 여신이 머리를 풀어 헤치고 하늘을 보며 누워있는 듯하다. 혹시 이 여신이 설문대할망은 아닐까?

가리켜야 할 한라산이 서쪽에 있고, 정남(正南)에 있어야 할 범섬이 동쪽을 가리키는 것이다. 그런데 그 바위에서 조금 떨어진 풀밭에 내려와 놓자 컴퍼스가 제자리로 돌아온 것이다. 김종철은 이 바위에 자성(磁性)을 띤 성분이 함유돼 있을 것으로 추측했다.

산의 남동사면 중턱 '머흔저리'라는 곳에 커다란 너럭바위가 있는데 여기를 곡배단(哭拜壇) 또는 망곡단(望哭壇)이라 해서 국상(國喪)이 났을 때 곡배하던 곳이라 전해진다. 인근 주민들은 산의 용맥(龍脈)이 흐르는 곳이라 여겨 신성시하고, 영구히 금장(禁葬) 지역으로 정했다. 오래전 누군가 몰래 묘를 썼다가 호근과 서호리에서 들고 일어나 결국 이장했다고 한다.

강창학 공원의 그림

서귀포 시민이라면 누구나 다 아는 사람이 있다. 모르면 간첩 소리 듣는다. 이유는 이분의 이름을 딴 어마어마한 규모의 공원이 있기 때문이다.

강창학(康昌鶴, 1927~2003). 그는 서귀포시 하효동 출신 사업가로 큰 부를 축적한 인물이다. 그의 이름은 거부(巨富)라서 빛나는 것이 아니라 그가 일생에 걸쳐 행한 선한 기부행위 때문이다.

강창학은 1950년 약 8,400m²의 땅을 당시 서귀초등학교 서홍분교에 기부해서 홍로국민학교를 탄생시켰다. 이것이 지금의 서귀북초등학교의 시초다. 1986년에는 서귀포시 상효동에 현대식 노인복지시설인 성요셉 양로원(대지 6,626m², 건축 605m²)을 건립하고 천주교재단에 헌납했다. 그리고 1988년 고근산 남서쪽 기슭 강정동 땅을 서귀포에 기부했다. 그 규모가 무려 48필지, 260,000m²에 이른다. 이곳이 지금 '한국야구 명예의 전당'이 있는 곳이며, 축구장이 2개, 야구장이 3개, 인라인스케이트장 등이 몰려 있는 종합 스포츠센터의 터가 되는 곳이다. 시민들은 이곳을 88체육관 또는 중앙공원이라 하다 1999년부터 그의 이름을 따 강창학 공원으로 부르고 있다.

그는 1989년 대한적십자로부터 적십자 박애장 금상, 1992년 서귀포 시민상을 받았으며, 2003년 국민훈장 동백장이 추서되었다.

그리고 강창학 공원 주차장에는 아주 특별한 그림이 있었다. 아마 1990년대 후반에 누군가 그렸다가 2000년대 중반쯤 지워진 것 같다. 누가 그렸는지 몰라도, 누구의 아이디어인지는 몰라도 아주 대단하고 정교한 그림이 있었으며, 알음알음 알던 곳이었기 때문에 비밀스러운 그림이었다. 어떤 그림이었을까? 퀴즈 풀 듯 풀어보라. 장담컨대 대한민국에 단 하나의 그림이 강창학 구장 주차장에 있었다. 그것은 바로 운전면허 기능시험과 똑같은 규격의 그림이었는데, 누군가 스프레이로 주차장 바닥에 그려넣은 것이었다. 이것이 소리소문없이 알려지면서 시민들이 밤마다 여기와서 운전면허 기능연습을 하곤 했다.

19

하논
역사의 광풍이 휩쓸고 간 한반도 최대 분화구

1886년 조선은 프랑스와 조불수호통상조약을 체결하고 천주교의 선교 허락과 교인들의 신분 보호를 인정했다. 그리고 1899년 다시 한번 대한제국과 천주교 조선교구 사이에 교민조약(敎民條約)이 체결되어 한 세기 넘게 탄압받아온 천주교가 선교의 자유를 얻으며 본격적으로 교세를 확장하기 시작했다.

제주도에도 천주교가 들어왔다. 1898년 중문면 색달리 사람 양 베드로가 육지에서 세례를 받고 돌아와 대정읍 등지에서 전도했다. 1900년에 십수 명이던 교인은 1901년에 영세자 242명, 예비신자 약 700명 정도로 증가했다.

그러나 천주교의 선교 활동은 잦은 마찰을 빚었다. 이는 전국적인 현상이었다. 천주교는 민중의 정신세계를 지배하고 있던 유교의 전통질서를 인정하지 않았고, 그들이 말하는 복음화는 조선의 전통문화에 대한 이해를 바탕으로 한 것이 아니라, 서구의 시각과 사고방식에 의한 것이었다.

1895년부터 10년간 민초들과 교인들 사이에 300여 건의 충돌이 발생했다. 이 중 가장 큰 사건이 바로 1901년(신축년) 제주에서 일어난 '이재수의 난'이다. 이재수의 난은 '제주민란' '신축항쟁'이라 하며, 천주교에서는 교인들의 희생을 강조하는 뜻에서 '신축교안'이라 부른다.

횡포

1897년 대한제국이 수립되었다. 그러나 이미 제국은 막대한 재정난에 시달리고 있었다. 정부는 부족한 세원을 충당하기 위해 그간 지방에서 징수하던 지방세를 국세로 전환하고, 13명의 '봉세관(封稅官)'을 두어 지방으로 파견했다.

제주에도 강봉헌(姜鳳憲)이라는 자가 봉세관으로 내려왔다. 그는 권한을 남용해서 갖가지 명목으로 세금을 거두었는데, 밥상에 올리는 고기나 전복에도 '어세(漁稅)'란 이름으로 세금을 물리고, 집 마당에 나무가 있으면 '수세(樹稅)'를 걷었으며, 가축, 어장, 어망, 소금, 심지어 산림이나 잡초에도 세금을 부과했다.

한편 당시 프랑스 신부들은 고종이 직접 내린 '여아대(如我待)'라는 징표를 가지고 있었는데, 여아대란 '징표를 제시하는 자를 나(고종)처럼 대우하라'는 뜻이었다. 그들은 이런 특권을 이용해서 '양대인(洋大人)'이라 불리며 조선 팔도 어디를 가나 보호받는 존재가 되었다. 문제는 천주교인들 일부가 신부들의 특권을 이용해서 분란을 일으키고 다녔고, 봉세관도 세금을 거두는 데 천주교인들을 동원하면서 갈등이 생겨나기 시작했다.

제주의 천주교인들은 갖은 일탈에 연루되었다. 이들은 봉세관과 협력해 공유지를 매입하고 무속신앙에 쓰이는 신목(神木)을 베어버리며, 신당을 파괴했다. 해녀와 어부들의 수확량을 갈취하고, 입교를 강요했다. 제사나 굿하는 일에 간섭했으며, 부녀자들을 겁탈하고 심지어 성당으로 사람들을 잡아 와 스스로 형벌을 내리는 사형(私刑)을 일삼기도 했다.

급기야 1901년 산남지역 최초의 천주교 성당이었던 하논 본당에서 사건이 터지고야 말았다. 오달현, 오창우 등 천주교인들이 천주교를 반대하는 대정읍의 유지이자 유림인 현유순의 집을 습격해 세간을 부수고 현유순과 그의 아버지 그리고 대정향교 장의(掌儀) 오신락을 하논 본당으로 끌고 왔다. 그들은 준비된 형구로 이들을 고문하다 연로한 오신락이 고문에 못 이겨 사망하는 사건이 벌어진다(천주교는 그가 자결했다고 주장했다).

당시 대정 군수였던 채구석과 관노 이재수 등이 현장에 나와 치사를 확인하고 검시까지 했으나 살인범을 잡아 가두기는커녕 수사도 하지 못하고 돌아갔다. 행정 권력의 통제력이 상실된 모습을 보며 사람들은 자신을 스스로 보호하기 위해 '상무사'라는 조직을 만들고, 민회를 열었다. 사람들은 봉세관의

변방에 우짖는 새 제주 출신 작가 현기영의 장편소설 『변방에 우짖는 새』(1983)는 제주도에서 일어났던 방성칠난과 이재수의 난을 다루었다. 이 소설이 훗날 박광수 감독, 이정재 주연의 영화 〈이재수의 난〉(1999)의 모티브가 되었다.

세폐(稅弊)와 천주교인들의 교폐(敎弊)를 성토하기 시작했다. 그래서 그들은 제주성으로 직접 찾아가 이들의 폐해를 즉시 시정해줄 것을 제주목사와 봉세관에게 요청하기로 결의했다.

이에 위협을 느낀 천주교인들이 한림읍 명월에 있는 민회를 급습했고, 대정현의 무기고를 강탈해서 무장했고, 강봉헌도 서울로 도주했다. 이에 민회도 급격하게 무장투쟁에 의한 강경노선으로 급선회하면서 민회가 아닌 1만여 민군(民軍)으로 변모했다. 그리고 이때 지도자로 등장한 것이 관노 이재수다.

민군은 제주성을 포위하고, 제주시 황사평에서 무장한 천주교인들과 대치했다. 그러나 제주성의 포위가 장기화하자 식량이 바닥났고, 그간 천주교인들로부터 멸시와 탄압받아온 무녀(巫女)와 퇴기(退妓)들이 성문의 빗장을 풀면서 민군은 제주성을 점령하게 되었다. 양측의 충돌로 약 700명에 이르는 피해자가 생겼으며, 천주교인 309명을 포함해 317명이 처형됐다.

반목과 화해

정부는 미국인 고문관인 샌즈(W. F. Sands)와 관군을 급파했고 일본 군함과 프랑스 함대가 출동했다. 관군과 민군 수뇌부는 사건 해결을 위해 협상을 벌였으나 관군이 이재수 등 민군 수뇌부를 제주성으로 유인해서 잡아 가둠으로써 민란은 일단 락되었다. 그들은 서울로 압송돼 처형되었고, 외교 문제로 비화해 국제재판이 4년 넘게 열리기도 했다.

언제나 그랬듯이 중앙정부의 해결방식은 제주의 관점에서 보면 오류투성이였다. 중앙정부는 천주교에 의해 민군의 우두머리라 오해받은 대정 군수 채구석을 해임했다. 그리고 그 자리에 그 악명높던 강봉헌을 임명했다. 강봉헌은 관군과 함께 제주로 다시 내려와 이재수의 고향에 가서 대정 군수가 된 것이다. 이렇게 민심을 무시하는 처사가 또 어디 있었을까?

대정 군수 자리에서 내려온 채구석은 중문에서 살다 훗날 천제연 물줄기를 이용해 중문 옥토를 일구게 되었고, 그의 후손은 항공사를 계열사로 보유한 대기업을 일구었다. 사람들은 그 항공사의 비행기를 타고 제주로 관광을 온다. 하논의 역사는 이렇게 제주 전체와 연결되어 있다.

2003년 '1901년 제주항쟁 기념사업회'가 제주민란 당시 사망자 317명의 명단을 발굴했다. 희생자 수는 제주군 36리에서 93명, 대정군 26리에서 81명이었으며, 정의군은 오직 8개리에서 무려 142명이나 죽임을 당했다.

정의군에서 천주교의 교세가 가장 셌다는 방증이기도 하

고, 교폐가 가장 심했다는 방증이기도 하다. 실제로 민란 이후 교폐(敎弊) 현황을 정리한『교폐사실성책』을 보면 대정군에서 벌어진 교폐는 총 48건인데 반해, 정의군에서 발생한 교폐는 178건에 이른다.

민란의 원인이 되었던 하논 본당은 산남지역 최초로 설립된 성당으로 1900년 설립 당시 신자 수가 20명에 불과했지만, 1년 만에 138명으로 늘었을 정도로 교세가 컸던 곳이다. 하논 본당과 천주교인들은 문을 연 지 1년 만에 이재수의 난을 촉발했고, 그 결과 하논 본당의 신도들이 잡혀가 죽임을 당했다. 억울하게 죽은 참된 신앙인들도 있었다고 전해진다. 결국 하논 본당은 1902년 6월 서홍동 홍로 본당(현 면형의 집)으로 이전되었다.

2021년은 이재수의 난이 발생한 지 120년이 되는 해였다. 천주교와 신축 항쟁 기념사업회는 제주 황사평과 옛 하논 본당 터에 화해의 탑을 건립했다. 그간 사건의 성격을 놓고 민란과 교안이라는 주장이 있었지만, 어쨌거나 스스로 성찰하고 상대를 용서하는 화해의 손을 잡은 것이다. 제주 사람들은 이렇게 현명하다.

화해의 탑 천주교인들은 천주교를 반대하는 대정지역 유지를 하논 본당으로 끌고 와 고문하다 치사에 이르게 했다. 이 사건으로 천주교인들과 일반 백성 간의 충돌이 벌어져 이른바 '제주민란'으로 발전하게 되었다. 제주민란으로 산남지역 최초의 천주교 성당이었던 하논 본당은 홍리로 이전하게 되었고, 정의현 지역 천주교인 147명이 색출되어 처형되었다. 2021년 제주 민란 발발 120주년을 맞아 천주교 제주교구와 신축항쟁 기념사업회는 공동으로 옛 하논 본당 터와 민군 주둔지이자 천주교 성지인 황사평에 화해의 탑을 건립했다. 화해의 탑에는 이렇게 적혀있다. "다시금 과거 제주 역사 안에서 발생한 일에 대한 우리의 성찰과 서로의 참된 화해와 상생의 마음을 기억하며…."

하논마을의 시련

하논은 크다(大)의 순우리말인 '한'과 논이 결합한 단어인데, 발음상 'ㄴ'이 탈락해서 하논으로 불렸다.

하논은 예부터 물이 풍부하고 따스해서 논농사할 수 있었던 지역이며, 이곳에서 나는 쌀은 진상될 정도로 품질이 우수

했다고 한다. 그래서 이곳은 오래된 역사를 갖는 마을이었다.

그러나 1948년 하논마을에도 제주 4·3의 광풍이 몰아닥쳤다. 처음에는 하논마을이 해안가에서 멀지 않은 곳에 있었기 때문에 큰 피해가 없었다. 그러다 무장대가 하논마을을 습격해서 1명의 사상자를 내는 일이 벌어졌다. 이에 토벌대가 곧바로 보복해, 이 마을을 통째로 불살라 버렸다. 이 때 하논마을을 지키던 작은 사찰 봉림사도 함께 전소되었다.

생존자들은 호근리, 법환리, 서귀리 등에 뿔뿔이 흩어져 살다 고향으로 되돌아오지 못했다. 하논마을은 '잃어버린 마을'이 되고 말았다.

한반도 최대 분화구

하논은 사실 오름이다. 거대한 오름이다. 사실 하논의 남사벽에 해당되는 삼매봉은 오름으로 생각하면서도 하논은 오름이라 생각하지 않는다. 또는 삼매봉만을 독립된 오름으로 생각하기도 한다. 『오름 나그네』의 저자 김종철은 '삼매봉은 하논이라는 거대한 마르형(Marr) 분화구를 에워싼 외륜산(外輪山)의 일부이며 최고봉일 따름'이라고 이야기하고 있다. 하논은 지질학적으로도 중요한 마르형 분화구로 인정되고 있다는 점에서 분명히 오름이다.

하논마을은 이 거대한 오름의 분화구 안에 사람들이 들어와 살면서 이뤄진 것이며, 분화구에서 솟는 화산 용천수를 이용해 논농사를 지었다. 논농사를 지을 수 있을 만큼의 용천수가 솟는다는 것은 이곳이 과거에 화구호수가 존재했음을 말해주는 중요한 실마리로 볼 수 있다. 실제로 약 500년 전까지 화구호수가 있었지만, 사람들이 개간하면서 없어진 것으로 추정된다.

하논분화구는 총면적이 1,266,825m²(약 38만 4천 평)이며, 정상부 지름이 무려 1,150m에 이르는 엄청난 규모의 화산체다. 백록담보다 더 큰 것은 물론 한반도 내 최대 분화구라한다.

다만 분화구 둘레의 고도가 약 50~150m로 비교적 낮고 불규칙하며, 워낙 둘레의 길이가 길다 보니 하나의 온전한 오름으로 식별하기가 어려울 뿐이다. 또한 분화구 서쪽 남성마을과 삼매봉과 하논 사이에 일주도로가 지나가고 있고, 북사면에도 도로가 지나가는 등 원형이 크게 훼손되었다.

하논은 5만 년 전 오름의 화구호수에 차 있던 물이 마그마와 만나 폭발을 일으키면서 형성되었다. 일반적으로 물로 채워진 화구호수가 있는 화산체를 마르형(Marr) 화산체라고 하는데, 같은 수성화산체인 수월봉, 송악산이나 성산일출봉과

삼매봉(위)과 하논(아래) 삼매봉은 세 개의 매화같이 아름다운 봉우리가 연달아 있어서 삼매봉(三梅峰)이라 불린다. 표고 153.6m로 하논의 외곽 봉우리 중 가장 높은 곳이다. 하논은 하논분화구의 화구구에 해당하는 곳으로 분화구 안에서 또 다른 화산활동으로 생긴 이중식 화산이기도 하다. 하논분화구에는 논농사가 가능할 정도의 풍부한 수량이 용출되고 있다.

삼매봉 남성대 삼매봉 정상에는 남극노인성을 볼 수 있는 남성대(사진 중앙에 파란색 지붕의 정자)가 설치되어 있다. 남성대는 남극노인성을 관측할 수 있는 곳이란 뜻이며, 남성대와 삼매봉 주변 남성(南星)마을도 모두 남극노인성과 관련 있는 지명이다. 1960년대까지 남성대에서는 국운 융성을 비는 제사가 국가 주관으로 열렸다. 서명숙 (사)제주올레 이사장은 공무원 윤봉택 씨가 사료 발굴을 통해 삼매봉 남성대에서 국가 제사가 열렸다는 사실을 발견하고 서귀포시청에 알렸다고 한다. 서귀포 사람들이 이 정도다.

는 다른 특성이 있다. 하논의 수성화산활동은 많은 양의 화성쇄설물(火成碎屑物)을 분출했고, 빙하기를 거치면서 호수 바닥에 쌓인 퇴적층에는 고기후·고생물 등 지구생태계의 변천 과정에 관한 귀중한 정보가 축적된 것으로 추정하고 있다. 이는 동아시아지역의 기후변화를 연구하고 예측하는 데 활용될 것으로 기대되어 학술적으로 매우 중요한 곳이다.

삼매봉의 노인성

우리는 보통 노인을 늙은이라 깎아내린다. 늙은이[늘그니]의 진짜 뜻을 알고 있는가? 늙은 사람, 늙어버린 사람을 뜻하는 것이 아니라 '늘 그러한 이' '항상 변함없는 모습을 지닌 사람'이라는 뜻이라 한다. 사실 여부를 떠나 정말 좋은 해석 아닌가? 매사에 하고 싶은 대로 해도 법도에 어긋남이 없다던 공자의 모습이 그야말로 '늘 그러한 이'의 표상 아니었을까? 노인은 늘 그러한 이가 되어야 한다.

1년 중 6개월, 동짓날 전후 3개월씩 남쪽 하늘 거의 수평선과 같은 높이에서 보이는 별이 있다. 수평선과 이 별의 각도는 겨우 3도. 거리는 310억 광년, 북위 37.3도 밑에서만 관측되며, 밤하늘에 북극성 말고는 이 별보다 밝게 빛나는 별은 없다. 이 별을 동양에서는 '남극노인성(南極老人星, 줄여서 노인성), 서양에서는 '카노푸스(Canopus)'라 불렀다.

옛사람들은 밤하늘에서 가장 빛나는 북극성은 사람이 죽었을 때 저승으로 인도하는 별이라 믿었고, 살아 있는 사람의 길흉화복과 무병장수는 남극노인성이 주관한다고 믿었다. 노인이 '늘 그러한 이'의 뜻이 있듯이 노인성은 늘 그러한 모습을 지닌 무병장수의 모습을 관장하는 것이다.

이 별을 보면 무병장수하고, 나라의 국운은 융성한다고 전해진다. 그래서 세종대왕도 관리를 파견해서 이 별을 보고자 했다. 하지만 이 별은 쉽게 볼 수 없어서 우리나라에서는 서귀포와 남해안 일부에서만 보인다고 하며, 우리나라에서 이 별이 가장 잘 보이는 장소가 바로 삼매봉 정상이다. 가을 새벽이나 봄 저녁에 삼매봉에서는 맨눈으로 이 별이 관측된다. 토정 이지함 선생과 제주목사 이원조가 노인성을 보기 위해 한라산에 올랐지만 보지 못했다. 번지수를 잘못 찾은 것이다. 제주목사를 지내고 『택리지』를 펴냈어도 삼매봉은 몰랐던 모양이다. 삼매봉을 알았어야지.

제주와 천주교

조선 후기에는 천주교인에 대한 박해와 탄압이 있었다. 1791년 유림 윤
지충이 어머니 제사를 지내지 않는다는 이유로 처형당했고, 1801년에는
교인 100명이 처형당하고, 400명이 유배당하는 신유박해가 있었다. 신
유박해의 참상을 기록하고, 프랑스 함대를 조선에 보내어달라는 밀서를
북경에 있는 프랑스 주교에 보내려다 발각된 황사영이 능지처참을 당하
고, 그의 어머니가 거제도에, 그의 부인인 정난주는 두 살배기 아들과 함
께 제주도로 보내졌으며, 그 아들마저도 추자도에 내려놓아야 했다. 정
난주는 대정현에서 위리안치형을 받고, 관비(官婢)가 되어 종노릇하다 일
생을 마감해야 했다. 그녀는 제주도 최초의 천주교인이었다.

1845년 9월 28일, 상해를 출발해 조선으로 귀국하려던 작은 목선 하
나가 거센 풍랑으로 표류하다 한경면 해안에 기적적으로 닿았다. 이 작
은 목선에는 천주교 조선교구 3대 교구장이었던 페레올 주교와 파리 외
방전교회 소속의 바블뤼 신부 등 11명이 타고 있었다. 그리고 김대건이라
는 조선인 청년도 함께 있었는데, 그는 중국에서 조선인 최초로 사제서
품을 받아 조선으로 돌아와 포교 활동을 하려던 참이었다. 그들은 배에
서 내리자마자 신에게 살아 있음에 감사드리며 미사를 올렸다. 이 미사
는 제주에서 행해졌던 첫번째 미사로 기록되고 있다. 조선인 최초의 신부
였던 김대건은 1년 뒤 형장에서 25년의 짧은 생을 마감했다.

1856년 제주에서 출발한 배가 풍랑을 만나 표류하던 중 극적으로 영
국 선박에 의해 발견되었다. 표류 중 친구 다섯을 잃은 김기량은 구조되
어 홍콩에서 신부에 의해 치료받는다. 천주교인이 된 그는 1858년 제주
로 다시 돌아와 도민 20여 명과 그의 가족 40여 명을 천주교로 개종시켰
다. 그는 기록된 제주 최초의 조선인 선교사였다.

20

감귤박물관
제주 감귤의 모든 것

논산 육군훈련소에서 한창 신병 훈련을 받던 때는 동장군이 기승을 부리던 1월이었다. 뉴 밀레니엄 시대에 입대하면 뭔가 달라진 선진 군 문화를 경험하게 될 것이라며 남들 군대에 갈 때 안 가고 버티고 버티다 2000년 1월 입대했다. 물론 그곳에는 나를 반긴 건 선진 군 문화가 아니라 지은 지 50년이 넘는 구형 막사와 혹독한 추위뿐이었다. 그리고 그곳은 모든 것이 낯설었다. 대지가 어는 광경, 제설작업, 쩍쩍 갈라진 손 등등 모든 것들이 새로웠다.

그런데 어느 날 문득 모든 것이 생소한 그곳에 시나브로 낯이 익은 물건이 내무반으로 보급되었다. 이 향은 무엇이던가? 50m 전방에서도 암구호 없이 단번에 알 수 있는 이 그윽한 향기! 그것은 바로 제주 감귤 향이었다.

아니 웬 감귤? 훈련소에서 귤을 만나다니! 그것은 현실이었다. 20세기 군번들은 겪어보지 못했을 새 시대 신병들만 누리는 호사가 아닐까? 생각했다.

그러나 아니나 다를까 우리는 약간의 의심을 하기 시작했다. 우리에게 보급되는 것은 감귤뿐만이 아니었다. 그 해 조류 인플루엔자로 수십만 마리의 닭이 폐사했다는 소식이 국방일보를 통해 알려질 즈음 우리의 식판에는 이미 닭튀김이 매일같이 올라오고 있었다.

박물관에는 없는 귤 이야기

우리는 보급된 귤을 먹었다. 아니 배가 터지도록 먹어야 했다. 더 정확한 표현은 '먹었다'가 아닌 '강제로 먹여졌다'. 저녁 점호가 끝나고 취침 시간까지 주어진 시간은 10분, 모든 소대원은 의무적으로 주어진 분량만큼의 감귤을 먹어야만 했다. 하루에 한 내무반당 비상품 감귤 1 컨테이너씩이 배당됐는데 각 소대원은 자기 분량만큼 전부 먹어 치워야 했다. 남길 수는 없었다. 그날 먹지 않으면 다음 날 더 많은 수량을 먹어야 했다. 그것은 극기 훈련이었다. 부작용이 속출했다. 10분 안에

빨리 먹어야 화장실에 갈 수 있었다. 늦게 먹으면 화장실에 갈 수 없었고, 화장실에 가지 못한 어떤 병사들은 취침 중 침낭에 소변을 보는 실수를 저지르곤 했다.

그런데 대관절 무슨 연유로 감귤이 군대에 보급된단 말인가? 이유가 무엇이었을까? 문제는 제주 감귤의 가격 파동이었다. 감귤이 시장수요보다 많이 생산되어 감귤 가격이 폭락하는 현상이 그해에도 발생했다는 것이다.

1960년대부터 본격적으로 재배되기 시작한 제주 감귤은 금세 겨울철 국민 과일로 급성장한다. 수익이 높다고 알려지자 너도나도 감귤 농사에 뛰어들게 되었다. 그렇게 1980년대 최고 전성기를 구가하다, 1989년 겨울 사상 최고치인 75만 톤이나 수확되면서 만성적인 공급과잉에 시달리게 된다. 참고로 2021년산 감귤의 예상 수확량은 50만 톤이 안 되며(49만 8천 700톤), 평년 수확량은 47만 5천 200톤에 불과하니 당시 얼마나 많은 양이 생산되었는지 상상이 된다. 그뿐만 아니라 1993년 우루과이라운드(UR)로 수입시장이 개방되면서 외국산 과일들과도 경쟁하게 되었고, 1997년 오렌지 농축액까지 수입되면서 상품성이 없는 감귤로 만드는 농축액도 경쟁 시장이 되었다. 이렇게 시장에 공급은 많아지는데, 매년 농사 기술은 발달해서 단위당 생산량은 증가하기만을 거듭했다. 이런 이유로 1990년대 제주 감귤 시장은 공급과잉 문제로 2~3년에 한 번씩 가격이 폭락하는 가격 파동을 겪었다. 엎친데 덮친 격으로 1998년 12월 IMF로 수요는 급감하게 되면서 제주 감귤은 근본적인 체질 변화를 요구받았다.

1999년산 감귤도 63만 톤이나 수확되었다. 우리가 보급받은 귤이 상품성 없는 감귤로, 작은 크기(일명 '꼬다마')였던 것을 생각해 보면 누군가 비상품(非上品) 감귤을 수매해서 군대로 보낸 것이다. 만약 비상품 감귤이 시장에 유통되면 악화가 양화를 구축한다고, 상품 감귤 가격이 폭락할 것이고, 그럼 또 농민들이 피해를 보는 상황이 발생할 것이기 때문이다.

북한으로 감귤이 보내진 것도 비슷한 시기였다. 1999년 100톤에 불과했던 것이 2000년(1999년산)에는 무려 4천 336톤이나 보내졌다. 2002년 6천 105톤, 2005년 8천 107톤, 2008년 무려 1만 1천 340톤이 보내진다. 물론 인도적 차원의 목적이기는 하나 시장에서의 공급량 조절 효과를 의도한 바도 있을 것이다.

2002년 겨울에 감귤, 치킨에 이어 이번에는 우유가 왔다. 우리는 생각했다. '아, 우유도 파동이 일어났구나!' 하릴없이 우리는 우유도 처리했다. 이번에도 마찬가지로 저녁점호 후에 소대원들에게 우유를 강제 소비시켰다.

나라의 경제 안보를 지키는 것은 뉴 밀레니엄 시대 군번의 새로운 임무다. 총칼로 나라 지키던 시대는 이제 옛말 아니던가? 새 시대! 새 군인!

제주 감귤의 역사

세계에서 감귤재배 역사가 가장 오랜 나라는 중국이다. 문헌으로 보면 기원전 4~5세기경부터 감귤재배 기록이 나온다고 한다. 기원전 1세기경 쓰인 사마천 『사기』에도 보면 풀과 가죽으로 옷을 해 입는 '도이(島夷)'라는 사람들이 광주리에 감귤과 유자를 바쳤다고 했다. 감귤과 유자를 재배하는 도이(島夷)라 불리던 사람들, 그들은 누구였을까?

한편, 우리나라 민족을 동이(東夷)라 하지 않나? 활(弓)을 잘 쏘는 사람들(人)이라 하여 붙여진 '오랑캐 이(夷)'. 그러면 섬나라에 사는 이(夷)는 당연히 탐라국 사람들이라 생각해야 하는 것 아닌가? 오키나와나 대만이 선사시대를 끝낸 것은 무려 서기 16세기에 이르러서니 그들이 배를 타고 왔을 리는 없을 것이다.

그러나 학자들은 도이(島夷)가 탐라국 사람들이었다 하지 않는가 보다. 기록이 없다. 그렇게 믿을 근거들도 없다고 한다. 백과사전에는 오히려 중국 황하의 동쪽에 살던 어떤 부족일 거라 보아야 한다고 한다. 그러나 황하의 동쪽 지방에는 위도상 감귤을 재배할 수 없다. 따라서 감귤을 공물로 바쳤다는 도이(島夷)는 황하 주변 소수 부족일 것 같지는 않다. 도이는 최소한 황하의 동쪽이 아니라 장강의 동쪽(상해 부근)이나 그 이남에서 왔을 것이다. 그들은 초나라 항우처럼 강동(江東) 사람이거나, 월나라, 오나라의 부속 도서 사람들일 수도 있다. 그러나 수십만 대군을 이끌고 강동을 제패한 항우가 존재할 무렵 그 동네 사람들을 이(夷)라고 했을까? 사마천이 말한 '도

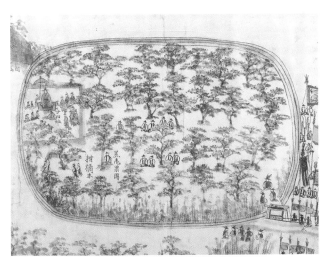

고원방고(羔園訪古) 이형상 목사가 고둔과원(조선시대 진상용 감귤을 재배하기 위해 설치한 과원)에 있는 탐라국 왕자의 옛 집터를 찾아 풍악을 즐기던 모습을 기록으로 남긴 그림. 〈탐라순력도〉의 고원방고를 확대한 대형그림이 감귤박물관에 설치되어 있다.

이' 사람들은 누구였을까? 감귤과 유자를 재배하는 동쪽의 이 민족은 누구였을까?

『일본서기(日本書紀)』에 의하면 서기 70년에 상세국(尚世國)에서 비시향과(非時香果)를 가져왔다고 기록했고, 『삼국사기』 백제본기 편에는 476년 탐라국이 백제 문주왕에 토산물을 바쳤다는 기록이 있다. 그러나 아쉽게도 비시향과나 토산물이 감귤이었는지는 확실치 않고, 상세국이 탐라국이었는지도 알 수 없다. 탐라에서 감귤을 언제부터 재배했는지 기록이 있다면 많은 궁금증이 풀릴 수 있는데 말이다.

감귤재배 기록이 처음 등장한 것은 『고려사』라는 책에서다. 이 책에는 1052년 '탐라에서 정기적으로 바치는 귤자의 수량을 일백 포로 개정 결정한다'라는 내용이 등장한다. 이미 그 당시의 탐라에는 감귤을 재배하고 있었고, 상당 기간 그것을 고려에 공물로 바쳤음을 의미한다. 이때를 기점으로 셈하더라도 제주의 감귤재배 역사는 최소한 1천 년이 넘는다.

조선시대 때 감귤은 국가의 재산으로 재배되었다. 15세기 『세조실록』에 보면 '감귤은 종묘에 제사 지내고 빈객을 접대함으로써 그 쓰임이 매우 중요하다'라고 나온다. 왕실에서 약용, 생과용, 제사용 등으로 사용했던 과일이 바로 감귤이었다. 그 때문에 조정은 제주도에 국영 과원을 설치해서 관리했다. 1653년 제주도에서 공물로 바쳐진 감귤의 생과수가 약 8만 6천 개라는 기록이 있고, 1702년 이형상 목사는 〈탐라순력도〉에서 41개 과원에 귤 2천 978그루, 유자가 3천 778그루가 있다고 기록했다.

감귤 과원의 관리들은 나무 하나하나에 달린 과실 수를 일일이 점검했다. 그리고 기록한 숫자대로 수확량을 거두어갔다. 중간에 낙과가 생기면 농민들이 손실분을 충당했다. 별도로 귤을 재배하며 공출 수량을 맞추던지, 변상해야 했다. 조정으로 올라가는 도중 부패하거나, 중간에 탐관오리들이 착복하는 일들이 빈번했기에 처음부터 계획보다 많은 양을 거두었다. 물론 제주 사람들이 모두 부담해야 할 몫이었다. 정말 역사를 보면 볼수록 제주 사람들은 죽도록 고생했다는 기록뿐이다. 춤마가라(참말로)! 오죽했으면 자기 땅에 감귤나무 싹이 나면 뜨거운 물을 부어 자라지 못하게 했다고 했겠는가!

국영 과원은 갑오개혁으로 진상 제도가 폐지되자 급격하게 황폐해져 갔다. 평소에 잘했어야지.

최고(最古)의 감귤

온주밀감은 중국 절강성(浙江省) 남동부 해안의 항구도시인 온주(溫州)에서 유래된 감귤의 품종으로 이것이 조선을 거쳐 일본으로 건너가 '온슈미캉'이라고 불린다. 지금 우리가 겨울에 먹는 작고 아담한 그 새콤달콤한 감귤이 바로 온주밀감이다.

지금 재배되는 온주밀감 품종은 일본에서 개량된 것으로 갑신정변을 주도했던 박영효(朴泳孝, 1861~1939)가 1907년부터 1910년까지 제주에 유배 생활을 하며 일본에서 들여온 것이 제주 최초의 온주밀감으로 알려져 있다. 이 감귤 과수들은 제주시 구남동 일대에 식재되었다고 한다. 조선을 건너갔던 온주밀감이 다시 조선으로 역수입된 것이다.

최초의 온주밀감 후계목(後繼木) 2019년까지 서귀포 면형의 집(구 홍로 본당 터)에는 에밀 타케 신부가 받았던 온주밀감 14그루 중 하나가 살아 있었다고 한다. 지금은 고사했고, 그 후계목(수령 60년)이 그 자리를 대신하고 있다.

거의 비슷한 시기인 1910년 관청 주도로 일본에서 온주밀감을 들여와 서귀포 서홍동 일대에 심었다고도 하며, 제주 구상나무와 왕벚나무를 세계에 알린 에밀 타케 신부가 1911년 일본 포리 신부에게 왕벚나무 몇 그루를 보내주고 그 답례로 온주밀감 14그루를 받아 구(舊) 홍로 본당(지금 면형의 집, 서홍동 소재) 터에 심었다고 한다. 이 중 한 그루가 최근까지도 살아오다 2019년 고사했다고 한다. 또 1913년에 일본인 미네(峰)라는 사람도 온주밀감 묘목을 들여와 서홍동에 심었다고 한다. 서홍동은 여러모로 제주도 감귤 산업의 시작이 되는 곳이다.

서귀포 상효동에 있는 감귤박물관에 가면 최고령 감귤나무를 볼 수 있다. 그 수령이 무려 130년에 이른다. 품종은 하귤(여름철에 수확하는 품종)로 1894년(고종 31년, 갑신정변이 일어나던 해) 고 김병호 선생이 당시 총리대신이었던 친족 김홍집(金弘集)으로부터 씨앗을 세 개를 얻어 담배쌈지에 담아 제주로 가져와 집에 심었다. 이 중 두 그루는 이미 고사했고, 나머지 한 그루마저 2010년에 밑동이 잘리는 위기를 맞았지만 잘린 부위에서 새순이 돋아났다고 한다.

이 나무에서 씨앗을 파종해 자란 자녀 나무들조차 이미 수령이 100년이 넘어섰다고 한다. 그런데도 여전히 매년 1천

5백여 개 이상의 과실이 열린다. 대단한 생명력이다. 이 최고령 하귤 나무와 자목들은 2017년 감귤박물관에 기증되어 이식되어 있다.

논쟁

제주도 사람들끼리 하는 논쟁 중에 가장 쓸데없는 논쟁이 바로 '어디 감귤이 제일 맛있나?' 논쟁이다. 이 논쟁은 '우리 집이 제일 좋은 집!' 또는 '우리 부대가 가장 빡센 군대!' 논쟁만큼이나 실익이 없는 허언 싸움이다. 그 순위를 결정하는 것은 소비자이지 생산자들이 아니기 때문이다.

예전에는 서귀포 감귤을 최고로 쳤다. 그중에서도 효돈, 위미, 남원 세 군데 정도를 최고로 쳐주던 시절이 분명히 있었다. 물론 지금도 이 명제가 어느 정도 유효하지만 예전보다는 못하다. 즉, 제주 감귤이 산지를 뛰어넘어 평준화된 것이 사실이다. '구글어스'나 '다음지도 검색'을 켜 놓고 제주도 항공사진을 보면, 제주 전역이 빼곡하게 들어선 비닐하우스들로 빈 땅을 찾아보기가 어려울 정도다. 예전에야 서귀포 쪽이 일조량도 좋고, 따뜻해서 당도도 높고, 선과장, 상인, 농협 등 유통 네트워크가 몰려 있어서 감귤 가격도 좋았지만, 지금은 비닐하우스에 재배하면서 온습도 조절이 가능해져 당도를 높일 수 있고, 비료, 퇴비들이 발전하고, 선진 농법들이 보급되어 있으며, 유통도 택배 판매가 보편화되면서 지리적 이점에 의한 비교우위가 점차 사라졌다.

또한, 한라봉, 천혜향, 레드향 등 만감류와 같은 시설물 재배가 늘면서 토질과 기후에 의해 재배하던 시절의 비교는 더욱 무의미해졌다. 그래서 '중문에 가서 동쪽 감귤이 최고다'라고 하면 싸움이 나고, 대정, 안덕에 가서 서귀포 감귤 자랑하면 콧방귀를 뀌는 이유가 있는 것이다. 심지어 산북에도 좋은 품질로 억대 이익을 얻는 농가들이 수두룩하다.

그렇지만, 그런데도, 여전히 효돈 감귤은 효돈 감귤이다. 서울 가락시장 도매가격에서 항상 최고가를 기록하는 감귤은 효돈 감귤이었다. 효돈 농가들은 서울 백화점과 직접 계약을 맺었고, 효돈마을 브랜드를 따로 만들어 팔 만큼 브랜드 인지도가 높았다. 효돈농협은 위미농협과 함께 유일한 마을 단위 농협이면서도 타 농협들보다 월등히 높은 매출을 자랑하며, 효돈, 위미, 남원농협 3개 농협의 감귤 출하량은 언제나 TOP3를 기록한다.

이런 명성들이 쌓이고 싸이면서 효돈을 중심으로 한 서귀포 남동부는 제주 감귤 산업의 실질적인 메카로 손꼽힌다. 특히 효돈은 한라산 기슭에서 발원한 산벌른내(영천, 효돈천)의 종착지이기도 하며, 수악계곡 상류에서 발원한 신례천마저 품고 있으며, 마을 대부분이 해발고도 100m 미만의 평지대로 농사에 유리하고, 대한민국에서 가장 온화하다는 날씨로 유명한 곳이다. 감귤이 많이 나는 이유가 있다.

재일제주인(在日濟州人)

청일전쟁 직후 그리고 명성황후가 시해되던 을미년(1895년) 일본에 거주하는 한국인은 단 12명에 불과했다. 그러다 안중근 의사가 이토 히로부미를 저격하던 1909년에는 790명으로 늘었다가, 한일합방이 되고 10년 뒤인 1919년에는 2만 8천 272명까지 점차 증가했다. 그러다 일제의 수탈로 조선 경제가 완전히 붕괴한 1930년에는 29만 8천 91명으로 늘었다, 태평양전쟁의 여파로 강제 동원령이 떨어진 1940년 무렵에는 무려 119만 명에 달했고, 1945년에는 무려 236만 명까지 기하급수적으로 늘어났다.

재일한국인 중에는 특히 제주 출신자들이 상당했는데, 1925년 9월 오사카에 있는 우리 동포 3만 1천 305명 중 절반이 제주 출신이었을 정도로 많았다고 한다. 이유는 지리적으로 가까웠던 이유도 있었고, 제주–오사카 간 직항노선 운영, 그리고 제주지역에서는 먹고 살기가 매우 불편했던 탓도 컸을 것이다.

해방 후 많은 한국인이 고향으로 돌아왔다고 해도 수십만 명의 한국인이 일본에 남아 있었다. 물론 재일제주인들도 상당했다. 1989년 기준 일본 거주 한국교포는 총 67만 7천 140명이고, 이 중 제주 출신이 무려 11만 7천 687명이나 되었다(도쿄 교민 약 9만 몇 중 제주 출신 약 2만 1천 명). 일본 내에서 다른 시도는 도(道) 단위로 향우회가 조직되지만, 제주도만 마을 단위로 조직된다고 하니 그 규모를 실감케 한다.

그런데 이들이 제주 발전에 크게 이바지한 바가 있다. 특히 제주 감귤 산업의 성장에 큰 토대를 마련했다고 해도 과언이 아니다. 1965년부터 1984년까지 20년간 이들이 고향에 기증한 감귤 묘목의 수는 무려 약 347만 그루다. 같은 기간 정식 수입으로 들여온 묘목 수도 약 77만 본(本)이며, 재일제주인의 재산 반입 등의 방법으로 들여온 것이 약 2.3만 본이다. 전체 426만 그루가 일본에서 건너왔고, 이 중 81%인 347만 그루가 기증된 것이다. 1960년대 서귀포에서 크게 발전했던 감귤 농업은 이들의 도움이 없었다면 가능하지 않았을 일들이었다. 감귤나무가 대학 나무라 불리지 않았던가! 우리가 전답을 팔지 않더라도 대학 공부를 하고, 유학할 수 있었던 것은 재일제주인들의 도움이 덕분이었다.

재일제주인의 열과 성을 다한 고향 사랑이 고향을 풍요롭게 했다. 우리는 반드시 기억해야 한다. 제주 출신들은 멋쟁이란 사실을.

감귤박물관

2005년 1월 1일 서귀포시 효돈마을(신효동)에 감귤박물관이 개장했다. 제주 감귤의 역사와 문화, 산업현장의 의미를 엿볼 수 있는 상설 전시관이 마련되어 있다. 특히 세계 감귤의 기원, 전파, 제주 감귤의 유래, 근대 감귤 산업 발전사 등의 역사관과 감귤의 효능, 쓰임, 활용 등을 알 수 있는 좋은 교육의 장이기도 하다. 부대 전시 공간에는 세계 각국의 감귤나무를 볼 수도 있다.

이곳은 서귀포 농업기술 센터와 함께 제주 국제감귤박람회가 열리는 장소이기도 하며, 감귤공예 체험, 족욕 체험, 먹거리 등 즐길 거리도 운영되고 있다.

감귤박물관은 효돈의 월라봉(월라봉)에 있다. 월라봉은 서국바위의 전설이 전해 내려온다. 서국이라는 남자는 한 여인과 결혼해서 이 바위 밑에 있는 굴에서 행복하게 살았지만 어려운 형편 탓에 아이를 유모에게 맡기고 한동안 아기와 떨어져 살아야 했다. 그러나 서국을 기다리던 아기와 유모는 굶주

림에 그만 돌이 되어버렸고, 이를 본 아내마저 돌로 변해버렸
다. 집으로 돌아온 서국마저 이 광경을 보고 돌로 변했다는 서
국바위 월라봉이 감귤박물관을 맞는다.

　　나지막한 오름으로 가벼운 산책과 소풍을 즐기기에 안성
맞춤인 곳이다. 효돈의 온화한 기후와 나지막한 오름과 감귤
박물관. 커피 한 잔하기 좋은 곳이다.

감귤박물관 전경 앞에 보이는 나무들이 제주도에서 가장 오래된 하귤 나무들이다. 감귤박
물관은 서귀포시 상효동 월라산에 있다.

21

오석학교
시민의 숨결과 손때로 이루어진 학교

우리나라의 초등학교 취학률은 통계가 작성되기 시작한 1971년 이래로 줄곧 거의 100%에 가까운 수치를 나타낸다. 즉, 1971년 이래로 국민 대부분이 초등학교 교육은 받고 있다는 뜻이다. 그리고 우리는 초등학교에서 기본적인 읽기, 쓰기와 셈법 같이 살아가는 데 반드시 필요한 기초적인 교육을 받을 수 있다. 그래서 초등학교를 졸업했다는 것은 인간으로서 살아가는 데 필요한 최소한의 문해 능력을 갖추었다는 것을 의미한다.

초등학교에서는 글을 읽고, 쓰는 기본교육 말고도 사고하는 학습을 하고, 사교하는 연습을 한다. 음악을 통해 조화를 배우기도 하며, 체육 시간에는 인내와 끈기를 배우고, 미술을 통해 창의력을 길러낸다. 이뿐인가? 역사, 지리, 기초적인 사회과학과 자연과학도 배울 수 있다. 이 모든 것이 무상이다. 대한민국 국민이라면 차별받지 않고 초등 교육을 받을 수 있다. 심지어 이런 교육은 국민의 의무이기도 하다.

이 때문에 초등학교 교육은 인권으로 받아들여진다. 세계 인권선언 제26조는 모든 사람은 교육을 받을 권리를 가지고 있다고 했고, 1948년 대한민국 최초의 헌법에서도 모든 국민은 균등하게 무상으로 초등 교육을 받을 권리가 있다고 명시했다. 문헌에서 선언적 의미로서가 중요한 것이 아니라, 실질적으로 결코 이 권리는 침해되거나, 포기되어서는 안 되는 소중한 것이다. 식당에서 메뉴판을 보며 주문하고, 도로교통 표지판을 읽고, 방송을 보며, 운전면허 시험을 보고, 각종 민원을 신청하고, 선거에서 투표하고, 신용카드 약관을 읽고, 식품의 유통기한을 확인하는 등 이 교육 하나로 국민 안전과 삶의 질이 엄청나게 높아진다.

그런데도 우리 어머니, 아버지 또는 할아버지, 할머니 세대에서는 이 권리를 제대로 누리지 못하고 살아야 했다. 인권보다 가난에서 벗어나는 것이 더 중요한 시대가 있었다. 신성불가침의 천부인권인 기본 교육권을 눈물을 머금고 생존권과 맞바꾸어야 했던 사람들이 있었다. 2등 국민으로 살아온 36년이라는 긴 세월, 그리고 온 국토를 폐허로 만들어버린 참혹한 전쟁, 그리고 온 섬을 핏물로 물들인 제주 4·3의 광풍을 온몸으로 마주한 세대들의 이야기다.

늦게 피는 꽃

그녀는 1944년 일본에서 태어났다. 해방이 되자 고향 한국으로 돌아올 수 있었지만, 고향에는 더 이상 그녀 가족의 생계를 책임져 주는 사람은 없었다. 그녀가 7살 되던 해 전쟁이 일어났고, 밀려드는 피란민들을 대상으로 앵벌이를 시작했다. 그리고 곧 해산물과 나물들을 등짐에 지고 부산 시내 이곳저곳 개설된 시장을 돌아다니며 배달 일을 했다. 그 어린것이 일을 하면 얼마나 했으랴? 그녀는 금세 모진 가정폭력에 시달렸다. 모진 매질로 그녀의 등짝은 피고름이 눌어붙어 옷을 벗기조차 힘들었을 정도였다. 학교는커녕 모진 학대와 폭력 그리고 노동이 그녀가 받아들여야 하는 전부였다.

자연스레 그녀의 눈에는 책가방을 멘 또래 여아들이 등교하는 모습이 들어오기 시작했다. 눈에 밟히기 시작했다. 그녀는 남들이 등교하는 모습을 멍하니 바라보며 하염없이 눈물을 훔쳐야 했다. 눈물은 멈추질 않았다. 얼마나 부러웠던가? 얼마나 사무쳤던가? 내가 가질 수 없는 행복을 가지고 살아가는 여학생들이 골목 어귀로 사라지는 모습을 넋 놓고 바라보았다. 한참을 우두커니 서 있다 해가 진 뒤에야 집으로 들어가기를 반복했다. 그럴 때마다 그녀에게 돌아온 건 심한 매질이었다.

그녀는 집에 들어가는 것이 죽기보다 싫었다. 남의 집 처마 밑에서 밤을 새운 것도 수십 번이었다. 그러나 삶은 야속했다. 정말 야속했다. 철저하게 사람을 가려가며 배움이 주어지는 현실이 너무나 야속했다. 배움은 철저하게 사람의 귀천을 따졌으며, 부모의 존귀를 따져 물었다. 그것은 주어지는 것이 아니라 쟁취해야 하는 것이었다. 아니, 쟁취조차 할 수 없는 아스라이 먼 곳에서 안개처럼 사라지는 무엇인가였다. 내가 가진 모든 것을 다 주어도 가질 수 없는 환상의 것이었다.

모진 학대와 폭력에 시달릴 때마다 그녀는 주먹을 불끈 쥐고 "죽지 말아야지, 살아야지, 살아서 성공해야지!"라고 다짐했다. "보란 듯이 성공해서 나도 학교에 가야지!"라며 혼자 말하고 또 말했다.

열네 살이 되던 해, 누군가 제주도에 가면 학교에도 갈 수 있고, 배불리 먹을 수도 있다고 했다. 그 말에 속아 제주에 발을 들였다. 그러나 제주에서의 삶도 고난의 연속이었다. 공부는 고사하고 다시 고생이 시작되었다. 제주와 부산을 오가는 장사꾼이 되었다. 안 해 본 장사가 없었다. 식모살이도 해봤고, 농사도 했다. 배움의 길은 그렇게 멀어져만 갔고, 야속한 세월은 흐르고 흘러가고 있었다.

그녀는 그렇게 제주에 정착했고, 고희를 바라보는 할머니가 되었다. 글을 읽을 줄도 쓸 줄도 모르는 까막눈으로 한평생을 살았다. 산 것이 아니라 살아졌다. 그러던 어느 날 지인으로부터 그녀의 심장을 뛰게 하는 이야기를 듣게 되었다. 서귀포에 야학이 있다고 했다. 그녀처럼 때를 놓쳤거나, 생활 형편이 어려워 글을 배우지 못한 사람들에게 한글도 가르쳐주고, 수학도 가르쳐 주고, 영어도 가르쳐준다는 것이었다. 열심히만 하면 검정고시를 쳐서 중학교, 고등학교 졸업장도 딸 수 있다고 했다. 사춘기 소녀처럼 심장이 뛰기 시작했다.

그렇지만 그녀는 망설여질 수밖에 없었다. 곧 70이

강춘화 할머니 강춘화 할머니의 영화 같은 인생 스토리는 지역 언론에 소개되어 화제가 되었다. 강 할머니는 '2016년 전국 평생학습자 발표대회에서 성인 문해부문 뿌리상(전국 평생학습 도시협의회장상)을 수상하기도 했다. (사진 출처: 이재정, "배움열정 나이 무관 … 대학 진학 꿈", 서귀포신문, 2015. 8. 31.)

되는 나이가 베를린 장벽처럼 높아 보였다. 그래서 단칼에 "이 나이에 무슨 공부냐"하며 거절했다.

그러나 그날 밤 그녀는 괴로웠다. 평생 못 배운 한이 우울증이 되어 고생했는데, 그 못 배운 한을 풀 기회를 놓치고 싶지 않았다. 잠을 이룰 수가 없었다. 어렵게 찾아온 기회를 놓치지 않겠노라고 다짐했다. 그리고 그녀는 다음날 서귀포 '오석학교'를 찾아갔고, 초등학교 검정고시반에 등록했다.

그녀는 초등학교 검정고시를 2개월 만에 통과했고, 중학교 과정은 6개월 만에 수료했다. 고등학교 검정고시 과정까지 딱 2년이 걸렸다. 공부 때문에 농사일을 망쳤다는 소리를 듣기 싫어서 그 어느 때보다 밭농사도 열심히 하고, 공부도 열심히 했다. 고된 농사일을 마치고 쏟아지는 졸음을 참아가며 야간 수업을 들었다. 그리고 그녀는 2016년 어엿한 대학생이 되었다.

거친 벌판에 피어오른 한 송이 꽃처럼 그녀의 인생도 꽃이 피었다. 그녀의 이름은 강춘화다. 그녀의 이름처럼 초년기 시절에 꽃을 피워내지는 못했지만, 기어코 기어이 지워지지 않고 잊히지 않는 진한 향을 품은 꽃망울을 피워냈다. 그녀는 자랑스러운 서귀포 시민이다.

작은 기적

1966년, 남제주군 서귀읍에 국어를 가르치는 선생님이 한 분 있었다. 그는 가정 형편으로 중학교에 진학하지 못하는 아이들이 많은 것을 보고, 읍내 모처에 '소년 야간학습소'를 마련해서 아이들을 가르치기 시작했다. 배움의 자리가 마련되었다는 소식이 알려지자 아이들이 찾아오기 시작했다. 삼삼오오로 모여들더니 그 숫자는 점점 늘어갔다. 그들은 낮에는 노점상이나 시장에서 잡일을 돕거나, 구두닦이, 전분공장 소년공, 신문 배달, 아이스크림 파는 일들을 하고 있었다. 고된 노동을 잠시 잊고 배움의 길을 찾아오는 참으로 대견한 아이들이었다.

사람들은 점점 아이들의 숫자가 늘어나자 야간 학습소가 아닌 야간학교가 필요하다는 것을 느끼게 되었다. 그래서 본격적으로 학교건립을 추진하기로 했다. 1966년 11월 학교설립 추진위원회가 발족했고, 드디어 1967년 4월 '서귀포재건학교' 설립이 승인되었다. 그리고 야간 학습소를 개설했던 선생님이 이 학교의 초대 교장이 되었다. 그가 바로 화촌 고응삼 선생님이다.

야간 학습소에서 태동해 야간학교로 발전한 이 아름다운 일화는 당시 군사정권의 핵심 조직이었던 재건국민운동중앙회에 보고되었다. 그리고 재건국민운동중앙회는 서귀포에서 일어난 일화를 전국 각 지역의 재건학교 건립에 반영해 추진하기로 했고, 당시 국회의장과 재건국민운동본부 본부장이 직접 이 학교의 졸업 문집에 기고문을 보내기도 했다. 이 학교의 첫 졸업생들은 22명이었는데, 이들의 첫 학예회 때는 무려 700여 명의 시민이 이들의 공연을 관람하기도 했다.

가난이라는 굴레로 중학교에 진학하지 못한 아이들이 곧 모두의 아이들이었다. 개교 1년 만에 학생 수는 80명, 1972년에는 150명까지 늘었다. 무상으로 임대해서 쓰던 교실이 부족해지자 수업 시간을 자정까지 연장하는 2부 수업을 하기도 했다. 고된 하루 일을 마치고 학교에 나와 피곤과 쏟아지는 졸음과 싸워야 했고 주린 배를 부여잡아야 했지만, 다음 날 아침이면 고된 삶의 현장으로 뛰어들던 아이들이었다.

선생님들도 사정은 마찬가지였다. 현직 교사들도 있었지만, 회사원, 경찰관, 대학생과 약사, 심지어 집에서 농사짓는 분들까지 가난한 아이들의 교육에 동참했다. 물론 모두 자원봉사였다.

교실이 없어 농협회관, 여성회관, 유치원, 남주중학교에서 교실을 임대해 사용했다. 전기가 없으면 시민들이 와서 전기 공사를 해주었다.

서귀포재건학교 졸업사진 사진 중앙에 안경 쓰신 분이 정동규 2대 교장, 오른쪽이 강운옥 교육장, 그 옆이 김계담 5대 교장(사진 출처: 김계담, 잊지 못할 오석학교와의 시간 1, 서귀포 신문, 2012. 9. 3.)

모든 것이 열악했지만, 학생들의 학구열과 선생님들의 교육열은 대한민국 그 어떤 도시들보다 뜨거웠다. 서귀포는 이런 곳이다.

1970년대 우리의 모습

1974년 이 학교의 졸업앨범, 검정 교복을 입은 앳된 얼굴의 학생들이 단체 사진을 찍었다. 지금처럼 사진 찍어볼 기회가 많지 않았던 터라 표정들이 어딘가 모르게 어색하고 굳어 있지만 그래서 더욱 정감이 간다. 또 그 모습이 다른 일반 학교의 학생들처럼 순수하고 아름답다. 단체 사진뿐만 아니라 졸업앨범에 수록된 다른 사진들 즉, 수업하는 모습, 교련복과 교복을 입은 모습, 수학여행 사진, 야외활동 사진 등 다른 학교 졸업앨범과 다를 바 없는 사진들로부터 당시 학생들의 배움에 대한 열정과 학교에 대한 자부심을 느끼게 한다.

그렇지만 유독 이 앨범에서 다른 학교 앨범에서는 볼 수 없는 당시 우리 사회의 모습을 볼 수 있어 가슴이 아련해진다.

1955년생인 우리 어머니는 6남매 중 셋째다. 위로는 언니 둘, 바로 아래가 남동생이 둘이며, 막내는 이모였다. 외할아버지께서 이른 나이에 돌아가셔서 가정 형편이 좋지 않았다. 그래서 우리 어머니는 초등학교를 졸업하자마자 두 언니를 따라 바로 재봉공장에 취직해야 했다. 아쉽게도 당시 북제주군 한림읍에는 서귀포 재건학교와 같은 야학이 없었다. 서귀포로 시집을 와서 두 아들을 낳고서야 검정고시를 통해 중학교 졸업장을 딸 수 있었다.

그러나 두 외삼촌은 모두 고등학교를 졸업했다. 누님들이 어린 남동생 둘을 위해 재봉공장에서 학비를 벌어 고등학교 뒷바라지해주었다. 아무리 없는 형편이지만 가문의 대를 이을 남동생들의 교육은 누나들이 책임졌다.

1974년, 1977년 서귀포 재건학교 졸업앨범에는 우리 어머니 세대들의 삶이 투영되어 있다. 서귀포 재건학교는 가정 형

편이 어려워 중·고등학교에 갈 수 없는 아이들을 받아주던 곳
이다. 남녀를 가리지 않았다. 그런데 졸업사진에는 여학생 비
율이 압도적으로 많았다. 이 사진 한 장이 말해주는 바는 크다.

1970년대 졸업사진 당시 서귀포 재건학교 졸업앨범을 통해 다른 학교 졸업앨범에서는 볼
수 없는 당시 우리 제주 사회의 사회상을 엿볼 수 있다.

남학생들은 이 야학에 입학조차 하지 않았을까? 다니다 졸업도 하지 못하고 중도 포기를 한 것일까? 도대체 남학생들은 어디에 있었을까?

정확한 답은 아닐지 모르지만, 1970년대 서귀포에서 중학교에 진학하지 못한 아이들 대다수가 여성들이었음을 유추할 수 있을 것이다. 우리 어머니들은 그런 설움이 있었다. 아들들은 어떻게 해서라도 교육시켜 보자고 발버둥 치지 않았겠나? 아무리 어려워도 아들은 학교에 보내려 했을 것이다. 대신 누나나 여동생들이 학업을 포기해야 했다. 대신 낮에 일을 하며 가계에 보탬이 되고자 했고, 오빠와 남동생들의 학비를 벌어다 주었다. 덕분에 아들들은 더 많은 비율로 일반학교에 갈 수 있었고, 대신 딸들은 밤잠을 설쳐가며 야학을 선택한 것이다. 야학이 있었던 서귀포에서만 볼 수 있는 졸업앨범인 것이다. 그마저도 야학이 없는 곳에 사는 여성들은 이런 일조차 언감생심이었다.

저들이 우리의 어머니들이고 누님들이다. 제주의 여자들은 그렇게 배움이 힘들었다. 초등학교만 졸업하면 어른 손에 이끌려 일터로 나가야 했다. 억척스럽게 살아야 했다. 그것이 숙명처럼 받아들여지던 시대가 있었다. 그때 그녀들에게 손을 내민 것이 서귀포 재건학교, 즉, 지금의 오석학교다.

우리는 이점을 기억해야 한다. 이 학교가 지역 사회의 여권신장에 가장 큰 역할을 담당했음을 우리는 반드시 기록하고, 기억해야 한다. 그녀들이 서귀포 재건학교에서 그렇게라도 배우지 못했다면 우리 사회 여성의 권리는 크게 떨어졌을 것이다. 이곳이 서귀포 여권의 인큐베이터였던 셈이다.

발자취

교실이 없어 임대건물을 전전하던 서귀포 재건학교는 1974년 서귀포 동홍천 주변 작은 터에 보금자리를 마련하게 된다. 당시 정동규 교장 선생님이 중심이 되어 지역 사회로부터 많은 도움을 끌어냈다. 학교건립 추진위원회(위원장 변창근)가 결성되어 기금 500만 원을 모금했고, 남제주군으로부터 80만 원을 지원받았다. 그래서 지금도 사용하고 있는 학교터에 신축 건물을 세워 입주하는 기쁨을 누리게 된다.

당시 교사였던 김계담 전 교장 선생님은 그때 그 감정을 이렇게 이야기한다.

"그날의 기쁨과 설렘을 어찌 잊을 수 있으랴, 그해 6월의 감동도 잊을 수가 없다. 두 개의 교실과 한 개의 직원실을 비롯해 숙직실, 화장실 등 부속시설까지 완비된 학교가 완공된 것이다. 63평의 건물은 아담했지만, 세상 그 어떤 건물보다 빛나 보였다. 그 속에서 다시 태어난 기분으로 더욱더 열심히 공부하고 씩씩하게 살아갈 것을 서로 서로에게 다짐하며 눈시울을 붉히는 학생들의 모습이 그렇게 아름다울 수가 없었다."

서귀포 재건학교를 키운 것은 서귀포 시민들이었다. 학교 건립과 건물 신축에도 시민들이 발 벗고 나섰음은 물론, 학생들이 돈이 없어 수학여행을 가지 못한다는 소식이 알려지자 수학여행 보내기 운동을 펼친 것도 시민들이었다. 이렇게 모인 돈으로 학생들이 1박 2일 수학여행도 갈 수 있었다.

서귀포 재건학교는 1976년부터 큰 고비를 맞는다. 그간 학교 재정과 운영에 도움을 주던 재건국민운동회가 해체되고 대신 새마을운동을 주관하던 새마을중앙회가 전국 재건학교의 운영을 책임졌다. 그러면서 학교 이름도 새마을 청소년학교로 변경되었다. 그러나 그들은 학교 운영에는 별로 관심이 없었다. 지원 인원이 감소하면서 전국적으로 수많은 야간 학교들이 문을 닫기 시작했다.

1980년대 신군부가 들어서자 이번에는 야간 학교들이 학생들을 의식화시킨다는 여론이 생겨나기 시작했다. 선생님들이 위축되기 시작했다. 또 소득이 늘면서 점차 학생 수도 감소했다. 급기야 내부 갈등으로 학생들 30명이 자퇴하고, 선생님들도 모두 떠나는 일까지 발생했다. 1985년에는 태풍으로 학교 옆 애리내 하천이 범람해서 1.6m에 이르는 물이 학교를 덮쳐 교실, 교무실의 모든 집기와 사료들이 망실(亡失)되는 일도 있었다.

그런데도 학교를 일으켜 세운 것은 역시나 자원봉사 선생님들과 학생들이었다. 학교 운영에 필요하면 선생님들이 먼저 나서 사비를 갹출했다. 학생들도 월 몇백 원씩이라도 부담해서 학교 운영에 보탰다. 지금 정례화된 상록제도 처음에는 학교 운영에 조금이나마 보탬이 되고자 시작된 것이다. 선생님들과 학생은 '상록제' 티켓을 팔러 다녔고, 또 시민들은 상록제에 수백 명씩 나와 관람해주었다. 이렇게 학교는 다시 일어서게 되었다.

1986년 3월 교명이 한라학교로 잠시 변경되었다가, 그해 11월 제3대 교장 선생님이었던 정동규 교장선생의 호를 따 서귀포 오석학교가 되었다.

오석학교가 출범한 후부터는 어린 학생들에 대한 중고등 교육과정 외에 글 모르는 성인들을 대상으로 하는 문해교육이 시작되었다. 평생교육이 시작된 것이다. 이 학교의 학생들은 1970년대까지만 해도 10대 청소년 학생들이 대부분이었지만, 1990년 중반에는 10대에서 20대 후반 학생들로 나이가 많아지더니, 1990년대 후반부터는 대부분 성인 학습자가 학

생들의 주류를 이루고 있다. 오석학교는 이러한 시대변화에
정확히 발을 맞춘 것이다.

지금의 오석학교는 정규교육과정인 중졸, 고졸 검정고시
대비반 외에도 어르신들의 문해교육을 위한 한글 공부 및 스
마트폰, 컴퓨터, 인터넷, 영어, 한자 등의 특별교육과정이 운

학교 건물 준공기념 사진(위, 1974. 6. 1.)과 현재 모습(아래) 김계담 선생님이 서귀포신문
에 기고한 사진. (사진 출처: 김계담, 잊지 못할 오석학교와의 시간 2, 서귀포신문, 2012. 9. 17.)

영된다. 재학생들도 다문화가정의 이주여성, 장애인 등 다양한 계층으로 확대되고 있다. 명실상부한 서귀포지역의 평생교육기관으로서 오석학교가 중심에 서 있는 것이다.

오석의 선생님들

오석학교에는 현재 약 50명 정도의 선생님이 계신다. 1명의 상근을 제외하면 모두 자원봉사 선생님들이다. 이 학교의 개교 이래로 오석의 선생님들은 모두 자원봉사로 모집된 분들이었다. 사회의 관심이 점차 줄어들어 자원봉사 선생님의 숫자가 줄어들면 대학생들, 방위 군인들이 그 자리를 채웠다. 선생님이 없어서 학교 수업이 안 된 적은 없었다. 그들이 바로 오석의 기둥이다.

양희라 교감 선생님은 1991년부터 지금까지 오석을 떠나본 적이 없다. 벌써 30년이 다 되어가고 있다. 양봉관 전 교장 선생님도 17년간 교장을 맡았다. 왜 그들은 이 학교에 남아 있을까? 수많은 사람이 오석학교에 머물러 있다. 개중(個中)에는 오석학교를 졸업하고 다시 자원 교사로 돌아오시는 분들도 계시고, 고 김재윤 국회의원처럼 저명인사도 있다.

그들은 왜 월급 한 푼 주지도 않는 오석학교를 이토록 사랑하는 것일까? 답은 이 학교야말로 진한 사람 냄새가 진동하는 학교이기 때문일 것이다.

양희라 교감 선생님은 수십 년 전 오석과의 첫 만남을 이렇게 기억한다.

"참 외롭고 돈 마련에 고심해야 했던 시절이었다. 학생들 대부분은 경제적인 어려움으로 공부를 못하고, 돌봐줄 사람이 없어 열다섯 열여덟 살의 어린 나이에 새벽에는 신문 배달을 하고 저녁에는 학교에 나와 공부를 하는 똑똑하고 야무진 아이들이었다. 항상 웃음과 자신감이 있어 보이지만 어딘가 외로움이 묻어나는 아이들이었다. 신문 배달을 하고 월급날이면 한턱 쏜다며 수업 중 배고픈 허기를 달래기 위해 시장통에 가서 먹었던 떡볶이와 그때 아이들의 웃음소리…. 교사들 역시 대학을 다니다가 단기사병(방위)으로 군 복무하는 학생들이 대부분이었다. 어린 학생들이 경제적으로 어렵고 배움의 갈증으로 허덕이는 것이 마치 자기들 탓이라도 되는 양 서로 언쟁하고 토론하고 많이 웃고 많이 울었다. 그 시절 돈 없는 젊은 교사들이 교무실에서 끓였던 라면이 안주의 전부인 소주 파티에는 기타 소리, 노랫소리가 있었고, 학교를 위한 무수한 이야기들이 있었다. 오석은 사람들의 숨결로 이루어지고 손때로 만들어진 학교다."

'사람들의 숨결로 이루어지고 손때로 만들어진 학교!', 참

아름답고 멋진 말이다. 장담컨대 이런 찬사를 들을 수 있는 학교는 대한민국에 오석학교뿐일 것이다.

학교 교무실에는 '여기 우리의 사랑 이야기(여우사이)'라는 책이 있다. 오석학교의 선생님들이 일기형식 또는 하고 싶은 이야기들을 이 책에 자유형식으로 적어둔 책이다. 선생님들의 고뇌와 번민들이 묻어난다. 아래는 그들의 기록 중 일부다.

"96년 10월, 자리에 앉아 있는 것만으로도 힘이 되고 고마운 사람들이다. 그냥 부딪히며 마주하는 모습 하나하나를 사랑하고 싶다. 한 사람의 열 걸음보다 열 사람의 한 걸음으로. 무대에서의 화려하고 멋진 모습보다는 연습하면서 느껴지는 서로에 대한 아름다움을, 풍물을 치는 동안에 간직하고 남겨두고 싶다."

"96년 12월 18일, 늦은 시간이다. 12시 30분. 앞에서는 지영이 언니, 영은이, 대진이, 신미, 그리고 김승언 선생님. 오순도순 소주잔을 비우는 모습이 마냥 좋다. 이런 모습에서 내가 오석을 찾는지 모르겠다. 따뜻하다. 나도 합석해야지."

"98년 4월 1일. 넘쳐서 좋은 것: 사랑, 이해, 포용력. 부족한 것이 좋은 것: 부족한 듯 먹는 저녁, 모자란 듯하지만 순수한 마음."

오석학교의 등불 우리나라에 좋은 상이 있다면 응당 오석학교의 자원 교사 선생님들에게 돌아가야 한다. 그들이야말로 진정으로 우리 사회를 비추는 등불이다.

시인

오석학교는 개교 이래 지금까지 총 1,489명의 학생을 배출했다. 그들 대부분 가정 형편이 어려워 배우지 못한 설움을 갖고 살아가는 이들이었다. 그들에게 오석은 삶의 희망이자 날개였다. 이 중 1,306명이 검정고시를 통과해 초등학교, 중학교 또는 고등학교 졸업장을 획득했다. 남들에게 졸업장은 주어지는 것이었지만 이들에게는 쟁취의 대상이었다. 얼마나 배움을 갈망하던 사람들인가!

"예전에는 식당 메뉴판을 볼 수 없어 남이 시킨 것만 시켰지만, 이제는 내가 보고 메뉴를 선택할 수 있어 행복하다. 간판도 보고, 마트 상품 전단지에 나온 세일 상품도 살 수 있어 너무 행복합니다. 매일 하루하루 늘어가는 공부 재미에 사는 재미가 너무 좋아요"(새날반 강귀아 학생 글)

"흰 종이에 검은 게 뭔 줄 모르고 산 80년 인생, 학교에 와 배움을 통하니 한글도 읽고 덧셈 뺄셈도 척척, 배우고 만난 새로운 세상이네"(오상준 학생 시, 「배우고 일하며 찾아온 행복」)

"남에게 배우지 못한 걸 말도 못하고 / 살아가는 게 너무 힘들었습니다. // 딸 소개로 배움이 있는 곳을 찾아왔는데 / 거리가 하도 멀어 딸네 집 신세를 집니다. // 이제는 혼자 버스도 타고, / 은행 가서 남의 손 안 빌려도 됩니다. // 당분간 사위 딸 눈치를 보지만 / 배운다는 기쁨으로 이겨냅니다."(김경자 학생 시, 「나는 행복합니다」)

"살면서 가장 난처했을 때 / 직장에서 글을 쓰라고 했을 때 // 살면서 가장 힘들었을 때 / 식당 운영하며 전화번호 받아 쓰지 못했을 때 // 돈만 많이 벌면 될 거라는 어리석음 때문에 // 미루고 또 미뤄 뒤늦게 시작한 공부 // 이제는 할 수 있다. // 그리고 자신감이 생겼다. // 계산도 척척! // 카드도 척척! // 남은 인생 더 배우며 재미있게 살고 싶다"(황인영 학생 시, 「이제는 할 수 있다」)

"오석학교 다니길 잘했다. 군대 간 손자에게 편지 쓸 수 있어서 좋다. 손자 보는 재미, 공부하는 한글 학교가 있어서 행복합니다. 선생님께 감사합니다."(배움반 오순부 학생 글)

구순을 넘어 돌아가신 우리 조모님께서는 치매에 걸려 고생하시다 돌아가셨다. 치매에 걸린 구순의 노모는 가끔 당신의 아들인 내 아버지를 당신의 아버지와 혼동하셨다.

"무사 날 글몰랭이로 살게 해수과?!" "무사 날 시계도 못 보게 해수과?!"

돌아가신 우리 조모님이 살아 생전 대정읍 하모리에 오석학교가 있었더라면 이런 한을 품고 돌아가지 않았을텐데….
오석학교 덕분에 서귀포는 아름다운 감정을 고운 말로 표현할 수 있는 시인들이 넘쳐나는, 이 세상에서 가장 아름다운 도시가 되었다.

제주 남쪽의 짧은 역사

고용희, 『바다에서 본 탐라의 역사』, 각, 2006.

김동전, 「일제시대 일본의 제주 조사 연구」, 『제주학회 2010년 제34차 전국학술대회 발표집』, 2010.

김일우, 「'탐라시대 탐라의 사회발전단계' 이야기로 풀다」, 『제주특별자치도』 통권 116호, 2012.

김찬흡, 「蒙古勢力을 물리친 耽羅의 恩人 崔瑩, 國難克服人物〈特輯〉」, 『교육제주』 35, 1977.

오창명, 『제주도 마을 이름의 종합적 연구 I』, 제주대학교출판부, 2007.

윤봉택, 「서귀포의 지명유래 서불과지전설 소고」, 『제주발전포럼』 제36호, 2010.

이영권, 『제주 역사 기행』, 한겨레신문사, 2004.

이창식, 「서불설화의 동아시아적 성격」, 『어문학』 제88호, 2005.

주강현, 『제주기행』, 각, 2021.

황윤, 『일상이 고고학, 나 혼자 제주 여행』, 책읽는고양이, 2021.

대한민국역사박물관 근현대사아카이브 https://archive.much.go.kr/

해양교육포털 https://www.ilovesea.or.kr (해양역사 인물사전)

01 한라산

백규상·오승훈·문순덕, 『제주 사료와 설화 속의 중국』, 제주발전연구원, 2012.

이영권, 『새로 쓰는 제주사』, 휴머니스트, 2005.

장혜련, 「조선중기 제주유민 실태와 사회적 지위 변화」, 『역사와 경계』 제69집, 2008.

강동우, "돌오름 분출 약 2천년 전…제주서 가장 젊은 화산", 제주매일, 2021. 2. 17.

제주도지질공원 http://www.jeju.go.kr/geopark/index.htm

02 백록담

국립제주박물관, 『한라산』, 국립제주박물관, 2013.

김순이, 『제주신화』, 여름언덕, 2020.

백규상·오승훈·문순덕, 『제주 사료와 설화 속의 중국』, 제주발전연구원, 2012.

이즈미 세이치, 김종철 역, 『제주도』, 여름언덕, 2014.

제주특별자치도 세계유산본부, 『漢山 그리고 濟州』, 제주특별자치도 세계유산본부, 2019.

최열, 『옛 그림으로 본 제주』, 혜화1117, 2021.

03 영곡

강문규, 「영실 속에 감추어진 제주불교 유적 : 우리가 꼭 알아야 할 제주문화」,
    『교육제주』 제134호, 2007.
강정효, 『한라산 이야기』, 눈빛, 2016.
강정효, 『제주 아름다움 너머』, 한그루, 2020.
김종철, 『오름나그네 1』, 다빈치, 2020.
유홍준, 『나의 문화유산답사기 7』, 창비, 2012.
이즈미 세이치, 김종철 역, 『제주도』, 여름언덕, 2014.
최열, 『옛 그림으로 본 제주』, 혜화1117, 2021.
한금순, 「제주도 존자암 고(考)」, 『대각사상』 제16집, 2011.
이병철, 취재수첩－마라난타와 발타라 존자, 제주불교신문, 2012. 3. 28.
임재영, 볼래오름－영실은 '불교문화의 명소'… 해안가는 원당봉 꼽아, 동아일보,
    2021. 5. 3.
한라산국립공원 https://www.jeju.go.kr/hallasan/index.htm

04 성판악(성널오름)

강정효, 「하늘 담은 산, 산상호수 사라오름」, 『제주』 통권 19호, 2020.
김진·정성철·이성연·김찬수, 『초록을 꿈꾸는 한라산 구상나무』, 국립산림과학원,
    2016.
백규상·오승훈·문순덕, 『제주 사료와 설화 속의 중국』, 제주발전연구원, 2012.
정홍규, 「제주 왕벚나무와 溫州 밀감의 에밀 타케 신부」, 『가톨릭사상』 제51호, 2015.
좌혜경, 「제주도 전설지의 특성 및 자원화」, 『영주어문』 제33집, 2016.
최열, 『옛 그림으로 본 제주』, 혜화1117, 2021.
김승범, '살아 100년, 죽어 100년' 구상나무 아시나요, 연합뉴스, 2007. 6. 14.
한국민족문화대백과사전 https://encykorea.aks.ac.kr
한국향토문화전자대전 https://www.grandculture.net/korea

05 산벌른내

강순석, 「제주도의 하천은 대부분 마른 하천」, 『서귀포시』 제5호, 2015.
김찬수, 「난대림의 웅장함을 볼 수 있는 효돈천계곡」, 『숲과 문화』 제21권 제3호 통권
    123호, 2012.
제주특별자치도·한라산생태문화연구소, 『한라산 이야기 : 한라산총서 축약집』,
    제주특별자치도, 2013.

고병련, 천연림과 함께 효돈을 지키는 산도록한 산물, 제주의소리, 2018. 5. 2.

고희범, 「한라산의 원래 이름은 한울산..」, 제주환경일보, 2012. 10. 31.

제주도 생물권보전지역 https://www.jeju.go.kr/jibr/index.htm

06 일호광장

김민지, 「교통안전과 도시 정체성 확립을 위한 도심광장 디자인 : 제주 교통사고
최다발 지점 "1호광장"의 안전성과 공공성 회복을 중심으로」, 『한국색채학회
봄학술대회집』, 2021.

김태일·양성필·강주영·곽다인·김대훈·김상범·김지은·김학진·양수웅·우호원,
『(서귀포 다움 추진을 위한) 서귀포 도시건축 시민백서. 3』, 제주특별자치도
서귀포시 서귀포건축포럼, 2020.

사진으로보는제주역사편찬위원회, 『사진으로 보는 제주역사 : 1900~2006. 1-2』,
제주특별자치도, 2009.

07 서귀포항 방파제

강정효, 『제주 아름다움 너머』, 한그루, 2020.

고영자, 「이호테우축제가 전하는 제주 떼배 '테우' 이야기」, 『교육제주』 제167호,
2015.

장혜련, 「조선중기 제주유민 실태와 사회적 지위 변화」, 『역사와 경계』 제69집, 2008.

장태욱, 근대가 남긴 유산, 서귀포에 알알이 박혀 있다, 서귀포신문, 2022. 11. 2.

좌동철, 제주인 항해기술 차단한 출륙금지령, 제주일보, 2016. 6. 20.

디지털서귀포문화대전 https://www.grandculture.net/seogwipo

08 외돌개

김종철, 『오름나그네 1』, 다빈치, 2020.

이영권, 『새로 쓰는 제주사』, 휴머니스트, 2005.

권지윤, 40년만에 유공자 된 민간 사진사, 한국일보, 2009. 12. 28.

비짓제주 VISITJEJU − 제주도 공식 관광정보 포털 https://www.visitjeju.net/kr

09 매일올레시장

윤철수, 서귀포서 울려퍼진 '독재타도!' 함성 가두행진에 서귀포시민 열렬한 '환호',
미디어제주, 2007. 7. 20.

제주사랑민중사랑양용찬열사추모사업회 https://yyc2008.tistory.com

한국향토문화전자대전 https://www.grandculture.net/korea

10 동명백화점

서명숙, 『서귀포를 아시나요』, 마음의숲, 2019.

임병선, [임병선의 메멘토 모리] 이름 난 '주먹'이 올레길 '산파'로, 서동철 시인, 서울신문, 2020. 1. 19.

12 천제연계곡

이승한·유소연·김종엽·한봉호, 「제주도 한라산국립공원 영실·성판악 지역 굴거리나무림 식생구조 연구」, 『한국환경생태학회지』 제28권 제2호, 2014.

한승철, 「물을 대어 논을 만든 개척자 채구석」, 『제주발전포럼』 제25호, 2008.

제주특별자치도, 『서귀포 천제연 관개수로 기록화조사보고서』, 제주특별자치도, 2019.

한국관광공사, 『중문관광단지 개발 백서』, 한국관광공사, 2007.

고영철, [향토문화]논 개간..중문동 천제연관개수로(성천답수로), 제주환경일보, 2018. 12. 11.

13 법환 최영로

김일우, 「'탐라시대 탐라의 사회발전단계' 이야기로 풀다」, 『제주특별자치도』 통권 116호, 2012.

오창명, 『제주도 마을 이름의 종합적 연구 II』, 제주대학교출판부, 2007.

이영권, 『새로 쓰는 제주사』, 휴머니스트, 2005.

김찬흡, 「蒙古勢力을 물리친 탐羅의 恩人 崔瑩, 國難克服人物〈特輯〉」, 『교육제주』 35, 1977.

14 보목리(볼래리)

강정효, 『제주 아름다움 너머』, 한그루, 2020.

김순이, 『제주신화』, 여름언덕, 2020.

김종철, 『오름나그네 2』, 다빈치, 2020.

오창명, 『제주도 마을 이름의 종합적 연구 II』, 제주대학교출판부, 2007.

15 이중섭거리

김아람, 「한국전쟁기 제주 피난과 이주, 그리고 정착」, 『제주학회 2017년 제45차 전국학술대회 발표집』, 2017.

이중섭, 박재삼 역, 『이중섭 편지와 그림들(1916~1956)』, 다빈치, 2011.

서귀포 문화예술포털 이중섭미술관 https://culture.seogwipo.go.kr/jslee

서귀포 문화예술포털 작가의산책길 https://culture.seogwipo.go.kr/artroad

16 정방폭포

강덕환·박찬식·장윤식·조정희, 『제주4·3사건 추가진상조사보고서 1』,
    제주4·3평화재단, 2019.
서명숙, 『서귀포를 아시나요』, 마음의숲, 2019.
제주4·3사건진상규명 및 희생자명예회복위원회, 『제주4·3사건진상조사보고서』,
    제주4·3사건진상규명 및 희생자명예회복위원회, 2003.
제주4·3아카이브 http://www.43archives.or.kr ('정방폭포')

17 강정마을

오창명, 『제주도 마을 이름의 종합적 연구 II』, 제주대학교출판부, 2007.
이영권, 『새로 쓰는 제주사』, 휴머니스트, 2005.
최열, 『옛 그림으로 본 제주』, 혜화1117, 2021.
제주연구원, 『서귀포 물이야기』, 제주특별자치도·제주연구원, 2019.
윤병노, 제주민군복합항 위풍당당 군함 첫 입항, 국방일보, 2015. 9. 17.
정인환, 제주에 해군기지가 결정됐다?, 한겨레21, 2007. 6. 15.

18 고근산

김종철, 『오름나그네 1』, 다빈치, 2020.
남제주군, 『南濟州郡誌 : 郡制60周年. 제1권』, 남제주군, 2006.
서귀포시, 『西歸浦市誌』, 서귀포시, 1988.
서귀포시, 『西歸浦市誌. 上』, 서귀포시, 2001.
서귀포시, 『西歸浦市誌. 下』, 서귀포시, 2001.
서귀포시청 https://www.seogwipo.go.kr/
한국향토문화전자대전 https://www.grandculture.net/korea

19 하논

김종철, 『오름나그네 1』, 다빈치, 2020.
문창우, 「1901년 제주 '신축교안'의 선교사적 고찰」, 『종교문화학보』 제2집, 2006.
박재영, 「전통사회와 외래종교의 문화충돌 : '이재수의 난'을 중심으로」, 『경주사학』
    제36집, 2012.
서명숙, 『서귀포를 아시나요』, 마음의숲, 2019.
장태욱, 천주교와 제주도 민중, 민란 120년 만에 화해한다, 서귀포신문, 2021. 10. 17.
문화원형백과 https://terms.naver.com/list.nhn?cid=49190&categoryId=49190
한국민족문화대백과사전 https://encykorea.aks.ac.kr
한국향토문화전자대전 https://www.grandculture.net/korea

20 감귤박물관

고광영, 「재일(在日)제주인의 산업경제에 대한 공헌」, 『일본근대학연구』 제50집, 2015.

제주도, 『제주도』 통권 100호, 제주도, 1996.

제주특별자치도, 「미래감귤산업 기본구상」, 제주특별자치도 농축산식품국 감귤진흥과, 2019.

최열, 『옛 그림으로 본 제주』, 혜화1117, 2021.

문미숙, 올해산 노지감귤 생산량 49만8700t 예상, 한라일보, 2021. 9. 5.

서귀포시 문화예술포털 감귤박물관 https://culture.seogwipo.go.kr/citrus

제주농산물수급관리센터 http://jcitrus.or.kr (통계자료 '제주 감귤의 역사와 변천')

21 오석학교

오석학교 졸업앨범(1974년, 1977년)

김계담, 잊지 못할 오석학교와의 시간 1, 서귀포신문, 2012. 9. 3.

김계담, 잊지 못할 오석학교와의 시간 2, 서귀포신문, 2012. 9. 17.

이재정, "배움열정 나이 무관 … 대학 진학 꿈", 서귀포신문, 2015. 8. 31.

디지털서귀포문화대전 https://seogwipo.grandculture.net

서귀포 오석학교 https://osuk.co.kr

KOSIS 국가통계포털 https://kosis.kr

제주 남쪽 연표

1925년

제주최초
서귀포 서방파제
축조

1907년

채구석,
1차 천제연 관개수로
공사 시작

1947년

석주명,
『제주도 방언집』
발간

1901년

하논성당에서
제주민란(이재수의 난
또는 신축교안)
원인 사건 발생

1916년

제주도청 서귀포지청
개청

1911년

서귀포에
온주밀감 최초 식재

1948년

변시지,
'일본 광풍회전'
최고상 수상

1902년

서귀진 허물고,
순사주재소 개소

1920년

서귀지역
최초 보통학교
'서귀포초등학교'
개교

1943년

석주명,
제주 경성제국대학 부속
생약연구소(토평마을)에
부임

1948년

조선경비대
2연대 1대대
서귀포 주둔,
1949년까지
정방폭포 일원에서
248명 학살

1960년

서귀포 매일올레시장
(구 중앙시장) 개장

1967년

오석학교 개교
(구 서귀포재건학교)

1951년

이중섭 서귀포에 정착

1965년

재일제주인, 제주에
감귤나무 기증운동
전개

1956년

서귀면,
서귀읍으로 승격,
제주고래 멸종

1966년

서귀포
일호광장 조성

1968년

황우지해안에서
북한 간첩선 진압

1949년

영남동,
'잃어버린 마을'로
사라짐

1963년

서귀포극장 개장

1981년
서귀읍·중문면 통합,
서귀포시 출범

1969년
김중업 설계
'소라의 성' 준공

1991년
양용찬,
매일시장에서
'제주도특별법'
반대 투신

1999년
88체육관,
강창학 공원으로
명칭 변경

1972년
제1횡단도로
(516도로)
개통

1970년
남영호 침몰
(323명 사망)

1984년
선녀다리 개통

2003년
걸매생태공원 조성

1978년
중문관광단지
개발 착수

1995년
김종철
『오름나그네』 발간 후
2개월만에 별세,
서귀포오일장
현 동홍동 부지로 이전

2007년
서귀포시·남제주군 통합
(제주특별자치도 출범)

2009년
새연교 준공

2007년
강정마을
해군기지 후보지
최종 선정

2005년
감귤박물관 개관

2019년
관음사 코스,
'한산길' 명명

2008년
소암기념관 개관

2006년
오희준,
세계 3극점
정복 성공

2016년
강정해군기지
해군 제7함대 주둔

2007년
미국 스미소니언박물관
변시지 작품 2점
10년간 상설 전시 결정

대한민국 도슨트 19

제주 남쪽

1판 1쇄 인쇄 2024년 10월 17일
1판 1쇄 발행 2024년 10월 24일

지은이 문신희
펴낸이 김영곤
펴낸곳 ㈜북이십일

편집팀 정지은 김지혜 박지석 이영애 김경애 양수안
출판마케팅팀 한충희 남정한 나은경 최명열 한경화
영업팀 변유경 김영남 강경남 최유성 전연우 황성진 권채영 김도연
제작팀 이영민 권경민
진행·디자인 다함미디어 | 함성주 유예지

출판등록 2000년 5월 6일 제406-2003-061호
주소 (10881) 경기도 파주시 회동길 201(문발동)
대표전화 031-955-2100 팩스 031-955-2151 이메일 book21@book21.co.kr

(주)북이십일 경계를 허무는 콘텐츠 리더

대한민국 도슨트 채널에서 도서 정보와 다양한 영상자료, 이벤트를 만나보세요!
포스트 post.naver.com/travelstudy21
인스타그램 www.instagram.com/k_docent

ⓒ문신희, 2024

ISBN 979-11-7117-860-5 04900
978-89-509-8258-4 (세트)